近代的育児観への転換

啓蒙家三田谷啓と1920年代

首藤美香子

勁草書房

はしがき

　本書を手に取られた方の中には、これはいったい何を主題とする研究なのか、どのような方法論を用い、大きくどんな専門領域に属するものなのか、歴史研究か、人物研究か、思想研究か、言説研究か、当惑される向きもあろう。そこではじめに、学位論文に若干の修正を加えただけの本書に対して、一般読者の理解の一助となるように、簡単な見取り図を提示してみたい。

　本書は、ある特定の時期の社会において、人々は子どもに対してどのような関心を寄せたか、子どもの本性をどう理解し、日常的に大人と子どもはどんな関係を持とうとしたか、子どもの成長に何を期待し要求したか、子どもに向けられた視線が収斂する像のひとつを描写しようとするものである。このように子どもの存在を歴史文化的な営造物と仮定した場合、必然的にその像は固定的なものではなく過渡的で、絶えず異なる相貌を放つ可変的なものとして目に映ってこよう。多くの場合、自らの置かれた立場やそこでの経験や処遇を語ることの少ない子どもの姿は、結局のところ、大人の世界を描くことで、浮かび上がってくるのを待つしかない。もってまわったくだくだしいやり方が、事の本質をわかりにくくするのは、子ども観の社会史研究の背負う宿命でもある。

　一方で、もう少し学問的に防衛するならば、本書のわかりにくさは、日本の育児の歴史を通して子ども観を検証するという新奇な試みが直面する困難にも由来しているともいえる。

　過去の育児の探索は、育児書が有効な手がかりとなることは事実だが、育児書に示される指針が当時の育児の実態を直接反映しているわけではないのはいうまでもなかろう。そもそもここで提起したいのは、「育児」あるいは「育児書」とは何か、その定義をめぐる根源的な問いである。

　例えば、日本の先行研究では、育児や育児書の史的考察を課題としながらも、研究者の育児観が十分に相対化されず、研究対象とする育児書の選定基準が曖昧にされたまま、内容分析が試みられてきた。その多くは、現代の育

児書概念、すなわち「著者は小児医学・心理学・教育学の専門家であり、現実に行われている育児について学問的・理論的な裏づけをし、批判し、また一般化していない新しい育児法を紹介し、その具体的方法を解説しなければならない。書かれている内容は、現在行われている育児をいくつかの項目に分類し、その評価をし、よくない部分については、その根拠を述べ、新しい育児法、望ましい育児法が解説されていなければならない。子供の生理や成長、発達の過程、心理、しつけの原則など、総合的な内容として必要」（日本愛育研究所第二部第三部元部長　澤田啓司『愛育』第48巻第3号　1983 pp.4-30）や「子どもの身体に関する医学的知識、保健・衛生・健康の保持に関する方法的知識、即ち日常レベルの『処理的な知識』の在庫、子どもの精神発達や人間つくりの大目標も育児方法の根幹、ただし母親や保護者が求めるのは実用的なハウ・ツウもの」（柴野昌山『しつけの社会学』1989 p.283）等を典型としている。したがって、従来の育児史研究は、現代の育児書を基準に過去を振り返り、医学・心理学・教育学などの発展がいかに育児法を改善したかという進歩史観に基づくものが少なくなかった。

　ここで、興味深い事実を紹介してみよう。われわれは「子育て」を「育児」の同義として簡単に用いがちだが、近世の代表的な「子育ての書」の紹介を試みた山住正巳・中江和恵によれば、近世の「子育て書」の代表として「子育て」の意がタイトルについた出版物は、香月牛山『小児必要養育草』(1703)、貝原益軒『和俗童子訓』(1710)、上杉謙信『蒙養訓』(1795?)、永井堂亀友『小児養育気質』(1773)、脇坂義堂『撫育草』(1803)、新井宣昭『赤子養草』(1831)等が挙げられるものの、「育児」をタイトルにもつものはなく、掲載されたすべての「子育ての書」本文中にも「育児」という言葉は見当たらない。一方、「育児」をタイトルにもつ出版物の登場は、筆者が確認する限りでは明治以降と考えられ、パイヘンリー・チャイア（智巴土氏）『育児小言』初編(1876)、ボル・杉山由哲訳『育児須知』(1881)、そして大橋又太郎編『育児と衛生』(1896)、的場銑之助『育児の栞』(1898)、小原頼之『育児日記　親心』(1908)、瀬川昌『最新育児のをしへ』(1913)と続き、内務省衛生局編『育児と衛生』(1920)、矢野雄『育児学』(1928)あたりから次第に定着していくものと思われる。

そうなると、ここで新たな疑問が浮かび上がってこよう。近世の「養育」「蒙養」「撫育」「養」概念と近代の「育児」概念には何か決定的な質の相違があるのではないか、という問いである。そこで、本書ではこの素朴な疑問を出発点とし、近世と近代の分岐点は一体どのあたりにあり、何に由来しているのか、それは子ども観の変化と相関するのかを探求することを中心的課題としてみたい。

　詳しくは序章で検討するが、育児書の出版件数に関するいくつかの調査によれば、大正中期から昭和初期にあたる1920年代は、第一次出版ブームにあたるとされ、量だけでなく質もひとつの転換期になることが指摘されてきた。ところで1920年代は、明治維新後、半世紀を経て、日本が近代国家として自立する道を固め始めた時期にあたるが、子どもをめぐる文化社会状況も過渡期を迎えつつあったといえる。まず人口動態であるが、1920年を境にその後の15年間は人口増加率が年平均1.4％と明治以降現代までの期間で最も伸び率が高く、乳児死亡率も1920年16.6から1930年12.4、1940年9.0と長期的に低下するが、同時に出生率も低下し1920年36.2だったのが、1925年34.9、1930年32.4、1940年29.4（いずれも人口千人あたり）となる。このように1920年代は、多産多死型から少産少子型へと移行していく重要な時期にあたり、また核家族の形態を持つ都市の新中間層の出現に象徴されるように、子ども中心の家庭が建設途上にあった。1910年代後半からの大正自由主義教育と総称される新教育運動の高まりは、既存の画一的な注入教育からの脱却を志し、子どもの自発性・個性を発見し、尊重しようとした実践のはじまりといえよう。また、従来は一部の慈善家のささやかな良心に支えられてきた非行少年の保護矯正や障害児の教育訓練は、社会的に取り組むべき課題として認識されはじめ、1922年の少年法・矯正院法の改正など法制度の確立が試みられ、一方で特殊教育の方法論も模索されるようになる。さらに、巷に溢れていた子どもの読み物の低俗性を憂い、1918年に創刊された『赤い鳥』は、「童心」に即した芸術性豊かな文学創作運動の発起点となり、児童文学というジャンルを定着させる。その他、「子どものよりよき成長」を促すという教育文化的付加価値のついた玩具、菓子、歯磨きなどの衛生用品など子ども向けの消費財が百貨店を中心に普及し始め、親心を刺激したのもこ

の時期である。

　育児の歴史においても、それまでの育児を見直して新しい育児法を確立させることによって、「心身ともに健康な日本国民」を育成しようという運動が勃興してくる。本書で取り上げるのは、この育児啓蒙運動で活躍した三田谷啓である。三田谷啓については、芦屋にある障害児の教育訓練施設の創設者として、その業績が特殊教育史の分野で知られているものの、一般にその存在はほとんど知られておらず、特殊教育以外での彼の活動については顧みられる機会は全くといいほどなかった。

　なるほど、大正期から昭和初期にかけて、子どもの問題や育児について社会的発言力のあった知識人は大勢いる。例えば医者の唐沢光徳や大久保直穆、心理学者の久保良英や倉橋惣三、教育学者の西山哲治や小原国芳、下田歌子、児童研究者の高島平三郎などの名前が挙がるだろう。彼らは、それぞれの専門分野を基礎に理論武装し、育児を取り巻く環境の変化を指摘しながら、子どもの育て方や理想の将来像について論じている。また、育児啓蒙活動家として真っ先に名前が挙がるのは上村哲弥であろう。上村は、政・財・学術界の大物からの支援を取りつけて、米国の例に倣って日本両親再教育協会を1928年に発足させ、「両親自身の自己教育」と「両親による子供の研究」のために組織的運動を日本全国に展開した。では、彼らに比してマイナーな三田谷に光をあてる、本書の意義はいったいどこにあるだろうか。

　従来、三田谷には医者、教育者、社会事業家などさまざまな肩書きがつけられてきた。しかし、筆者がその等身大の像を求めて三田谷の思索と活動の軌跡を追ううちにわかってきたのは、生涯を通じ、目の前にいる子どもを幸せにすることをただただ願った一途な人、何学でもない学際的な視野から子どもの問題を把握し、日常の育児実践を通じた社会改革を素朴に願った稀有な人、卑近な言い方をすれば「子ども屋さん」という側面である。この不可思議な人物、確たる機関にも所属せず、在野にいながらメディアを巧みに活用し、あちこちで子どもについて論じ、子どもの問題にあれこれ首をつっこもうとする三田谷に、活躍の舞台を与えた時代の熱気こそが、子ども観の歴史の分岐点を読み解く鍵となると思われたからである。

　事実、この「子ども屋さん」としての独特の嗅覚が発揮された三田谷の前

半生の軌跡こそが、奇しくも1920年代に顕著となる子どもへの視線の変化を見事に体現しているといえる。従来、断片的に指摘されてきた育児の近代化の図式を、三田谷を中心軸にして整理しなおすと、その相関関係がきわめて明瞭になってくる。そこで本書は、三田谷そのものを研究対象とするのではなく、三田谷がいた位置こそに注目し、三田谷を時代を俯瞰するひとつの道具として積極的に利用しながら、育児の変化の構造を具体的に描写し、近代に固有の育児概念を究明する。ただし、彼からすべてを読み解こうとする試みは、いささか無謀ではないかとの批判も出てくるだろう。

たしかに彼の業績については、以下のとおりアンヴィヴァレントな評価が成立する。率直に言うならば、生涯にわたり多くの著作物を残した三田谷の問題意識や思考は、洞察力や独創性、前衛性という点で決して傑出していたわけではなく、また自らの考えをただちに実践する行動力には優れていたものの、その影響力の及ぼす範囲は地域・階層的に限定されており、社会改革を誘引するようなある種の起爆力や浸透力には欠けていたといえる。

しかし、上記で挙げたような負の要素は、育児の世界の地殻変動を読み解くうえでは、ユニークな力を発揮する。三田谷は専門分化された固有の領域で自ら個性的な何かを産出する才能に長けた人物ではなかったかもしれないが、日本児童協会を活動拠点にして、児童研究の実用化の促進、民間の児童保護意識の啓発、商品開発された児童用品の仲介販売、児童相談の実施など、専門家と親の懸け橋となることに熱心に取り組んだ。つまり、子どもとそれを取り巻く新しいもの——物質文化・科学・情報・社会意識・人間関係——などを取り結ぶ「触媒＝catalyst」として、自身は本質的には化学変化を受けないものの、その周囲のものの反応速度を速め、化学変化を促す役割を果たしたといえる。したがって、彼を触媒として関係づけられたものに目を凝らすと、同時代に起きた化学変化のあれこれを具体的に把握することができるというわけだ。

さらに、三田谷特有のフットワークの軽さが反映された主義主張からは、逆説的だが「人口増加」「生活改善」「児童保護」「女子教育推進」「徳性涵養」「天皇崇拝」といった時代が要請する課題が成立してくる背景を、子ども、育児という異なる観点から把握することができる。大勢をみるに敏であ

った三田谷は、それらの課題を誰もが納得しやすい単純明快なメッセージにしていち早く伝え、日常の卑近な生活の場から社会改革の方向を模索していたからである。

　時代のプロパガンダとしての役割を果たした三田谷は、育児の重要な担い手として彼の啓蒙の対象にされた母親の立場から読み進めるならば、さらに特別な意味を持ってこよう。「母と涙の二等分」を身上とした三田谷の真価は、「自分の子育てはこれでいいのか」と悩み始めた親の不安を和らげ、「子どもの心や身体のことをもっと知りたい」人に、子どもに関する新しい知識や技術を与え、「他人とは違う何か新しいことを少しだけやって子どもをよくしたい」という野心を引き出し、励ましを与えるところにあった。三田谷は、聴衆に直接語りかけることのできる講演会や個別の事情に応じられる児童相談の機会を重視し精力的に活動したが、三田谷の文章を声に出して読むとわかる通り、耳に心地よい言葉の並び具合は、大衆を惹きつける不思議な説得力を持っていた。

　子ども観の歴史をひもとこうとする場合、実のところ、こんなふうに子どものこととなると熱心でお節介、ちょっとインチキ臭いが頼りがいのある身近な存在の果たした役割は、決して無視できない。こうした存在が、親と子どものごく身近にいつの間にか登場し、その関係の取り方に干渉してくること、さらに「子どものため」という大義名分でじわじわと大人の子どもに対する認識を変えていった事実こそ、育児の史的考察にとって重要なテーマとなるのである。

　本書では、このような育児の現場に外在する力の作用に着目し、育児の近代史を解明するヒントを与えてくれたアメリカの先行研究、特にスポックに関する研究成果を冒頭に紹介したうえで、三田谷論に入りたい。回り道になるが、スポック、そしてそれに先立つ1920年代に流行した厳格主義の育児論を念頭におき比較しながら読み進めれば、日本の育児観・子ども観に対する新たな発見もあるだろう。

　最後に、著者の関心はあくまでも子ども観の歴史にあることから、三田谷の主張が母性修養論へと傾斜し始める1930年以降は分析の対象からはずすことを断っておきたい。母性論とは集約すれば「お子様のための母の身体と

心」という議論であり、母親の存在意義が子どもによって規定されるという母子関係の歴史的変化を意味するのではないかと考える。このような筆者自身の仮説に基づき、まずは、子どもの社会的価値が相対的に上昇するまで、つまり「お子様」の登場までの過程に焦点をあて研究を進めたい。それが、自らも「子ども屋さん」を目指す筆者の務めではないかと思う。

目　次

はしがき

序章　新しい育児史研究に向けて ……………………………… 1
1. 育児書と現代 ……………………………………………………… 1
2. 米国の育児史研究の成果 ………………………………………… 5
3. スポックの革新性の内実 ………………………………………… 13
4. 日本の育児史の再考 ……………………………………………… 19
5. 1920年代と三田谷啓への着眼 …………………………………… 24
6. 本書の構成 ………………………………………………………… 27

第1章　育児啓蒙活動家の登場 ………………………………… 31
1. 三田谷啓とは何者か ……………………………………………… 31
2. 三田谷の育児改革理念とその背景 ……………………………… 35
3. 三田谷の最初の実践 ……………………………………………… 54
　　――大阪市立児童相談所の設立と挫折

第2章　近代的育児概念の形成　――「科学」と「母性」 ………… 67
1. 日本児童協会を拠点とする育児啓蒙活動の展開 ……………… 67
2. 『日本児童協会時報』第一巻の育児論 ………………………… 81
　　――専門家主導による「科学的」育児法の導入
3. 『育児雑誌』第五巻の育児論 …………………………………… 90
　　――「科学」と「愛」の二要素からなる育児概念の確立
4. 『育児雑誌』第九巻の育児論 …………………………………… 100
　　――「母性愛」の重視と母性教化論への転換

第3章　郊外生活者層の新興 ……………………………… 115
　　　——「健康」の希求と子どもへの関心

　1　三田谷の啓蒙対象として注目すべき層 ……………… 115
　2　郊外生活者層の新興と「健康」の希求 ……………… 119
　3　郊外生活者における子どもへの関心 ………………… 131

終章　子ども観の変容 ……………………………………… 137
　　　——大人‐子ども関係における子どもの価値の相対的な上昇

注 ……………………………………………………………… 149
引用・参照文献 ……………………………………………… 195
あとがき ……………………………………………………… 225

凡　例

───────────────

1　括弧は以下のように使い分けることにした。
　①　『　』で書名と雑誌名を示した。
　②　「　」で文章や小論文の題目と引用の場合に用いた。

2　資料の引用に際しては次のような措置を施した。
　①　旧字体漢字は原則として新表記に改めた。
　②　原文の誤植・誤用の類は、明らかに間違いとわかるものだけ訂正し、他は原文の上に（ママ）をつけた。
　③　中略は（…）の記号で示した。
　④　強調したい部分は下線を引いた。

3　資料の出典に関しては、その都度、本文中に注で著者、題目、書名または掲載誌名、発行年、ページ数を示した。

4　年号は西暦を用い、必要に応じて（　）で元号を補記した。

5　専門用語は原則として、その時代のものを用いた。したがって今日では差別的な表現とし批判される用語が一部含まれているがことをあらかじめ断っておく。

序章　新しい育児史研究に向けて

1　育児書と現代

(1)　母親から絶大な支持を得た育児書の登場

　「自分を信じなさい。あなたは、あなたが思っている以上に子どものことをわかっているのです。」("Trust yourself, you know more than you think you do.")

　「子どもを愛することを恐れてはいけません。どんな子どもも微笑みかけられたり、話しかけられたり、一緒に遊んでくれたり、優しく愛情をこめて抱きしめてもらう必要があるのです。あなたは他の人々から授乳や睡眠、排泄の訓練、その他の習慣を厳しく規則で管理すべきだと言われるかもしれません。しかし、その言葉を信じてはいけません。子どもは厳しくしつけられるべきものではないのです。(…) あなたは、自然のまま気楽にしていていいのです。そして子どもと楽しむのです。」("Don't be afraid to love [your baby] … Every baby needs to be smiled at, talked to, played with, fondled-gently and lovingly … You may hear people say that you have to get your baby strictly regulated in his feeding, sleeping, bowel movements and other habits, but don't this. He doesn't have to be sternly trained … Be natural and comfortable and enjoy your baby.")

　これは、全世界の子育てに悩む母親に慰安と自信回復を与えた、『スポック博士の育児書』(Spock, Benjamin McLane, *The Common Sense Book of Baby and Child Care*, 1946 米国版初版) の冒頭の一説である。この育児書は、初版から

1998年5月の生誕95年記念出版を含め22年間に7回改訂され、公称5000万部もの売り上げを誇り、また世界38ヶ国語に翻訳されて31ヶ国で出版されたという。スポックにあてた読者からの手紙に「自分のためだけに語りかけてくれるようだ」といった類の感謝の言葉を述べたものが非常に多く、その反響の大きさは、この育児書がしばしば育児の"Bible"(聖書)、"Gospel"(福音書)とまで信奉され、スポックを"the apotheosis as a St. Christopher of motherhood"(母性の守護神)と称して崇拝する傾向さえ生み出されたことからもわかるだろう。ところで、スポックの育児書がこれほどまで母親から絶大な支持を集めた理由は、いったいどこにあったのだろうか。

スポックが多くの母親を魅了した最大の要因は、母親が「本能のまま自然に振る舞う」ことの意義を訴え、それ以前に主流であった厳格な育児規則を否定し去り、母親の自律的判断や主体的行動の自由を大いに認め、「母性の復権」を唱えようとした点にあったとされてきた。さらに、スポックの成功の秘訣は、育児書の表現に中産階級の女性が日常的に使う言葉を巧みに取り入れ、読者一人一人に語りかけるような親密で温かみのある語り口で母親の心を直截につかみ、かつては共同体や親族との間で結ばれていた情緒的な絆を喪失し、信じられる何か新しいものにすがって育児不安から解放されたいと願う、孤独な母親の欲求を満たすものであった点も重視されてきている。

ところで、日本で『スポック博士の育児書』が翻訳出版されたのは1966年(暮しの手帖社)だが、それは、今なお多くの母親たちに読み継がれている松田道雄の育児書が出版された時期とほぼ重なる。小児科医と若い母親との往復書簡という形式で新しい育児の方法を世に問うた『赤ん坊の科学』(創元社1949年 毎日出版文化賞受賞)ののち、松田は1964年の『日本式育児法』(講談社)、1967年の『育児の百科』(岩波書店)で、「おばあちゃんの知恵」に見られるような世代間で継承されてきた民衆知の再評価を行い、日本土着の生活文化や日本人固有の身体感覚に根ざした伝統的な育児の復権を企てようとした。

安保闘争後、傾向の異なる出版社から出た日米二つのユニークな育児書がそれぞれに母親の関心を集めていった背景には、1960年代前後に育児をめぐる大きな社会変化があったことは想像に難くない。ここで、当時の母親の育

児意識を分析した興味深い社会調査を紹介してみよう。

(2) 育児書依存という現象の浮上

　波多野勤子を中心として、1967年〜1968年に日本児童研究所は、母親の育児情報の入手経路や育児意識に関する調査を行った。この調査が試みられた背景には、波多野の言葉を借りれば、「子どものしつけ、教育についての問題、関心、あるいは期待がこれほど渦巻く時代はない」なかで育児書・教育書は氾濫しているものの、「育児ノイローゼ」に陥り「現代っ子」を理解する自信を喪失している母親たちの現状が、社会問題としてクローズアップされていたことが挙げられる。波多野は、市販されている一般的な育児書の項目別内容分析と読者の意識調査を通じて、「戦後欧米流一辺倒」で「過去の伝統」と絶縁した育児書の情報に「拘束される母親像」を浮き彫りにしたのである。

　ここで調査対象となった母親たちは、妊娠中から幼稚園在園中までのすべての時期に「何でも見ないと不安だ」という動機で育児書に一度は接触するものの、その内容を信頼し有効だと考えているわけではないことが判明している。またこの調査では、一般に入手可能な育児書の大半は、百科事典的構成で主として医学的な育児の知識書であり、しつけのビジョンが欠如した技術偏重で、素質の展開や個人差の助長に重点は置かれるものの、一貫した教育観で育児の「遠い目標」が提示されていないと分析されている。さらに波多野は、新しい欧米風と誤られた行き過ぎた放任や溺愛が、子どもの非行・問題行動の元凶であると示唆し、松田道雄の『育児の百科』によって、日本風土の中で継承されてきた民俗の知恵が新しい科学的知見に照らして無害で合理的であることが検証され、「日本の育児様式」が提示されたことを、育児の混乱期から脱するひとつの「転換のきざし」として評価している。

　このように、育児の現場に顕在化しつつあった母親の混乱を解決する一手段として、社会調査による現状の把握や育児の歴史を回顧する試みがはじめられたのが、1960年代である。特に、「制度的な価値の転換」(横山浩司)が起きたとされる「戦後」の省察を出発点として、育児が近代化される過程を描写する試みが共通の課題とされてきた。ここで興味深いのは、第一人者で

ある横山をはじめとして育児の歴史に多少なりとも関心を持つ研究者が、スポックと松田の育児書を、近代的な育児のひとつの到達点、理想的な育児の典型と認識している点である。

(3) スポック vs 松田

　例えば、細辻、恒吉は、日米の育児の違いをスポックと松田の育児書から比較分析しようと試みている[2)]。恒吉の分析によれば、スポックの育児観が「自然支配・個人中心志向」「性悪説的」「動物モデル」「権威型」「対決的発想」に対し、松田のそれは「自然受容」「集団中心」「性善説的」「植物モデル」「感情型」「非対決的発想」であるとされる。こうした二項対立的図式による育児書の比較分析は、米国人と日本人のパーソナリティの相違を理解するうえで、ある種の説得力は持つかもしれないが、歴史的な視野から日米の育児の相違を検討した場合、そう単純にモデル化できるか疑問である。

　すなわち、恒吉の解釈には、子どもに対する心性や人々の育児観は、歴史社会的に複雑多様な条件下で編成され、変化するものであるという認識が不十分であるといえる。ある特定の育児書が人気を博した理由は、それが国民性を直接反映していたからというより、その育児書がある特定の時期における人々の心理的欲求に合致した要素から構成され、それが読者に評価され、社会的に広く共有されたからである。つまり、読者心理の変化とその歴史的背景に対する洞察抜きに、育児書における記載の表面上の違いだけから、育児観を割り出すのは早急すぎるといえる。

　後述する通り、先行研究によれば、20世紀における米国の育児観・子ども観は、子どもに関する諸科学の研究成果によって構築された側面が非常に大きく、しかもそれは、近代以前とは比較にならない規模の情報網や人的交流、制度を媒介として大衆化・通俗化され、人々の育児意識の編成に多大な影響力を及ぼしていたことが判明している。したがって、松田と比較対照すると一見「不寛容」に見えるスポックの育児論も、ピューリタンの伝統や1920年代の厳罰主義の育児規範とは厳然と決別した「寛容」の歴史的地平に立つもので、しかもフロイト理論という確固とした科学的基礎の下に形成されたきわめて斬新なアイデアであった。したがって、仮に松田をスポックと

対比させる場合、松田の育児論が登場してくる歴史的背景やそれを構成する新しい要素について吟味したうえで、慎重に比較考察を進めていく必要があるのは言うまでもない。

2　米国の育児史研究の成果

(1)　育児史からみた子ども観の社会史研究の系譜

　近年、歴史学や教育学の新しい研究分野を拓いたとして注目されてきている、子ども観の社会史研究では、「出産と子育て」という人類が普遍的に共有してきた体験を、その子どもが生まれ育った時代や地域の気候や生育環境、人口動態や家族構成、衣食住の条件、習俗や宗教儀礼、医療水準、教育や職業訓練の方法、出産・育児を管理する制度・事業、言説規範、といったさまざまな文化的・社会的文脈のなかで多面的に解釈し直し、長期的時間軸のもとで歴史的変化の過程を再考しようとする試みがなされてきた。育児や出産を通じて日常に営まれる直接的で具体的な子どもに対する関わりの基底で、子どもに対するどのような感情や意識がはたらいており、どのような行為や態度を表出させてきたのか、名もなき人々の生活に光をあて、その営みの奥底にある心性を探ろうとする研究は、アリエスの『子どもの誕生』が内外に大きな衝撃を与えて以来、少なくとも欧米では急速な勢いで進展してきたといえる。

　それらの研究の前提にあるのは、子どもとは、社会や文化の中で孤立した永久不変の透明な存在ではなく、国家や社会、共同体、家族や親、他の子どもとの相互連関のなかで、様々に位置づけられ、意味を付与される関係的な存在であるという認識である。そして、我々が自明のこととする「教育と保護の対象としての子ども観」は近代の産物であるという見解が、すでにある一定の合意を得ているといえる。

　前述した通り、近代的な子ども観の形成発展の経緯を探索する試みが様々に開花している欧米では、育児の歴史的再考にむけて、宗教書や一般儀礼書、家政書、家庭教育書、育児書、育児日記、育児に関する雑誌記事など育

児の指針が明記されている文献資料の発掘と、そこで提示されている育児の理念や方法論、理想的な大人-子ども関係のあり方について、古代から現代までの動向を概観しながら内容の異同を詳細に分析し、根底にある育児観・子ども観の複雑な変容の軌跡を精緻に追究した研究が、多くの成果を上げてきている。さらに、そうした育児関連出版物の内容分析にとどまらず、新しい育児規範の提唱者・育児書の執筆者の人物像や足跡、読者層の特定、育児啓蒙事業や制度の詳細も分析対象に加えることで、育児の歴史変動を多角的に眺望しようとする試みが進展してきているようだ。

今までのところ、残念ながら日本では、イギリスを中心に、フランスやドイツでの研究成果の一部が翻訳紹介されるにとどまり[3]、それらに刺激され各国の育児の歴史を新しい見地から検証する野心的な目論見はもとより、各国との比較を念頭に、日本の育児や子ども観の史的変遷を探索する試みはいまだ開拓途上にあるのが現状である。

そこで以下では、従来紹介される機会の少なかったアメリカの研究成果を、先に紹介したスポックまでの20世紀の道程に絞って、簡単に整理してみたい。

(2) 「児童の世紀」の幕開け

1946年のスポックの育児書出版に先立つ19世紀末から20世紀初頭にかけては、米国では「子ども」や「子ども期」が社会的に注目されるようになり、特に科学的な関心の勃興が子どもに関する新しい知識や権威の拡張を促していった時期にあたるという。スタンレー・ホールに代表される児童研究運動の開始は、今日ある子どものための組織や子どもを扱う専門分野、例えば、児童福祉や発達心理学、小児医学、ソーシャルワークなどの登場を促していった。さらに、それは子どもの権利を擁護するための様々な改革、児童労働の廃止、公教育制度の確立、子どもの健康と生活環境の改善、母子保健政策などに大きな影響を与えた[4]。

育児書も、その執筆者や育児の理念と方法の変化を余儀なくされる。宗教家や教育家が、堕落した罪深い本性を生まれ持つ子どもの意志を厳しい統制で打ち砕き、権威に対する絶対的服従をはかることを目的として、倫理教育

を説くことを主眼としたものから、高い乳幼児死亡率をいかに改善し国家にとって有用な人材の増強をはかるか、子どもに関する科学的研究の成果をもとに身体管理を主眼にした育児書へと、次第にその傾向が変化していった。

例えば新しい育児書の構成には、優生学に基づいた出生前からの母体管理法や、細菌学・免疫学・臨床医学に基づいた感染症予防と疾患の発見法、初期段階の治療法など、さらに栄養学に基づいた母乳の成分の解明によって開発された、人工栄養の授乳法などが付け加えられていったのである。

(3) 米国における20世紀前半の育児法
——時間厳守と早期訓練による習慣形成

20世紀米国における育児書の最初のベストセラーは、小児科医ホルト (Holt, Luther Emmet) の *The Care and Feeding of Children* (『子どもの世話と授乳』1894年初版、1943年までに24回再版) であった。この『子どもの世話と授乳』は、時間と量を調整する規則授乳法と、人工栄養 (牛乳) の調乳方法、哺乳ビン・乳首の消毒と除菌法に内容の大部分が割かれていた。育児に新しく計量概念と衛生・清潔思想を持ち込んだホルトの主張は、専門家のレシピを重視するあまり、子ども自身の反応や個性を無視し、子どもを「もの」(object)、あるいは「自動人形」(automatons) のように扱う点において、次に続く行動主義的育児法への先駆けとなっていった。[5]

1920年代後半より、行動主義心理学の提唱者ジョン・ワトソン (Watson, John) の著作 *Psychological Care of the Infant and Child* (『乳幼児の心理学的養育法』1928) が新しくベストセラーの仲間入りをする。ワトソンは「成熟した生活体の行動のほとんどが条件反射的に形成された習慣である」という見方を拡張して、条件反射の原理を応用し、環境を整備してすべての行動を人為的に統御する、機械的な育児論を展開した。

その方法とは、生後早い段階から、授乳・睡眠・排泄・入浴・運動のすべての領域で、時間遵守に基づく規則性 (regularity) と個人差を無視した厳格な訓練 (training, discipline) で良い習慣を身につけさせ、早期から自立させることを大きな目標としていた。例えば、排泄訓練は出生直後から朝の授乳後、時刻をきめて開始し、8ヶ月以降は子どもを子ども用便器に紐で縛り、

排泄完了まで少なくとも20分はひとりでトイレに置き去りにするというものだった[6]。

このようにワトソン流の規則的な管理や訓練の技法が主流を占めたこの時期の育児では、母親の愛情の「適・不適」や母親の子どもに対する態度の「良し悪し」が専門家によって判定され、母性のあり方が議論の大きな対象となった[7]。その例をワトソンの最も有名な主張から見てみよう。

　賢明な育児法とは、子どもを小さな大人のように（young adults）扱うことである。注意深く、慎重に子どもの着替えや入浴を行いなさい。親の態度は常に客観的（objective）で穏やかながらも毅然（kindly firm）とすべきです。決して子どもを抱きしめたり、キスしてはいけません。膝の上に座らせるのも禁ずるべきです。もしその必要があるなら、「おやすみなさい」のあいさつの時、額にキスするか、「おはよう」の時、子どもと握手をしなさい。子どもが、難しいことを立派にやりとげることができた時には、頭をなでてやるだけで十分です。（…）子どもを扱う場合、変に感傷的になったり感情的になる（the mawkish, sentimental way）のは恥じるべきです[8]。

この一節は、冷酷無比の育児法の代表として現在では批判的に取り上げられることも少なくない。しかし、実際問題として病気感染を防ぐための手だてが、接触の制限による子どもの隔離にしかなかった当時の医療事情を考慮する必要があろう。また、愛情も条件反射によって形成されると考えたワトソンによれば、子どもを愛撫しすぎて愛情に対する反応を刺激しすぎないようにして、抱き癖・甘え癖をつけないようにするためであり、さらに母子の過度な密着が性愛関係へ発展していくことに対する強い懸念があった。

いずれにせよ20世紀前半において、育児というものは育児専門家によって正しい知識が伝授されるべき教育の対象とされ、母親になるための技術や知識を教える学校や機関、"School For Mothers" "the Mothercraft Training Society" などが各地で創設されていくのである[9]。

(4) 米国における「寛容の子育て」(Permissiveness) の潮流

 ところが1940年代に入ると、育児書の内容が180度転換する。すなわち、「寛容の子育て」(Permissiveness) と呼ばれる育児法である。そうした主張の代表格 (Father of Permissiveness) として知られるのが、スポックである。しかしこの潮流への移行は、決してスポック一人の功績によるところではない。

 例えば、1914年以来、数年ごとに改訂を重ねてきた、米国労働児童局発行の育児小冊子 Infant Care『乳幼児の世話』、つまり国家が推奨する育児の規範は、1940年を境に前述したホルト、ワトソン流の子どもに対して厳格な子育てから、子どもの欲求を最優先する子ども優位の育児法に大きく転換している[10]。さらに、一般に出回っていた育児書の表題も、Babies are Human Beings『子どもは人間』(1938) を筆頭に、1945年から1955年にかけて In Defense of Children『子どもの側に立って』、Children have their Reasons『子どもにも言い分がある』、Parents Behave『親こそ言うことを聞きなさい』、Democracy in the House『家庭の中の民主主義』、Have Fun with your Children『子どもと楽しく』といったように傾向が変化し、子どもの権利を積極的に擁護しようとする極端な寛容主義が見られた。そのなかにあってスポックは、過去においてなされてきたしつけ (training, discipline) の重要性を再認識して取り入れているとの評価もある[11]。いずれにせよ、1940年代後半以降現代までの育児法では、20世紀前半の育児法とは全く逆の立場が貫かれていったといえるのである[12]。

(5) 「寛容の子育て」の育児法と子ども観

 ここで、「寛容の子育て」に共通する育児法を簡単に整理してみたい。

 「寛容の子育て」では、子どもが泣くのは、刺激を求める正当な欲求、何らかの意味のある行為であると解釈する。したがって、時間外であるとか、理由がないからとか、抱き癖や甘え癖がつくのを心配してそのまま放置しないで、「すぐ子どもの側に行き抱き上げあやしてあげなさい」というのである。子どもの悪癖の最たるものとして禁止と処罰の対象であった指しゃぶり

やマスターベーションは、偶発的に生じた自己探索活動の一環と解釈され、一時的に終わる行為であるとして問題視されない。また、遊びは健康に悪い道徳的に有害な楽しみではなく、子どもの知性や社会性の発達上不可欠の行為とみなされ、むしろ親は積極的に子どもの遊び相手となるべきだとされる。時間や量が厳しく制限されていた授乳も、可能なかぎり子どもの空腹に合わせ、柔軟にスケジュールを組む自律調整型が主流となる。

　早期から時間を設定して訓練をはじめていた排泄の自立指導も、個々の子どもの発達と成熟の度合いに合わせ、段階的に進めるのがよしとされる。

　1920年代以来の、育児のキーコンセプトが、時間厳守に基づく規則性と訓練による習慣づけであったのに対し「寛容の子育て」では、第一に子どもの発達と個性を尊重すること、第二に子どもの心理面での安定をはかり、母子がともに満足感や楽しみを見出せるような親密で温かな関係を持つことが理想とされたといえる。

　このことを「寛容の子育て」の先駆者と評価され、スポックに大きな影響を与えたアルドリッチは、『子どもは人間』の中で次のような言葉で語っている。

　　子どもに内在する「発達計画」(his in-built "developmental plan") に応じなさい。
　　赤ちゃんには、暖かくて気持ちのいいことをすべてしてあげなさい。望むだけ愛情をこめて抱きしめてあげなさい。満足がいくだけの適切な栄養を欲しがる時に与えなさい。習慣づけの訓練は、一人一人の子どものリズムに合わせて調節しなさい。子どもにとって新しい課題が出てきた時に、それに取り組めば良いのです。これらは、精神衛生 (mental hygiene) を考慮した進歩的なプログラムの基本にあたります。[13]

　このようにアルドリッチ以降の育児法の変化を、新たな子ども中心主義 (new child-centered world) の出現と称して、子ども観の変化を以下のようにまとめた指摘もある。

　すなわち、旧来の子ども観は、「ワトソン流の厳しい訓練に耐え得るほど

の自制心はあるものの、感情というものがなく、心身は生来健康」とみなす (the self-controlled, emotionless infant, hygienic mind and body) のに対し、新しい子ども観では、「子どもとは、周囲からの情愛に応えられるだけの情緒に富み、性欲・食欲などの衝動をもち、絶えず養育者のはたらきかけや世話を必要とするほど依存的な存在である一方、ひらめく知性がある (warmly affectionate, impulsive, dependent, and (perfectly) scintillatingly intelligent)」というのである。
[14]

(6)「寛容の子育て」成立の社会的・文化的条件

このような1940年代にはじまる育児書の「寛容の子育て」への方向転換は、何に起因しているといえるだろうか。多くの説が提出されているが、育児の指針の変化に影響を与えた大きな要因として、特に重要視されていたのは、子どもの心理に関する科学的研究の成果とヴォルフェンスタイン (Wolfenstein) が指摘した「楽しみの道徳」(Fun Morality) という新しい価値観の登場の二点である。加えて、第二次世界大戦の終結、核家族化・都市化・性別役割分業化など家族と家庭生活をめぐる変容も想定されるという。

〈心理学研究の成果〉

20世紀初頭に本格化した児童研究運動は1930年代までに、子どもの成長や学習に関する観察や計測、記録、分析をおこなった研究が進み、子ども自身の生得的な発達過程があることが次々と発表され、子どもの能力や個性を無視した従来の発想がくつがえされる土壌はすでにできていた。例えば、子どもの成長過程を具体的な行動特徴で示し、年齢と相関させて示したゲゼルの発達段階説[15]、IQ（知能指数）やMA（精神年齢）で子どもの能力を短時間で簡単に数値で測定することを可能にしたビネの知能検査法、日常場面での子どもとのやりとりや、遊びの観察といった臨床法から、子どもは環境から受動的に学習するのではなく、自ら積極的に外界について知覚し理解する能力をもつことを明らかにしたピアジェの認知発達理論などの功績は大きい[17]。しかし、何よりもその影響力の大きさが指摘されているのは、フロイトの精神分析理論である。

乳幼児期の体験は成人後のパーソナリティの基礎を形成するうえで非常に

重要な意味をもち、初期に受けた精神的苦痛や葛藤は無意識に抑圧され、その後の精神障害の一因となるというフロイトの主張は、「子ども期」の概念をくつがえす衝撃力をもっていた。さらに、子どもは性の欲望から解放された無垢な存在である、という従来の子ども観をフロイトは否定し、性欲は出生直後からあり、授乳による口唇帯の接触や、肛門を制御して行う排便は快楽であるという解釈、すなわち幼児性欲説は、授乳・排泄のあり方そのものを根本的に変えたといえる。[18] 口唇期・肛門期と続く発達の諸段階における快楽の充足と、葛藤の回避というフロイトの原則をさらに発展させたエリクソンは、諸段階で子どもは基本的信頼感や自立感と疑惑・恥の感覚などの発達課題を達成しながら自我を確立していくという説を主張し、この説は直接育児書に導入され、一般に普及していった。[19]

さらに、乳幼児の健全な精神発達は母子関係のありかたに規定され、初期の愛着形成が不可欠であるというボウルビーの愛着理論の影響も見逃すわけにはいかない。施設に収容された子どもが、母子分離を経験したことで後生において、情緒障害や知的発達の遅れをこうむるという報告は、母子の身体的接触を通じた愛着形成の必要性を誇張して伝える結果を招き、家庭内での一時的な母子分離までも危ぐする傾向を生み出していった。[20] これらの諸説は育児書に応用されるにあたって、ある特定の理論が強調され曲解される一方で、他の個所が省略されるなど、科学研究の通俗化・大衆化の過程で、本来の意味とは異なる位相で解釈され利用されていったのである。

〈禁欲主義的倫理規範の退潮と新しい価値観 "Fun Morality" の勃興〉

「寛容の子育て」のなかに現代社会に通底するひとつの価値観の登場を指摘したのが、ヴォルフェンスタインである。ヴォルフェンスタインは、米国政府発行の育児小冊子 *Infant Care* にみる子どものしつけ方の変化を通して、戦後の米国文化の中では大人の子どもに対する態度がひとつの価値観、すなわち「楽しみの道徳」(Fun Morality) に支配されていると主張した。「楽しみの道徳」とは、性欲や食欲、遊びといった人間が生来もつ衝動が、1910年代は、悪徳で有害危険な罪悪感をともなうものと定義され認識されていたのに比して、1940年代を境に、衝動は無害で合理的なものであり、快楽の追求はむしろ積極的に価値付与されて、遊びは義務と化し、生活のあらゆ

る側面で「楽しまなければならない」という倫理が生まれてきていることを指摘した。さらに、「楽しむ」ことが必須の避けられない課題となった結果、育児を楽しめない場合、親は自尊心の喪失や無力感に陥るという現代特有の問題をも指摘している[21]。

〈戦争の終結と生活環境の変化〉

「寛容の子育て」を「甘やかし」(spoiling, indulging) や「享楽主義」(the baby's pleasure being the highest good) と捉える見方からすれば、この傾向は明らかに、世界恐慌や世界大戦のもとで余儀なくされた禁欲的生活や軍隊式訓練、子どもの突然の死に対する反動、社会主義体制に対する嫌悪から生じたという指摘は、あながち不当ではなかろう。また、平等な人間関係と問題の民主的解決という民主主義の理念で国家を再構築しようという戦後の発想が、育児の指針や方法にも反映されていくのは必至と考えられる[22]。

「寛容の子育て」は、戦後のベビーブームにのって、都市近郊に住む中流の核家族の専業主婦を中心に広く受容された育児法である。親世代と物理的にも精神的にも隔絶した新しい世代が、自らの生活様式にあう新しい規範や価値観を必要としていたことが、大きな要因と考えられる。機械化にともなう家事労働の省力化、教育環境の整備、経済発展にともない育児に時間・労力・財力を投資する条件が整っていったことも関係あろう[23]。

では次に、「寛容の子育て」の主流とみなされているスポックの育児書はどういう点で革新的といえたか言及してみたい。

3 スポックの革新性の内実

(1) フロイト理論の一般化と子どもの心理的ケアへの傾斜

フロイトの精神分析理論が子ども観と育児法を刷新する画期的なものであったことは前述した通りだが、一部の育児書執筆者はスポックに先立ち、そのパーソナリティ形成論やエディプス・コンプレックス論に基づく排泄指導や母子関係論を展開していた。しかし米国ではスポックこそがフロイト理論の一般化に貢献した第一人者とされている[24]。というのも、スポックは1929年

にコロンビア大学で医学の学位を取得後、1933年にニューヨークで小児科を開業すると同時に、ニューヨーク精神分析研究所（New York Psychoanalytic Institute）でフロイト理論の勉強を始め、小児科と精神分析の統合を積極的に志していたからである。育児書も、スポックの新しい試みに注目した出版社からの依頼で書き始めたという。

米国では、スタンレー・ホールの紹介によってフロイト理論は早くから注目されてきたが、少なくとも20世紀前半は、その性欲論について激しい嫌悪感が蔓延していた。スポックは大衆のフロイトに対する排斥感情を考慮して、育児書のなかで「性的」（sexual）という語を多用せず、フロイト学徒であることを敢えて隠すほど慎重な態度をとった。その結果として、共同執筆者ともいえる妻ジェーンが驚くほど、フロイト色が払拭されたのだった。[25]

例えば授乳に関して、他の「寛容の子育て」に属する育児書でも規則授乳法を廃し、自己欲求授乳法に切り替える動きが多く見られる。その背景には、先に紹介したゲゼルやクララ・デイビスの実験により、乳幼児には飲食の量や時間を調節し、満腹を自覚する能力が生得的に備わっていることがすでに判明していたからであった。スポックは、これらの研究成果を踏まえ、さらにフロイト理論を加味することにより、次のような授乳論を展開した。

> 赤ちゃんが夢中でお乳をのむ理由は、二つあります。一つは、お腹が空いているからで、もう一つはものに吸いつくのが好きだからです。赤ちゃんは、授乳してくれる人を通して、初めて世の中や周りの人について（his first ideas about the world and people from the person who feeds him）学んでいきます。哺乳ビンや乳首をあまりにも早く取り上げたり、お腹が空いている時にも厳密な時間割を強いて与えなかったりすると、赤ちゃんは人生に対する前向きな姿勢（some of his positive feelings for life）を失うことになります。赤ちゃんは生まれてからの一年間、お腹が空いては、お乳を求め、お乳を吸うことを楽しみ、満足する、その繰り返しです。(…) そうすることによって、赤ちゃんは、自信、外向性、母子の信頼関係を養っていくのです。

両親のための本は、子どもの身体の病気や授乳方法はもとより、子ども

の心理的発達に関してもふれるべきです。授乳の心理的役割が非常に重要なのは、明白な事実です。[26]

　ここで興味深いのは、フロイトのいう性本能発達の第一段階にあたる口唇期（0－1歳）に対する学説のうち、口唇部が飲食のため以外に、外界と接触する器官として物の性質を識別する手段となり、乳児が最初に自己（快を与える物と一体になる）と非自己＝世界（快を与えない物）を認識するという点が、ほぼ字義通り育児書に導入されている点である。一方で、口唇が性的快感の源泉となること、さらに口唇の機能様式がパーソナリティ特性の原型になる点については、快感を喜び（joy）や満足感（satisfaction）に、快感の充足によってもたらせられるものを、自信（self-confidence）や外向性（outgoingness）、母子の信頼関係（trust in his mother）に置き換え、授乳による心理的効果の重要性を説いている。このように、育児の全領域にわたってスポックは、一般的ではなかった（uncommon）フロイトの学説を、大衆が納得しやすい常識（common sense）に編成し直して育児法の中核に据えた点で、まさしく革新的であったといえよう。

　さらにフロイトの学説は、続くピアジェ、ボウルビーの学説に対する一般の解釈、すなわち乳幼児期の早期経験が子どもの情緒と知性の発達に決定的な影響を及ぼすという考え方と補強しあう形で、その後の育児書の課題を、子どもの身体面から心理面の管理へと移行させていった。もっと言うと、身体の病気（physical disease）以上に、心の病理（psychical pathology）が問題とされていき、子どもの精神的苦痛や逸脱を回避するための、親の関わり方が極めて重要な意味をもつようになっていったのである。こうした子どもの心理的ケアへの傾斜が、しつけにおいて親を積極的な態度（offensive）から、非を咎められないように守勢にまわる受け身（difensive）へと、弱い立場に追いやったという指摘は、きわめて妥当なものである。[27]

　従来の育児書が、子どもの訓練の技術を重視し、多くの規範を採用することによって理想的な子どもを「作る」という発想で成立していたのに対し、「寛容の子育て」の育児書は、どのような家庭生活や親子関係のもとで理想的な子どもが「作られるか」、子どもと関わるときの親の態度や感情のあり

方を説く親の再教育読本へと様変わりしていったともいえる。その意味でスポックの育児書の冒頭は、母親の心の琴線に触れるような甘く優しい口調で、「傷つきやすい子ども」の保護に向けて、「情愛」を核にした親子関係の再編へと、母親の意識の改革を促した一節と読み取ることもできよう。

(2) 母性礼賛と自己犠牲の強制

　スポックの育児書の有名な序文「自分を信じなさい。あなたは、あなたが思っている以上に子どものことをわかっているのです」が、育児不安に陥った母親を救済し、母親たちから「聖書」とまで信奉されたのは、先に紹介した通りである。スポックは続けて、「自分の常識を信じることを怖がってはいけません。子育ては、あなたが気楽に構えて、自分の本能を信じ、医者の指示に従うならば、何も難しい仕事ではありません」と説き、文字どおり、母親に自信や指針を与えることを育児書の第一の目的とした。これは、例えばワトソンのように母親の愛情を否定し、育児の正しい知識と技術を教育・啓蒙することに重点を置いた従来の育児書の意図とは正反対であり、その意味で育児書の存在意義の転換がはかられたといっても過言ではない。

　スポックは、一人一人の子どもは違い、個々の子どもについて圧倒的な知識と経験を持つ母親こそが育児の主体であると主張し、科学的技法に頼らず母親が「本能のまま、自然に振る舞う」ことを、繰り返し強調した。その意味で母性が礼賛されたという見方もできる。

　しかし、主たる養育者である母親にとってこの母性礼賛は、子どもの養育の主たる責任者として、いついかなる場合でも子どもの求めに応じられるように、自分の労力と時間を提供しなければならなくなったことを意味する。子どもの発達と個性を尊重する「子ども優位」の、字義どおり子どもにとって「寛容な」子育てでは、実際問題として母親に24時間の発達の看視者 (twenty-four hours observer) であることを期待するものであった。スポックの想定する母親像に対する、このような批評は注目に値する。

　　スポックの指示は、油断なく子どもを見張る母親 (a watchful mother) を前提にしている。すなわち、潜在能力を十分に引き出してやる必要がある

とみなした子どもに対し、立ち上がり、励ましや褒め言葉をかけ、子どもが向上していけるように、様々な状況に対処できる適性に富んだ母親のことである。スポックが言うところの養育者とは、子どもの発達の看視者であると同時に、自己の看視もしなければならない (a monitor of her child's development as well as a self-scanner)。というのも、養育者は子どもにとって自然で、信頼されやすい存在であるように義務づけられ、時としては頑固に、ただ常にはいつでも子どもと向き合い、やりとりができるように奨励されているからである。[28]

子どもがどうしているか絶えず確かめ、その時々の子どもの求めを見極め、発達段階の現状に即し刺激的な環境づくりをすること、それはどれも莫大な時間を必要とする。[29]

こうしてみると、「寛容の子育て」では、母親の子どもに対する過失責任の重さは過去に例をみないほど重くなっていったといえる。「寛容の子育て」以前の育児書が母親の都合を許し、授乳や排泄訓練、運動など決められた時間以外に、母親が家事をしたり、娯楽のために外出したり休息することをおおいに勧めていた点で、母子の利害は相互的 (amutuality of interest) であったのに対し、「寛容の子育て」では母親の権利や責任は子どもが母親に何を望んでいるかという見地から決定づけられ、子どもの幸せが母親の最大の喜びという点で、母子関係において母親はある種の自立性を失い、自由が剥奪されているとの見方もできよう。[30]

このように「寛容の子育て」の育児書が、子どもの欲求の充足を第一とし、母親の自己犠牲を説くものであったことは紹介した通りだが、母親が受容的母親役割を積極的に演じるに至った理由としては、先に述べた「楽しみの道徳」が挙げられる。この道徳は子ども観・育児観にも浸透しており、育児は「楽しいもの」、子どもをもつことは「一種の大きな喜びの源泉」であるとされる。スポックの育児書にも "Enjoy your baby" という一節が各章の末尾に必ずあげられているが、その結果として、母親とは子どもを世話したり甘やかしたりすることで達成感や満足感が得られる最たる者と理論化さ

れ、その「楽しみ」が自己犠牲の上に成り立っているという矛盾が巧妙に隠されていったといえる。[31]

　1970年代以降、女性解放運動の勃興とともに、「寛容の子育て」が女性を家庭と育児に縛りつけ抑圧しているという事態が明らかにされ、スポックを集中的に非難する声が多く挙がった。母親の支援を第一の目的に育児書を書いたスポックにとって、こうした批判は心外であったが、時代の要請を受け母親の就労を認めるなど、育児書の内容の書きかえを試みている。しかしなお、スポックの指針の矛盾点は、解決されているとはいえない。例えば、子育てに対する経験や知識を得る機会が少なくなった現代社会において、「自分の本能を信じなさい」とか「あなたの考えは正しい」と言われても、母親は母子関係に自意識過剰になり、育児に対する不安と罪悪感を増幅させられるばかりで、育児書に対する不信感となおも育児書に依存するしかないという二律背反のなかで、ますます混乱させられているのが現状である。[32]

(3)　育児書と読者の新しい関係の成立と医者への依存

　スポックの育児書が、育児の「聖書」、「福音書」とまで信奉され、スポックが「母性の守護神」と賛美されたことは前述した通りである。この育児書ないし育児書執筆者と読者との奇妙な関係が示唆していることは、育児書が、専門家による育児の教えや一種の教養課程（informed curriculum）として読者に奉仕しただけでなく、それ自体が友人や親戚の代用として、かつて家族や伝統が維持していた情緒的絆を提供し、人々の何かを信じ救いを得たいという宗教的欲求を満たすものとしても機能したことである。[33]

　ところで、スポックが母親の判断や能力をどこまで信頼していたかは、はなはだ疑問である。先の序文でも、最終的には医者の指示に従うように勧めていた。興味深いことに、出版当初のスポックの育児書に対する医学界、特に小児医学界からの唯一の批判は、あまり頻繁に「医者に相談しなさい」("Consult your own doctor") という一節が繰り返されていることであったという。[34]

　スポックは家族や友人、近隣の人々の助言に紛らわされないようにと、序文のなかで忠告し、従来の育児書のなかに見られたような民俗的な習慣を一

切排した結果、医者への依存傾向を一層強め、実のところ育児に対する女性の自主性を奪っていったともいえる。[35)36)]

4　日本の育児史の再考

(1) 育児史研究の現状と課題

　以上、スポックの育児書の分析を中心に紹介してきたように、米国の育児史研究では非常に有意義な成果が上げられていた。ここで改めて、米国の育児史研究の方法論と視点、主な課題の特徴を再確認しておこう。20世紀を対象にした場合では、心理学を中心に教育学・臨床医学・栄養学・衛生学など子どもに関する特定のどの理論や学説が育児規範に根拠を与えたか、学術史を相対的に参照し、それらが育児の指針に実用化される際に起こりうる、学説・理論の誇張、曲解や省略といった現象をも克明に追跡することが第一の課題とされている。そうした問題意識の背景には、科学研究の前提にある子ども観、あるいは科学研究によって新たに発見された子ども像がアメリカの子ども観の構築に大きな影響力を及ぼしているという明白な事実がある。したがって、育児書・育児論提唱者・育児啓蒙普及事業などが、科学研究を大衆化・通俗化するひとつの媒体として、いかに人々（特に母親）の育児意識に影響を与えているか、それらの機能を徹底的に究明することが第二の課題とされている。[37)]特に、女性史研究の勃興により、例えば心理学的な知見が「母性神話」といった母親役割の規範化にどう加担したか、女性自身が母親役割をどのように受容したのか、生活環境や家族構造、労働形態の変化などと相関させて再検討する動きが顕著になってきているといえよう。[38)]

　翻って日本の現状はどうだろうか。日本では、育児や躾の指針を明記した出版物や新しい育児論の提唱者、育児啓蒙普及事業などに焦点をあて、育児の史的変遷とその背後にある子ども観の推移を探求する試みは、現在、開拓途上にあるといえよう。

　前述したように、「育児不安」が社会的問題としてクローズアップされはじめた1960年代より確かに育児史研究は試みられはじめ、「戦後」の省察を

出発点として、育児が近代化される過程の分析が進められてきた。その成果を要約すると、1950年代後半から1970年代前半において、都市化・核家族化・職住分離・性別役割分化が次第に進行していくなかで、育児の近代化、すなわち「医療化」と「教育化」が達成されたが、それは翻訳育児書による科学的育児法の導入によって促進されたという[39]。

一方、こうした「育児の近代化」は「戦後」に定着したものではあるものの、「戦前」においてすでに到達されていたという解釈がいくつか提示されていることに注目してみよう。

(2) 「子育てが時代的主題」となった1920年代

毛利[40]、沢山[41]、横山[42]、加藤[43]などによって、大正から昭和初期（1910年代−1920年代）は育児書の質・量の変革期にあたり、「子育てが時代的主題」（横山）になる重要な画期であると示唆されてきた。

稲田は、1880-1910年の育児書の内容分析を試み[44]、1910年代までに「欧米からの直輸入的な育児を日本の慣習にあわせてある程度斟酌しながらも基本的には欧米の育児法に則った近代的育児法が一応の完成をみ」、「この近代的育児法の成立期に母親の役割は非常に高い価値を付与され、育児は母親の責任ある任務であり、女性の天職とまで規定された」[45]との大胆な説を主張している。稲田のいう「近代的育児法」とは、「一定の医学または教育学・心理学研究の上に乳幼児の養育法を体系立て、それと絡ませながら」母親に「授乳者」「家庭教師」としての役割を義務化するものであり、その結果、育児書は「現実の育児の実態からかけ離れて啓蒙的な機能をもちはじめ」「人々にとって選択したり改造したりするものではなくただ守り従うものとして打ち出された」[46]とする。さらに稲田は、1920年代以降を近代的育児法の大衆化の時期ととらえ、「国家的価値観に代わって『愛児』『愛育』など『子どもへの愛』の強調が前面に出るとともに、『母性』『母性愛』といった『母の愛』の価値意識がいっそう拡大される」と考察している[47]。

前述した通り、「戦後」の育児書研究において、育児の近代化とは「翻訳育児書」の主導による「医療化」「教育化」の達成であり、「育児書の規範に拘束」され「養育責任の重圧に悩む母親」の出現を、過去の伝統や共同体と

の断絶を迫った社会変動に起因する家庭生活や親子関係の変化に求める見解が一般的であった。それに対して、稲田はその兆候を1910年代という段階の育児書に早くも読み取ったわけだが、沢山は稲田説をさらに発展させ、1920年代に新興してくる都市の新中間層[48]の生活様式や家族構造、養育意識に注目し、それらが「戦後」に展開される育児の近代化の原型をなしていると明言する。

　沢山は、1920年代の育児書の特徴を「母性愛」[49]と「科学的合理的育児法」[50]が不可欠の要素として認識されるようになったと解釈し、このような近代的育児書の中心的な読者層を新中間層の母親に特定する。沢山によれば、新中間層の母親が近代的な育児規範を「積極的」「主体的」に受容した理由は、彼女たちが「母性の保持者」として「育児担当者」に専念できることを、女性としての自己実現の一手段としてとらえ、「我が子」を「作品」として「作る」ことに意欲的に取り組んだためであると考察している。しかし、その結果、新中間層の母親は、子どもに対して童心主義、すなわち子どもの純真さや無垢という教育以前の状態を賛美する心性（＝子ども性の尊重）と、学歴主義、即ち教育学歴をつけることで無知な状態から子どもを脱却させる心性（＝子ども性の否定）という矛盾する二面性を有してしまうことになったと指摘する。[51]

　1920年代に顕著とされる育児書の質的転換を、中心的読者層とされる都市新中間層の母親の子ども観に焦点をあて分析する沢山に対して、同じく広田も「しつけ」の変遷という観点から育児書の歴史を概観し、沢山とは異なる見解を示している。[52]広田は、「教育関係の一般向けの本」を育児書の範疇に加えて内容分析を試みた結果、1910年代以降、育児書には「家庭での育児やしつけと教科指導の方法」を説き「学校教師の補助者としての役割」を母親に課すものが増加することに注目し、新中間層の母親の子ども観は、「童心」も「学歴」もすべてを我が子に期待する「完璧な子ども（パーフェクトチャイルド）」の育成を目指したのだと新解釈を提出した。[53]つまり、新中間層の母親が抱いた童心主義の本質は、子どもを意図的・組織的な教育の対象とみなし、さらには家庭を教育的な関心に基づいて合理的に編成することにより、子どもの情報・学習環境を綿密にコントロールし、親があらかじめ設定した

「望ましいもの」を子ども自身が発見・習得できることをめざした「ひとひねりした〈教育的配慮〉」にあると看破するのである。[54]

このように稲田、沢山、広田の研究成果により、「戦後」に特徴的とされた育児の「医療化」「教育化」や「自己実現」の一手段として育児に専念する「母性愛」あふれる「教育ママ」の存在が「戦前」に発見でき、育児史研究において1920年代前後の動向に着眼することの重要性が示唆された点で有意義であったといえる。ところで、上記の研究が育児書と読者とされた母親の意識との関係を中心に分析しているのに対して、育児規範を作り出すメディアや専門家の役割に焦点をあてた研究も、近年提出されている。そこで次に、それらの成果と今後の課題について整理してみよう。

荒川は、「婦人世界」（1906年創刊）、「主婦の友」（1917年創刊）など一般婦人向けの総合雑誌の大衆化により、育児に関する情報が多くの人々に伝達される契機となったことに注目し、婦人雑誌の育児記事の項目別数量・内容分析を試みている。[55] その結果、先に広田が指摘した1920年代前後から顕著となる家庭における学校教育規範の浸透という現象は、婦人雑誌の学業関連記事数のしつけ記事数に対する逆転という形で追随されており、メディアが戦略的に、しかも新中間層より下層の読者層も射程に入れ、養育意識の再編に関与していたことを突きとめた。[56] このように荒川の研究は、育児情報を大衆化するメディアの社会的機能とその対象の解明に着手した点で画期的といえよう。さらに荒川は、このようなメディア時代の到来における育児情報の伝達者、育児規範の主体的形成者としての教育心理学者の役割を探索しようと試み、「戦前」「戦時下」「戦後」の時局の変化に応じて、婦人雑誌の育児記事に教育心理学者はどのような育児論を展開したか比較分析している。[57] その結果、教育心理学者の育児理念は、「既に出来あがった体制を前提として、その体制に順応する技術として書かれることが多」く、「決戦体制下」では「国の子」の育成を、「民主主義定着期」では「社会の子」の育成を掲げるものの、「国の子」も「社会の子」も表現が異なるだけで、その理想とする子ども像に本質的な相違は見られないという。[58]

育児理念をめぐる教育心理学者と時局との両義的な関係について、さらに踏み込んだ考察を試みたのは小沢である。[59] 荒川同様に小沢も「戦前」「戦時

下」「戦後」を通じて育児論を展開した教育心理学者の発言内容とその構造の異同を精査した結果、一部の教育心理学者は心理学を「育児の正しい方法・技術を提供する学問」として位置づけ、心理学による「子どもの心の科学的認識が育児の基本的命題」であるとの主張は一貫しているものの、それは「国家体制が提示する児童観や教育目標」を達成するための一種の方便に堕していたと批判している。[60]

教育心理学者が「学問の『客観的・科学的・中立的』装い」のもと、体制維持の育児理念を無節操に提唱していることの問題性を、例えば横山は、教育心理学者が依拠する「科学」の曖昧さから指摘している。[61]横山によれば、「戦前」「戦後」の育児書において、「科学」的育児法の必要性は主張され続けてきたが、「戦後の『科学』は戦前のものから『天皇制イデオロギー』をぬいたもの」で「育児書執筆者にとって自らの思想的反省を省くことを可能にする論理的装置」に過ぎない「単なるお題目」であったのではないかと疑問視している。[62]

(3) 日本における育児の近代化とは何か

ここで、日本における「科学的」育児法とは何であったかが問題となってこよう。

先行研究を通観していえることは、育児の「科学」化は近代化と同義に使われることが多く、大多数がその由来を翻訳育児書に求めている点である。さらに、そうした「科学化」を促した外来の育児法の基本的支柱は規則授乳法にあるとする見解が多数である。[63]したがって、日本の「科学的」育児法が、アメリカと同様に特定の心理学の学説や理論に依拠するものかどうかは、現状では十分検討されていないといえよう。[64]

以上、先行研究の検討によって、日本における育児の近代化とは、育児書の指針における「医療化」と「教育化」の浸透であり、主として戦後の1950年代後半から1970年代前半の都市化・核家族化・職住分離・性別役割分化の進行とともに大衆に定着していったという認識が大勢を占めることがわかった。一方で、そうした育児規範の原型を戦前の1920年代前後に出版された育児書の記述の一部に見出し、近代化を早くに実現した層として都市の新中間

層に着眼し、彼らの生活様式や家族関係、教育意識から育児観・子ども観の変化の兆候を解読する試みが、いくつかの興味深い事実を明らかにしていた。

ここで、米国の分析視角を借りて日本の育児史を整理しなおしてみると次のようになる。

すなわち、「子育てが重要な主題」となったと位置づけられる1920年代とは、それ以前に提起されていたものとは異なる育児規範が成立し、それが育児書の出版増大や雑誌メディアの隆盛、社会事業の進行、また小児科医や教育心理学者ら専門家によって普及していく一方で、「我が子」の教育に主体的に取り組み、理想の子どもを育成することで女性としての自己実現をはかろうとする母親を中心に受容されつつあった時期にあたるとの、おおまかな見取り図を描くことができる。したがって次の段階としては、1920年代には、どのような条件下で何を新しい構成要素とする育児規範が形成され、それがどんな回路を通じて大衆化・通俗化されていき、人々の養育意識がどういう形で教導され改変されようとしていったのか、事例に即して個別に検討することが課題となる。つまり、日本における育児の近代化の構造と子どもに対する新しい心性が外的に編成される過程を具体的に解明することが、不可欠な作業領域として浮上したのである。

5　1920年代と三田谷啓への着眼

専門家による養育者の意識啓発や育児条件の改善を促す傾向が見られ始める1920年代を象徴する事例として、内務省主催で1920年10月24日から1ヶ月間、東京のお茶の水博物館で開催された〈児童衛生展覧会〉が挙げられる。〈児童衛生展覧会〉は、「一家の消長一国の盛衰は繋て次代の国民たる児童の双肩に在り」との趣旨に基づき、各専門大家の指導のもとに系統的に陳列された児童衛生・育児上の教育資料と、一般商人により出品された育児用品が展示され、のちにこれらは全国を巡回した。その試みは、人々に対して身近な衣食住の条件の再考を促し、子どもの心身の発育に対する関心を喚起することにより、「第二国民の保健増進」という国家的課題の達成に向け、ある

べき親や家庭の規範を普及させようとするものであったといえる。[65]

　一方、このような東京を発信源とする行政主導の組織的で大規模な運動に対して、大阪では、小規模ながら官・民・学が緊密に連携し合う育児啓蒙事業が活発に展開されていた。現在5月5日に制定されている「こどもの日」は、1921年11月6日に大阪ではじめて実施された〈児童愛護宣伝デー〉を一つの原型とするともいわれる。[66] その〈児童愛護宣伝デー〉とは「子ども本位」の思想喧伝を目的に、大阪市保育会、大阪児童学会、大阪コドモ用品研究会、日本児童協会が一致協力し、児童愛護の宣伝ビラの頒布、音楽隊・自動車隊による市内各所のパレード、お伽講演会や児童愛護講演会の開催、「子供の育て方」に関する懸賞論文募集などが集中的に行われた一大イベントであった。[67] ここで注目したいのは、この〈児童愛護宣伝デー〉の企画・運営の中心人物であり、当日はレコード録音した「子供の為め」という自らの講演を蓄音機で奏しながら自動車で市内を巡回した、三田谷啓（1881〜1962）である。

　1920年代前後に出版された育児関連出版物の中で、群を抜いて多いのは三田谷啓の著作である。先行研究でも、毛利、[68] 沢山、[69] 横山[70]により、三田谷の育児論は1920年代に変革期を迎えるとされる育児書を代表するものとして注目されてきた。三田谷の著作は、現在確認されているだけでも、論文は約400本、著作は約80冊あるといえるが、なかでも子どもの育て方一般について言及した著作をいくつか年代順に挙げると、『児童の教養』(1915)、『子供の育て方』(1921)、『乳児の保護』(1923)、『育児教育』(1923)、『育児の心得』(1923)、『子供を賢くする為に』(1924)、『賢い妻と偉い母』(1924)、『児童の教養』(1927)、『母のための展覧会』(1929)、『子のための展覧会』(1930)、『母のため子のため』(1931)、『母の責任』(1933)、『母性のゆくべき道』(1934)、『母たるの道』(1935)、『輝く母性愛』(1937)、『愛児の実際的導き方』(1938)、『理解ある母』(1940) など多数ある。実のところ、三田谷は在野でこのような執筆活動を行うかたわら、医学・心理学・教育学・児童文学・社会事業の専門家に依頼して『児童教養叢書』『家庭教育叢書』など育児や家庭教育を主題とする叢書の編集や雑誌の発行にも取り組んでいる。さらに興味深いのは、先に挙げた〈児童愛護宣伝デー〉での企画運営にみられるように、大阪近辺

5　1920年代と三田谷啓への着眼　　25

の各地で開催された育児講習会、児童問題講演会、児童保護講座、大阪母の会、父の会、大阪コドモ研究会での講演活動、赤ん坊審査会の審査員や児童相談、公募された児童愛護の標語や育児体験談集の選定委員、さらに子ども向けの菓子や衛生医薬品・人工乳の仲介販売を行うなど、1920年代前後にかけて育児の指南役として精力的に活動をしていた点であろう。

　では、いったい三田谷とはどんな人物だったのだろうか。三田谷の経歴については次章で詳しく分析することにし、ここでは育児改革をめぐって試行錯誤がなされた三田谷の前半生に注目して概観してみたい。

　1881年、兵庫県有馬郡塩瀬村の貧農の家庭に生まれた三田谷は、苦学の末に1905年大阪府立高等医学校を卒業し、直ちに上京を企てる。東京では、富士川游（じかわゆう）・呉秀三ら医学研究者との知己を得、さらにドイツ留学（1911～1914）を果たした後、新興学術分野である児童研究に本格的に参画しその普及に尽力する。が、1918年には母校校長佐多愛彦（さたあいひこ）の推薦で、当時社会事業の推進が危急の課題とされた大阪市役所に医員として帰任し、関一（せきはじめ）高級助役の指揮下で児童相談所などの設立に関与し、1920年4月には初代児童課長に就任する。ただし、その職は先に挙げた〈児童愛護宣伝デー〉の実施を最後にわずか7ヶ月で退き、同1920年7月に自ら設立した日本児童協会を拠点に、在野での育児啓蒙活動に重点を置く。さらに、1927年には、「身体虚弱」「性格異常」「学業不振」等の児童を対象にした三田谷治療教育院を阪神間の精道村（現在の芦屋市）に創設し、「異常児童」の「治療教育」に本格的に着手する。また翌年には、日本児童協会の事務所を大阪市内から精道村の治療教育院内に移転させ、従来の活動を継続発展させるとともに、1930年代からは新たに設立した「母の会」を中心に、母親の再教育運動にも積極的に携わるようになる。

　以上から、三田谷の前半生は、学術研究・行政・民間と活動基盤を移しつつ、医学・児童保護・教育という多角的な視野から、その時々の子どもや親の問題に対応すべく尽力した稀有なる活動家とのおおまかなイメージを描くことができよう。

　このように、育児の歴史的再考から子ども観の変遷を探る試みにとって、有効な視座を提供してくれるかに見える三田谷であるが、残念ながら現在ま

でのところ、三田谷啓の育児への問題意識、その育児論の全体像と変節、実践的展開については、全くといっていいほど解明されてこなかった。そこで、本研究では三田谷の思索と活動軌跡の究明を主たる課題とし、三田谷を基点として1920年代という育児史上の変革期の構造を明確にしたいと思う。

6　本書の構成

　本論は、序章、終章のほか、三つの章によって、従来検証される機会の少なかった育児啓蒙活動家としての三田谷の業績を跡づけ、日本において育児が近代化される過程の一端を探索する。すなわち、おおまかな流れとして、児童研究者であり児童保護事業家であった三田谷という人物によって新しい育児改革理念が提唱され、それが日本児童協会という三田谷が私設した啓蒙活動拠点を通して社会的な普及が試みられ、一部の地域や階層の親の間でいち早く受容された、とみるのが本論の主旨である。

　第1章では、まず、主として三田谷の自伝から三田谷像と業績を確認する。次に、未だ本格的に着手されていない三田谷の論文・著作物の解読を開始し、三田谷の思索の経路を時系列的に整理したうえで、三田谷の育児に対する言説に焦点を絞り、その問題関心の所在と改革志向を把握し、三田谷の育児改革理念の形成過程とそれを構成する要素を同時代の思潮と関連づけながら分析する。そして、三田谷にとって最初の育児啓蒙の実践場であった大阪市役所行政官時代に注目し、大阪市立児童相談所の設立とその運営の挫折が、三田谷にとってどのような意味を持ち、それはその後の三田谷の活動にどのような影響を与えたか究明する。

　第2章では、三田谷の育児改革理念は具体的にどのような形式と回路を経て一般への普及が目指されたのか、育児関連出版物の執筆から一歩社会に踏み出して、啓蒙活動を本格始動した1920年に三田谷が大阪市に自ら設立した日本児童協会の存在に注目し、その実践の軌跡を追跡する。そこで、まず簡単に日本児童協会の設立の主旨、活動主体、活動概要を把握する。次に、三田谷の育児改革理念の普及に貢献したといえる機関誌に着眼し、1920年代を中心に機関誌で展開された主張の分析を行う。この日本児童協会の機関誌

は、1920年代前半以前にすでに断片的に集積されてきた三田谷の育児改革理念が集約され直截に宣伝される媒体であったと同時に、児童に関する同時代の最新の言説が選別・再編されて「育児を再考する素材」として読者に提示されたことにより、三田谷個人の意向を超克した重層的なメッセージの発信に成功している。さらに興味深いことに、この機関誌は1920年代に二度にわたり誌名変更を行っており、それと呼応して三田谷の提示する育児の指針や方法論が段階的に変化し、最終的には1930年以降における三田谷の思索や実践の転向を促す大きな動因となっている。その意味で、三田谷が主幹した機関誌の分析は、啓蒙活動家として育児改革の実践に乗り出すこととなった三田谷が、社会的に構築させようとした育児概念を理解するうえできわめて重要な作業といえよう。

　第3章では、三田谷が自らの育児改革を効果的に実現させるために、啓蒙対象や地域を選別していたことを解明する。具体的には、日本児童協会を通じて、新しい育児の指針や方法論を受容し、三田谷の活動を支援した人々の生活意識や教育観について、既存の資料を駆使して、可能な限りその実態に迫ろうというものである。

　以上のことを踏まえて、終章では改めて、1920年代という日本の育児史の過渡期とされる時期に活躍した育児啓蒙家三田谷の特徴と果たした役割を考察し、その歴史的評価を試みたい。

表1　三田谷啓の育児関連著作一覧

	出版年	題目	出版社
1	1916年	児童の教養	婦人文庫刊行会
2	1917年	児童と教育	児童書院
3	〃	児童と教養	南江堂
4	1921年	どうして子どもを賢くするか	日本児童協会
5	〃	子供の育て方	大阪毎日新聞社
6	1923年	乳児の保護	同文館
7	〃	育児の心得	同文館
8	〃	育児教育	帝国教育会
9	1924年	臆病の子供の取り扱い	日本児童協会
10	〃	賢い妻と偉い母	日本児童協会
11	〃	子供を賢くする為に	実業之日本社
12	1927年	児童の教養	イデア書院
13	〃	子供の神経質	実業之日本社
14	〃	母性のために	婦女界社
15	1929年	貝原益軒と児童教育（四版）	日本児童協会
16	〃	母たるの道	日本児童協会
17	〃	一人子と長子の育て方（三版）	日本児童協会
18	〃	性能と職業―前編	日本児童協会
19	〃	性能と職業―後編	日本児童協会
20	〃	児童の体質と職業	日本児童協会
21	〃	母のための展覧会	日本児童協会
22	1930年	感冒及び肺炎の予防並びに治療法	日本児童協会
23	〃	子のための展覧会	日本児童協会
24	1931年	我子の愛育法	婦女界社
25	〃	意志の強い子と弱い子	日本児童協会
26	〃	母のため子のため	大日本雄弁会講談社
27	1932年	愛児の導き方	婦女界社
28	〃	女性のために	日本児童協会
29	1933年	子供を善くする為に	日本児童協会
30	〃	母の感激子の感激	日本児童協会
31	〃	母の責任	日本児童協会
32	1934年	母性のゆくべき道	日本児童協会
33	〃	家庭におけるコドモの観方	日本児童協会
34	〃	母の忘れてはならぬ家庭教育	日本児童協会
35	〃	親として知らねばならぬ恐ろしき事実	日本児童協会
36	〃	子供を強く賢くする為に	日本児童協会
37	〃	最新育児の心得	同文館
38	〃	コドモの相談	婦女界社
39	1935年	子供の心の導き方	刀江書院
40	〃	若人のために	日本児童協会
41	〃	母性訓	日本児童協会
42	1935年	幼児の悪癖、幼児の情操教育	日本児童協会
43	1936年	数学の出来ぬコドモの教育法	日本児童協会
44	〃	子供の知識の導き方	刀江書院

45	1937年	母の感激	交友堂
46	〃	輝く母性愛	日本児童協会
47	〃	上手な誉め方叱り方（再版）	日本児童協会
48	〃	コドモの神経質	日本児童協会
49	1938年	愛児の実際的導き方	大日本雄弁会講談社
50	〃	子供を傷ふ偏食の直し方	母子健康協会
51	〃	弱い子供を強くする法	日本児童協会
52	〃	コドモの躾け方	日本児童協会
53	1939年	上手な食べさせ方	日本児童協会
54	〃	言語障害のある子の教育　付録当世父親気質	日本児童協会
55	〃	コドモの夜尿症（再版）	日本児童協会
56	〃	少年期に現れる共同生活障害と其の矯正	文部省社会教育局
57	1940年	理解ある母	同文館
58	〃	子供の正しき躾け方	文部省社会教育局
59	1941年	若き女性の問題	同文館
60	1943年	愛育の書	愛の事業社
61	1947年	愛児の正しい躾方	金尾文淵堂
62	不明	The Right Pathway for Mothers 母のゆくべき道	全国母の会本部

	1930年	Training in Mothercraft (三田谷治療教育院での活動をAnna Richardsonに紹介した英文冊子内の論文)	Child Welfare Work in Japan
	1932年	Motherhood Education in Japan （論文）	Childhood Education Vol. VIII, No. 5

第1章　育児啓蒙活動家の登場

1　三田谷啓とは何者か

(1)　従来の三田谷啓像

　三田谷研究の第一人者津曲裕次によれば、三田谷啓とは「明治時代末期から、昭和三〇年代にかけて、日本の児童相談、児童福祉行政、育児思想の啓蒙、障害児教育の教育と多方面にわたって活躍した医師であり、行政官であり、教育者である。その活躍の範囲があまりに多岐にわたるのと、大阪市の児童課長であった一時期を除いて、常に在野の人であったことが、その全貌を見えにくくしている。従って、従来の心理学史や教育史あるいは医学史において、取り上げられることはあっても、その一面が語られるに過ぎなかった[1])」とされている。
　このように多岐の分野に在野から活動したとされる三田谷の足跡について、比較的究明が進んでいるのは精神薄弱者施設史の分野である[2)]。それは、三田谷啓が1927年に現在の芦屋市に設立した三田谷治療教育院の後継者飯島十郎が、三田谷治療教育院史の一環として、1970年代より「創設者」の生涯と業績に関する資料の発掘収集を進めてきたことに起因する[3)]。したがって、そこでは、1948年4月の児童福祉法施行にともない精神薄弱児施設に認定された三田谷治療教育院の当時院長であった三田谷啓について、障害児施設運営者としての実像を鮮明にし、三田谷の遺志を発展的に継承することが目論まれてきたといえよう。この精神薄弱者施設史という観点からの三田谷研究において成果を挙げているのは、三田谷治療教育院設立に至った三田谷の理論的基盤や事業構想を解明しようとした岡田の研究であろう[4)]。
　それに対して、最近、三田谷研究の新境地を拓く試みが、村田によっては

じめられた。村田は、三田谷の業績を「母親教育構想」に一元化して解釈を試みようとする。村田が独自に調査を進めた結果、解明された三田谷の児童相談業務や児童保護事業、日本児童協会や「母の会」を通じた活動は、1930年以降の国家主体で進行する愛育事業や家庭教育振興政策の先駆けとして評価できるものだとされる。村田によれば、三田谷の描いた「母親教育構想」は、教育治療学を根拠に一人一人の子どもの生育条件や個性を尊重し、児童相談を通じて母親の要求に個別に対応したもの（ただし対象は新中間層に限定されていた）で、民間の発想としては画期的なものであると同時に、1930年代以降、母親や家庭教育のあり方が国家管理の対象下に置かれ一斉に統制されるようになったのとは対照的な取り組みであったと特徴づけられるという[5]。三田谷の多角的な活動の大半は、「母親教育構想」に集約できるものだと仮定する村田の大胆な主張は興味深いが、近年、三田谷の蔵書・著作・執筆論文・書簡・所持品の整理が急速な勢いで進められているため、さらなる検証が待たれるといえよう。

ところで、1908年から1921年までの三田谷の著作目録が作成された結果、その責任者の一人である駒松によって、三田谷の執筆領域は「母子保健、学童保健、児童保護など広領域にわたるものであり、とりわけ育児に関する啓蒙活動が中心であった」という見解が提出された[6]。しかし、残念ながら、駒松は、三田谷を育児啓蒙活動家として位置づける論拠について全く言及していない。ここで、三田谷の履歴を簡単に振り返ってみよう。

(2) 三田谷の自伝の検証

三田谷は、自伝『山路超えて』[7]を1931年（昭和6年）に出版して以降、その増補改訂版を1950年（昭和25年）[8]に、さらに続編を1958年（昭和33年）[9]に出版している。また、1956年（昭和31年）にも、『社会福祉法人　三田谷治療教育院創立三十年記念集』中に人生の「回顧録」[10]を掲載している。それらは出版年代順に、三田谷が50歳、70歳、75歳、77歳と比較的高齢になって執筆されたものである。自伝・回顧録は、著者自身が生涯の軌跡を美談として語り、事実の曲解や業績の過大評価が無意識に企図されることの多い表現形態であることに留意しながら、三田谷自身が語る人生の軌跡をここで再現して

みよう。

　三田谷は、経済的に逼迫すると随筆や翻訳の出版で糊口を凌いでいたエピソードが自伝の中でいくつか披露されている通り[11]、「書くこと」に秀でていたといえる。その三田谷の自伝3冊における大きな特徴は、「わたくしと言ふ言葉をくり返すよりもこの方が響きがよく且話しのときにもしやすかつた[12]」という理由から、自分自身を「彼」と三人称で客体化し、「彼」の「波乱万丈」の人生が描写されている点である。50年間の人生を総括した初版の記述内容は、後の3編と大部分が重複している。したがって、ここでは初版を引用しながら「彼」の生涯を概略してみたい。

　「彼」は六甲山麓の寒村[13]に生まれ、貧農で無学な家庭環境にあって、「親に似ぬ子」「鬼子」扱いされ、「十一歳で学校停止」となりながらも「先生は雑誌」として勉学への意思を強固に貫き、18歳で「爆裂弾熟」[14]して大阪に家出をし、医者の知遇を得て医学校受験予備校に通う[15]。猛勉強の末「神経衰弱」に罹るが「青雲の志」を捨て難く「薬瓶携帯の受験」を経て、大阪府立高等医学校に入学[16]、在学中に「新しい父と母」といえるキリスト教牧師夫妻と出会う[17]。そして、実父の死去[18]を乗り越え医学を修養したものの、卒業試験を受けたその日に「夜逃げ」して上京、東京を「墳墓の地」と定める[19]。

　「医学か教育か」「精神病か小児科か」の進路選択の岐路にあって、在京の富士川・呉と偶然の知己を得[20]、その双方を成就させる「治療教育学」[21]を生涯の研究課題と定める。また、徴兵は「地獄に仏」でK教授の計らいから100円を調達することができ、普通兵ではなく一年志願兵として在京で軍務を果たす[22]。さらに「雷の如く来たる」ドイツ留学の機会を得てわずか1年で血液研究にてドクトル試験を通過[23]、ゲッチンゲン・ミュンヘン両大学で「児童心理学」「治療教育学」等の研鑽を積む[24]。

　「欧州戦乱勃発」[25]直後にロンドン経由で帰国して後は、児童研究や、我が国で最初の児童相談業務[26]に携わり、自分の意思ではなく母校大阪医学校校長[27]の推薦で大阪へ赴任し、「彼」が提唱した「児童相談所、産院、乳児院、少年職業相談所」という社会事業の実現を果たし[28]、「新設の児童課長」としてそれらを主管する。ただし、児童相談所は「地の利」や「市民」に恵まれず、所長の交代が相次ぎ事業継続は困難であったという[29]。結局、「彼」が発

案した「児童愛護宣伝デー」の実施を最後に、3年半余り勤めた大阪市役所を辞職し、母校で改めて医学博士の学位を取得、その後中山児童教養研究所主任を経て、いよいよ独立を果たす。

「彼」の「積年の宿志」は「治療教育」の事業化であり、「虚弱のため特別の処置をすることを要するもの」の保護や、「精神上の欠陥で特別に教育した方がよいもの」が他人に危害を加え重大な問題を引き起こす「不良行為に出るまでの年齢期に教育」し、「その本人に適当の仕事を見つける」運動を国家に先んじて着手することであったという。後援者を募り組合組織とし、芦屋に土地を取得して治療教育院の建設途上の最中、反対者が続出し「難礁現る」が「破船を辛うじて免れ」て実現、「天職を発見」し、さらなる事業展開をはかる。

「彼」の天職とは、上記のように①「身心の発育に故障を受けたコドモを医学的に教育的に保護すること」に加え、②「コドモのために母親との相談」の児童相談事業と、③「母性の教育」で「講演会、講習会、展覧会、出版物」の事業であったとされる。結局、「教育好き」であった「彼」が「医学を修めた」ことで、「医学と教育の握手」を果たし、子どもの「健康」「学校」「職業指導」「結婚」などの児童相談を通じて、「医者」として「説教者」として、「教育者」として、「媒介人」として、「裁判官」として、「母と涙の二等分」をするのが使命であり、「悩める母の相手となつて親と子のために小さい魂をさゝげてゆきたい」とする。

前述した通り、確かに1950年、1958年に増補改訂された自伝および1956年に刊行された回顧録は、上記の記載内容と重複しており、1931年の初版発行以降、20年余りの間の出来事が付加されているに過ぎないかに見える。しかし、それらの記述を仔細に検討すると、三田谷の研究者としての課題意識の経緯や業績内容、さらにその自己評価は微妙に推移していることがわかる。

例えば、1931年版自伝では医学校卒業時には「教育か医学か」「精神病か小児科か」、将来の方向は定まっておらず、上京後、富士川・呉との偶然の出会いにより、「教育と医学の握手」を可能とする「治療教育学」の道を選び、ドイツ留学を経て次第に事業構想が膨らんでいったと、進路に関して逡巡した経緯が告白されているのに対し、1950年版自伝、1956年版回顧録で

は、その治療教育学を専攻することと治療教育院事業構想は医学校卒業後、上京した当初から明確に意識されていたものだと断言され、さらに1958年版自伝では、富士川・呉等児童研究者によって触発された東京での「研究」生活やドイツでの治療教育学の「研鑽」などは割愛され、医学校卒業時点より事業設立に奔走した、「実践」志向の強い三田谷の足跡が強調されている[39][40]。

また、1931年版自伝では、児童相談を通じて「健康」「学校」「職業選択」「結婚」など子どもに関する多種多様な問題に「母と涙の二等分」をしながら取り組むのが「彼」の「天職」であると力説されていた。それに対して1950年版自伝以降、「泣く母に涙の二等分」をするのは、学園に起臥する「知能のおくれたもの」「何らかの癖のある子」「身体に申分あるもの」など「不幸な児童」を持った母と苦悩を分かち合うことに変化する。「普通以下のものを世話して何になるか」「無駄な仕事」「貧乏くじをひいた」と「先輩、同僚、世間」から「ののしられ」「嘲笑」された仕事を「天職」とし、「雀百までおどり忘れずかネ」と専念することが終生の使命であるというように、三田谷がいうところの「天職」における治療教育事業に対する比重が、他の「天職」であった児童相談や母性教育に比して大きくなるのである[41]。

以上、三田谷の自伝の検証を試みた結果、障害児教育実践家としての三田谷像は把握できたが、一方で、育児史研究者によって指摘されてきた1920年代の代表的な育児書執筆者としての側面は、浮かび上がってこなかった。そこで、次項では、三田谷の育児関連著作物の探索を踏まえ、自伝では確認することができなかった三田谷の育児への関心を発掘してみよう。

2　三田谷の育児改革理念とその背景

(1)　三田谷の論文・著作の検討

現在確認されているだけでも、論文約400本、著作約80冊を残した三田谷の執筆領域は非常に広範囲にわたっている。まず、論文について時系列的に分類すると、児童研究時代（1908年～1917年／27歳～36歳：東京）では、児童研究に関する国内外の包括的な学術動向の紹介や概説が中心で、ドイツ留学

表2　三田谷の履歴書の検討

年次	履歴書A	履歴書B	履歴書C	履歴書D
執筆時期と住所	1918年3月東京市本郷区駒込西片町10番地		1946年9月15日 芦屋市打出楠町3番地	芦屋市打出楠町3番地
1881年(明治14)	9/1兵庫県有馬郡塩瀬村名塩462番地にて出生			
1899年(明治32)	大阪府立高等医学校入学			
1905年(明治38)	10月大阪府立高等医学校卒業 12月東京医科大学精神学教室にて『神経学雑誌』編集従事	10月大阪府立高等医学校卒業 12月東京医科大学精神学教室にて『神経学雑誌』編集従事	10月大阪府立高等医学校卒業	10月大阪府立高等医学校卒業
1906年(明治39)	12/1近衛兵歩兵第一連隊一年志願兵として入隊	12月近衛兵歩兵第一連隊一年志願兵として入隊	1月～11月東京医科大学精神学教室にて研究に従事 12月～1908年1月一年志願兵として近衛師団歩兵第一連隊勤務	一年間東京医科大学にて「研究(精神病理学)」
1907年(明治40)	11/30除隊 12月『中外医事新報』編集『国家医学会雑誌』編集従事	11月除隊 12月『中外医事新報』編集『国家医学会雑誌』編集従事		
1908年(明治41)			2月～1910年4月児童研究に従事	4年間　東京にて「児童研究に従事」
1910年(明治43)	「児童研究」編集従事	「児童研究」編集従事		
1911年(明治44)	5月ドイツ国留学 9月ゲッチンゲン医科大学入学	5月ドイツ国留学 9月ゲッチンゲン医科大学入学	5月ドイツ出発	5月～1914年8月ドイツ留学ゲッチンゲン大学・ミュンヘン大学にて「研究(精神病理学・児童学)」
1912年(明治45/大正元)	6月ドクトル学位取得 7月万国学生同盟ゲッチンゲン支部幹事嘱託 9月～翌1月ゲッチンゲン文科大学「児童心理学」修む	7月ドクトル学位取得 7月万国学生同盟ゲッチンゲン支部幹事嘱託 9月～翌1月ゲッチンゲン文科大学「児童心理学」修む	7月 ゲッチンゲン大学にてドクトルの学位取得 12月～1914年1月ミュンヘン医科大学及び文科大学にて「精神病学及び児童研究」に従事	7月ゲッチンゲン大学にてドクトルの学位取得
1913年(大正2)	3月～翌2月ミュンヘン医科大学及び文科大学にて「児童学ニ関スル学科」修む	3月～翌2月ミュンヘン医科大学及び文科大学にて「児童学ニ関スル学科」修む		
1914年(大正3)	2月ロンドン遊学 8月帰国の途に出発 10月帰国日本児童学会幹事、『児童研究』『中外医事新報』編集嘱託	2月ロンドン滞在 10月日本児童学会幹事、『児童研究』『中外医事新報』編集嘱託	8月帰国 11月『児童研究』に従事	
1916年(大正5)	11月『国家医学会雑誌』編集委員嘱託	統計学会調査委員嘱託 11月『国家医学会雑誌』編集委員嘱託	5月東京に於いて児童教養相談所創立 5月目黒に創立された児童教養研究所部長就任 5月～翌3月東京医科大学法医学教室にて研究に従事	10月～1年間東京医科大学にて「研究(生理学)」

1917年 (大正6)	児童教養研究所理事 6月東京市学事嘱託 7月林間学校医務嘱託	3月児童教養研究所理事として「児童ノ身体及ビ精神ニツキテノ研究」 6月東京市学事嘱託 7月林間学校医務嘱託	
1918年 (大正7)		4/16大阪市医員、衛生課、防疫係兼保険係 6/1学務課兼務 7月大阪児童学会幹事	4月大阪市医となり更に大阪市社会部児童課長として児童相談所、少年職業相談所、産院、乳児院、託児所の創立に当たる	4月大阪市医となり更に大阪市社会部児童課長として児童相談所、少年職業相談所、産院、乳児院、託児所の創立に当たる
1919年 (大正8)		3/29救済課兼務		
1920年 (大正9)		4/2大阪市社会部児童課長就任		
1921年 (大正10)			11月退職 12月～翌9月大阪医科大学に於いて研究に従事	12月～2年間大阪医科大学にて「研究（病理学）」
1923年 (大正12)			12月医学博士学位取得 9月～1926年10月中山児童教養研究所長として「児童研究、母性教育に従事」	12月医学博士学位取得 9月～1926年10月中山児童教養研究所長として「児童研究、母性教育に従事」
1927年 (昭和2)			三田谷治療教育院創立	8月三田谷治療教育院創設、院長に就任
1934年 (昭和9)				4月財団法人三田谷治療教育院理事長に就任
1935年 (昭和10)			恩賜財団愛育会理事就任	3月恩賜財団愛育会理事就任
1938年 (昭和13)				4月私立翠丘小学校創設、校長に就任
1940年 (昭和15)				2月文部大臣より社会教育功労者として表彰
1950年 (昭和25)				10月兵庫県私立学校審査委員就任 11月全日本社会事業大会にて社会事業功労者として表彰
1951年 (昭和26)				4月学校法人翠丘小学校理事長に就任
1952年 (昭和27)				社会福祉法人三田谷治療教育院理事長に就任
1962年 (昭和37)	兵庫県芦屋市楠木町3番地にて死没			
1963年 (昭和38)				5月児童福祉功労者として兵庫県知事より表彰

現存する履歴書は、4種ある。Aは原稿用紙に万年筆縦書きで、Cは縦罫線入りの用紙に毛筆縦書きで、Bは既存の履歴書用紙に毛筆縦書きで記載されているのに対し、Dは罫線なしの用紙に横書きペン字で記載され、Dのみ筆跡が異なるうえ、三田谷没後1年に授与された賞罰も付加されている点からみて、第三者によって作成されたものと思われる。

(1911年～1914年／30歳～33歳)を契機に執筆活動は本格化し、『児童研究』への寄稿が全体の約7割を占める。主題は「児童学瑣談」(1915／1919)のように発達理論や心理学実験に関するものから、学校教育、幼児教育、中学入試問題、性教育、職業指導、児童虐待問題、ドイツ児童文学史、児童の娯楽・遊戯・玩具論、智力検査法の詳細など、現代の学問領域の枠組みに従えば心理学、学校教育実践、社会教育、児童保護、児童文化、さらに児童研究の方法論に関するものと把握できよう。

特にドイツ留学後は、「異常児童」問題や教育治療学など児童保護に対するドイツの慈善事業や特殊教育の実態紹介を『小学校』『日本学校衛生』など教育専門誌で行い、「太郎の生立」(1915)、「児童の養護」(1916)、「育児瑣談」(1916)、「児童の教養」(1916～1918)など育児論を、比較的早い時期から育児欄が設けられていた『婦人衛生雑誌』やキリスト教系婦人啓蒙雑誌『新女界』など、『児童研究』以外の雑誌に寄稿している。また、興味深いところでは、富士川游が主幹した『人性』で、「戦時に於ける生殖生活」(1915)や「モニスムとは何ぞや」(1915)など、生殖・結婚や倫理に関する話題にも触れている。

一方、医学校出身とされる三田谷だが、精神医学・小児医学・衛生学関係の論文は全論文数の1割にも充たず、編集に携わったとされる『中外医事新報』への寄稿は今のところ発見されていない。また、同じく編集に関与したとされる『神経学雑誌』には「奇童の一例」(1915)、「児童ノ賢愚ト身体トノ関係」(1918)、「児童の頭蓋測定成績」(1919)の3本が、『国家医学雑誌』に「ハンブリヒに於ける児童に関する慈善事業の一斑」(1915)、「アルコールと変質」(1916) 4本が確認できる。

大阪市役所時代(1918年～1921年／37歳～39歳：大阪)は、「貧児」「異常児童」「特殊児童」「細民児童」に関して生育環境と身体発育・学業成績の相関を見た社会調査などに着手したとみえ、『救済研究』や『社会事業』など社会事業専門誌への寄稿が目立つ。

そして大阪市役所辞任後、1920年代は上に挙げたような雑誌への投稿は減少し、年間数本になるのに代わって、『日本児童協会時報』『育児雑誌』に「児童教養雑話」(1921)、「児童教養相談」(1925)、「身体と精神及び其の保護」

(1926)、「児童の教養」(1927) など、すでに他誌で紹介された内容と重複する育児論に加えて、「臆病」「意志の強弱」「学業成績の良否」「新入学児童」「卒業児童」「神経質」「精神薄弱児童」といった個別事例に即した育児の実践方法を説くことが多く、執筆方針が大きく転換している。

三田谷治療教育院設立から晩年まで (1927年〜1958年／45歳〜77歳：精道村) は、治療教育の必要性やその事業構想、「神経質児童」「異常児童」「精神薄弱児」の保護・指導の方法論について特殊教育や精神衛生を特集した雑誌に寄稿している。

一方で、著書活動は1920年代以降、積極的に行われたとみえ、1920年代は『子供の育て方』(1921)、『乳児の保護』(1923)、『育児の心得』(1923)、『児童の教養』(1927) など子どもの発育に関する知識と育児の技術に焦点をあてた概説書が中心であったのに対し、1930年代前後から『母のための展覧会』(1929)、『母のため子のため』(1931)、『母の責任』(1933)、『母性のゆくべき道』(1934)、『母たるの道』(1935)、『輝く母性愛』(1937)、『愛児の実際的導き方』(1938)、『理解ある母』(1940)、『若き女性の問題』(1942)、など、母性修養論に集中していく。

以上、三田谷の論文・著書の時系列的な主題の推移を追跡してみたわけだが、ここで三田谷の思索活動の特徴を考察してみよう。

三田谷は、医学校出身で、自伝では教育と医学の接合による障害児 (精神薄弱児) の治療教育実践が20代から抱き続けた課題であったと告白していた。しかし、三田谷の問題関心は精神医学・小児医学・特殊教育に収斂されるものではなく、少なくとも三田谷治療教育院設立以前は、児童研究や児童問題に関する該博的な知識を有していたと言える。ただし、医学・心理学・教育学・児童保護・児童文化といった固有の領域における三田谷の学問的な厳密度や専門性は高い水準にあったとはいいがたい。官学アカデミズムで継続的・集団的に学究活動を行ってきた同時代の研究者の誰彼と比較対照した場合、各分野で寄与した三田谷の功績はあまりに些少で部分的なものに過ぎない。

一方で、「育児論者」としての三田谷像は、著作・論文の検証を通して十分に鮮明にすることができる。三田谷の育児に関する提言はすでに児童研究

時代より見出すことができ、育児書という形で系統立てた一貫性のある形式で、子どもの心身の発育経路に即した育児の指針が主張されるのは1920年代以降であり、それも1930年代からは育児の理念や知識・技術を紹介する立場から一転して、女性の生き方や理想的な母親像など精神論を重点的に説く方向へと大きく変化する。

　以上、三田谷の思索の経緯を段階的に分類すると、1910年代における児童研究や児童問題への全方位的な関心から、1920年代における育児論の提唱、1930年代以降の母親教育論へと傾斜していくことがわかる。さらにその詳細は、1910年代に執筆された論文の中には、例えば心理学の方法論や医学・生理学実験、社会調査結果、教育実践事情や児童保護事業の紹介など専門的な課題に応えようとするもの以外で、三田谷が個人的な見解を述べている記述の一部に、三田谷の育児に対する明快かつ独創的な主張を発見することができる。そこでは、三田谷が40歳前後からなぜ育児書を多く執筆するに至ったのか、三田谷の育児書を概観する限りでは、察知できない育児に対する課題意識を、きわめて明瞭に把握することが可能となる。つまり、1910年代に執筆された、一見育児とは無関係と思われる論文や1920年代前半の育児書の中に、育児改革を志向する三田谷の意志を確認することができるのである。

　そこで、次項では主として、育児に言及する活動が本格化する前の段階に出された三田谷の著作・論文を中心に検討し、三田谷の理念を抽出してみたい。

(2)　三田谷の育児改革理念とその思想的背景

　三田谷の育児理念は、大きく分類すると三つ側面から構成されていることがわかる。すなわち、①児童学による育児の合理化・科学化、②心身ともに健康な子どもの育成による国力増強、③産育主体としての女性役割の規定と「母親改造」である。以下で、その詳細を述べてみよう。

（なお、引用文に引かれた下線はすべて筆者によるものである。）

①児童学による育児の合理化・科学化

〈育児の合理化〉

三田谷には旧来の育児概念を刷新しようとする明確な意思があったといえ

る。したがって三田谷の育児論は、親によってなされる育児を根本的に否定し、それまでの古い行為と積極的に断絶しようとするところから出発している。三田谷によれば、親の「盲目の愛は合理の愛に換らねばならぬ」わけで、「こどもに起きる悲劇は親の不注意から」「親が子供の取り扱い法を知らぬ為」と親の不注意や無知こそが子どもの「悲劇」の原因であり、「従来の悪習慣を棄てゝ顧みぬことが肝要」で、「こどもを育てるにはあくまで合理的でなければならぬ」とされる。

育児に対する三田谷の合理化志向は、世代間で継承されてきた育児の経験知や狭い共同体の内部だけで共有されてきた習俗に対する不信感に根ざすものであり、三田谷の場合、合理化は学術の応用と同義であった。つまり、合理的であるためには、「学術の教ゆるところに拠る外はない。学術の進むにつれて古事適当と認められしことも今日では不適当の場合がある。例へば迷信も古は合理的だと認められしことも今日では何等の価値のないことが明となつたのであるから、迷信や悪習慣は何の惜気もなく捨ててしまわねばならぬ。又一面には学術はいろいろのことを積極的に実行すべきを教へて居るからこの点も大に努めなければならぬ。(…) つまり理想的児童教養法は合理的に子どもを教養すると言ふことに外ならぬのである」とされるのである。

上記のような、迷信批判は、明治期以降に出版されてきた育児書でも繰り返し展開されており、三田谷が提案する育児の合理化は、決して新規なアイデアではないといえる。しかし、それらと三田谷の育児論の決定的な相違は、例えば「児童を十分教養せんとすれば必ず根本的方法によらねばならぬ。即ち児童身体の解剖、生理、精神等に基いてそこから出立しなければ十分の養護は出来ませぬ」とする総体的な子どもの実態把握によって、旧来の育児を変更させようとする視点を内包させている点である。そして、ここで「学術」と名称されているものは、「児童学」を意味していたことは確実である。

〈児童研究〉

ここで、三田谷が深く関与した日本の児童研究の概略について補足説明しておきたい。

子どもを学術研究の対象に据え、諸科学を結集して、「子どもとは何か」

その固有性・異質性を探求しようとする試みは、欧米、日本とも19世紀末に児童研究運動という形で出発した。そうした運動の勃興は、少なくとも日本においては、欧米列強と対抗すべく国家教育の基礎を築くという目的が支柱にあったが[47]、その一方で、子どもを新しく探索の対象に加えることで、諸学問の活性化が意図されていた[48]。その結果、児童研究は、教育実践に科学的根拠を提供することでその質の向上を図ろうとする教育学者や心理学者と、彼らの指導のもとに資料を提出する一般の教師や親、特に女性を巻き込み、さらには生物学、人類学、哲学、倫理学などの異分野が、「子ども」を媒介に交差する学際的な領域として研究交流が進み、ひとつの運動として盛り上がっていったといえる。

研究の母体組織は当初、二度の組織変更が行われたが[49]、1898年に日本初の児童研究専門誌『児童研究』が創刊され、その刊行が軌道にのった1902年にようやく日本児童研究会が設立されて、本格的な研究活動が展開されていった。児童研究が対象にした「児童」とは、出生前から青年期までを含むものであり、出発してから約10年間は、米国の児童研究をモデルに[50]、学校での教育実践の改善を目的とした質問紙調査と、子どもの身体発育や心理に関する観察・記録を通じた、子どもに関する基礎的なデータの集積が中心的に行われた[51]。

そして1907年、富士川游を中心に児童研究体制の革新が試みられ、ドイツをモデルに医学研究と教育研究の接合が目指された[52]。児童研究への医学の参入によって、「異常児童」が研究対象として新たに浮上し、子どもの心身を様々な角度から「正常」と「異常」とに分類・抽出するための知能検査法の必要性が認識され、教育効率の上昇や社会防衛を企図する立場から、「異常児童」を教育現場や一般社会から隔離し個別処遇する方法の模索が、児童研究の共通課題とされた[53]。ちなみに三田谷が児童研究に着手したのは、まさしく富士川が児童研究の主導者として実権を握っていた時期と一致しており、「異常児童」研究が最も進展していたドイツに留学したことからもわかるように、三田谷は児童研究の中心的課題を担う主流派に属していたといえる。

〈児童研究の実用化〉

さて、児童研究の運動母体であった日本児童研究会は、富士川による革新

の5年後の新体制が一応整った1912年4月に、第7回総会にて日本児童学会と改称することを決議し、「児童学」が学問体系としてひとつの完成をみたことを内外に認知させた。この「児童学」の体系化を機に、児童研究はさらなる段階へと進む。東京を拠点としていた日本児童学会は、地方の教育関係者や行政官を中心にした地方部会の組織化を推進し、児童研究の成果によって得られた子どもに関する新しい知識を社会的に普及させる回路を拡充し、人々の子どもに対する認識を児童研究の方法論で枠づけようとしはじめたのである。さらに注目すべき動きとしては、1915年以降、研究成果の実用化を強く意識したところで、学会とは独立した別機関である児童教養相談所の開設が、学会関係者によって試みられる。

1910年から1918年まで『児童研究』の発行人を務めた三田谷は、ドイツ留学から帰朝し正式に児童学会幹事に就任した翌年の1915年に、「児童研究」第十九巻第2号の巻頭「憂ふべき日本の将来」にて、自らの児童研究観を以下のように表明している。

> <u>健全なる国を興さんとせば先づ健全なる民を造ることを謀らざるべからず。健全なる民を造らんとせば健全なる児童を造る必要あり。児童研究は此点より見るも緊要なることなり</u>。教育家、医学者のうちにすら児童研究は我等の専攻学科に関係なしと主張する人あり。(…) 児童を知らずして児童を取り扱ふことは誤りなり。教育を受ける人も児童研究と云へば一小部分を専門家が研究するに止るものと解するもの多し。<u>児童研究は第二の国民を対象とする広き学科なり</u>。我国の社会と個人が此点を知らざる以上は<u>将来に於て善き国民を生むこと難かるべし。予は祖国の為めに之を憂へて止まず</u>

前述した通り、児童研究が「国家教育の基礎」を確立することによって欧米列強に比肩し得る国家建設を企図したことは事実であり、その意味で、三田谷の児童研究の定義、すなわち児童研究とは「第二の国民を対象とする広き学科」であり、「健全なる児童」を「造る」ことにより「健全な国家」の建設を目指すという意識は、「健全なる」という価値目標が掲げられた一点

を除き、児童研究の初期の課題を継承するものであったといえる。

さらに、三田谷は児童研究を「約言すると子供の身体と精神を学問的に研究するのであつて、之れが国民の根本となり、生活の根本となる」ととらえ、「児童研究に関する学問は其範囲極めて広く、医学、生理学、解剖学、小児科、学校衛生、心理学、児童心理学、人種学、教育学、言語学、審美学、倫理学、論理学、法律（少年の犯罪等に対して）等孰れも離る可らざる関係を有して居る。されば児童研究は種々なる学者に依つて研究せらるべき事は云ふ迄もない事である」と、紹介している。こうした三田谷の見解も、「子ども」を研究対象に措定することで、自然・人文諸科学の拡充と深化を企図し、学際的な領域として形成発展を遂げることを目指してきた児童研究の方向から、逸脱するものではない。

〈育児の基礎としての児童研究〉

このように、三田谷は児童研究の中心的な課題と企図の継承者であったわけだが、三田谷の児童学会内で果たした特異な役割とは、児童教養相談所の主任に就任し児童相談に着手するなど児童研究の実用化という新しい課題の主導的立場にたったまさしく1915年に、上記のような論文を発表し、育児の現場に児童研究の成果を直接導入させることで、国民国家形成のための教育課題に貢献するという児童研究発足以来の方向を日常生活の次元で実現していこうとした点である。つまり、三田谷によって児童研究は、親に対して育児に有用な知識と技術を提供する基礎分野としての存在意義を新しく付与されたといえる。

ここで、実学として児童研究を捉える発想転換は三田谷独自のものと考えられ、児童学会内部では同様の見解が他にないことからみて、それが児童学会内部で大きな支持を集めていたとは考え難い。実際問題として、『児童研究』誌上に育児相談や具体的な育児の指針を提言する記事が継続的に掲載されはじめたのは、1922年より1928年にかけての竹内薫兵の「育児問答」からであり、「育児」という言葉が児童研究の中で定着し、育児関連の記事が少しずつ掲載されるのは、1923年からである。ただし、ここで興味深いのは、「育児問答」を長期連載した竹内は、1940年に富士川が逝去後に代わって幹事長（1931年から1940年までは会長制から幹事長制に移行）に就任しており、その

竹内の次に会長に選出されたのは、戦後「育児学」を提唱し育児評論家として活躍した平井信義であった点である。つまり、児童学会内で重要な地位に就いた研究者が、1920年代後半以降、育児問題へ言及していくわけで、その意味では、児童研究の実用による育児の刷新を目的としていた三田谷は、少なくとも児童学会内では先駆的な存在であったと考えられよう。

　ところで三田谷は、『児童研究』誌上で、「父兄、教育者、社会は今日の学術が生める進歩せる理論を先づ研究して、人間生活の向上を図らざるべからず」[60]「父兄が児童教養法の原則を学ぶことは当面の緊急課題なり」[61]「子を持てる父母自己は実際児童研究者ならざるべからず、児童の生活を研究せずして適当の教養をなさんことを望むは到底不可能なり」[62]と、執拗に親自身が「今日の学術が生める進歩せる理論」たる児童研究に着手すべきであると訴えかける。しかし、三田谷が本来的に親に期待したのは、児童研究の共同研究者たることではなかった。

〈親の役割〉

　『子供の育て方』(1921) の「養護および予防・母親への注意」の中で、三田谷は、「今日の育児法の秘訣は今日まで進んできた科学を基礎として合理的に取り扱ふこと」を強調する。が、その実質は「別に子供の親達が顕微鏡をのぞいたり、又試験管をいぢつたりして児童の身体や精神を研究して下されと言ふのでは無い。児童学者が研究調査した成績を尊重してこれを実際に応用して下されば、それで親達の任務は十分尽されるのであります。今日の日本の状態はまだまだこの点に於て甚だ多く欠けて居る処があると存じます。これは各個人がよく注意し、学問の教ふる処を守つてこれを実際生活に応用し、我々の家庭を幸福にし、国の基礎を造ることが急務中の急務と信ずるのであります」[63]とあるように、親が、児童研究者の課題意識を共有し研究調査結果を疑問視したり、批判的態度で検証する機会を得ることによって、子どもに対する認識を更新させていくのではなく、親自身の自律的な行動や判断は留保し、あくまで児童研究者の提示する「成績」を「尊重」して、その成果を受容することにあった。

　三田谷は1920年代から1940年代まで1年に2～4冊の育児関連出版物を出版することにより、児童研究によって逐次更新される研究調査結果の紹介を

積極的に行ってきた。ここで、興味深いのは、育児書を単なる学術研究の報告書として提示するのではなく、例えば「一種の読み物」として読者の関心を惹きつける取り組みがなされている点である。

例えば、1915年に『婦人衛生雑誌』に5回にわたって連載された「太郎の生立」は、「こどもの中わけても生後第一年には著しい発育を致すもので細かに観察すると小児の精神と身体との発育の模様がわかる」ため、「独逸国イエーナ市、ハンナ・クエック・ウィンケルといふ婦人が生後一個年の観察を記録したものゝ概要」、すなわち、子どもの誕生時の状況から、月齢を追って身長・体重の増加、反射・五感・運動能力の発達、発声・発語の時期とその内容、感情表現とその多様化の過程、病歴と予後、授乳・離乳の量的質的推移を微細に紹介したものである。

しかし、この連載は、子どもの心身の生育に関する特別な素養のないドイツの一婦人が残した「我が子」の「育児日誌」であったとは到底想像できないような、高度に専門的な発育記録となっている。つまり、「太郎」の「育児日誌」は、「平均的」な発育傾向を「太郎」という子どもに表象させ、あたかも「子どもの実態そのもの」として描写した虚構の物語であると想定できる。したがって、この「太郎の生立」を通じて三田谷は、日本から隔絶した未知の世界に住む子どもの「一回的」で「固有」の「生の軌跡」ではなく、生育環境や親の資質に関係なく、どんな子どもも辿るべき「普遍的」で「匿名的」な「生の規範」を物語風に提示してみせたのである。三田谷は、科学的に析出された「平均的」な発育傾向を単なる一つの研究成果としてではなく、親にとって追求すべき理想として提示し、日本の子どもを可能な限り、欧米並みの心身に育成させていこうと目論みたといえる。そして、三田谷の場合、理想の子どもとは心身ともに健康な子どもであった。

②心身ともに健康な子どもの育成による国力増強

〈健康に対する価値付与〉

「新進の児童研究者として最も斯界に造詣深き三田谷ドクトル」として期待をこめて依頼され、三田谷の育児書執筆の第1号となった1916年の『児童の教養』序文では、近代社会に適応するための健康的な心身を要求する育児論が展開されている。

今日我日本の家庭に於て最も忽諸に付せられつゝあるものは児童の育英法である、封建の時代にあつては子供は父祖の業を襲ぐ責任を有してゐるのみであるから、児童の育英法も従つてまた簡単であつた……所が近頃に至つて世の中の状態は全く一変した、子供は各々専門の学術を学んで自ら其成業を選ぶことゝなつた、此に於て家族に於ける子供の教養法も自ら一変せざるに至つた、父祖の経験より独立して新しき行路を発見し且開拓するのは却々容易の事ではない、それには先づ神身共に完全に発育せる健康体であらねばならない、併しながら児童の身体を完全に発育せしむるには徒に抑圧するも不可であるが、また徒に増長せしむるも宜しくない必ずや先づ其心理上の変化及び其肉体上の発達経路に精通して是に適応せる手段方法を執らなければならない……[65)]

　ここで注目したいのは、「父祖の経験より独立して新しき行路を発見し且開拓する」ためには「先づ神身共に完全に発育せる健康体[66)]」でなければならず、そのために「必ずや先づ其心理上の変化及び其肉体上の発達経路に精通して是に適応せる手段方法を執らなければならない」とあるように、親世代とは異なる自活の道を子ども自身が獲得するための前提として「健康体」であることが必須条件とされる。つまり、三田谷にとって「健康」とは、個人の生活や人生をつくっていく能力のひとつであり、親は子どもの将来に備えてあらゆる職業に適応できるように「健康」を計画的・積極的に追求すべき役割を担う存在とされるのである。つまり、「児童学」という子どもの科学研究の成果を親に注入教化することによって育児を改善し、「健康」という規格化された心身への再編を促すことが三田谷の主張の核であったといえる。

〈国家と子どもの健康〉

　三田谷の「健康」志向は、前述した通り、確かに来るべき新しい社会に柔軟に適応するための心身の育成という意味では、子ども個人の福利を優先させている主張かのように見える。しかし、三田谷の「児童学」の定義が示唆するところに留意した場合、そこでは「健全な国家」建設のための「健全な児童」の育成という主張からも明らかな通り、児童の身体を国家へと直接つ

なげる健康報国論が基底にあったことがわかる。

　ただし、こうした発想は何も三田谷固有のものではなく、明治以降多くの思想家の心を支配してきた社会的ダーウィニズム論、すなわち個人間であれ国家間であれ、生存競争を勝ち抜いた適者だけが生存するという議論に追随[67]したもので、三田谷のそれへの理解も通俗的なレベルに止まっている。つまり、国家間の競争に国民の身体が大きく関わり、その国家のために個々の身体が貢献しなければならない、という国家主義的な身体観の養成を求める三田谷の主張は、同時代の思潮に共振していたものだといえる。

　三田谷が健康論を展開するに至った直接的な動機は、ドイツ留学中に目の当たりにした、欧米人との比較における日本人の体格の悪さであった。第一次大戦勃発の戦場に居合わせ、帰国を余儀なくされた途上で執筆された『外へ外へ』「第三編　途上の巻」(1915)では、「日本人の体格が欧州人のそれに比して劣つて居ることは争はれぬ事実である。これは実に残念である。身体が弱くては戦争をしてまけることは自然の数である[68]」と切実な心情を吐露している。それまで自明視してきた日本人自らの身体を欧州、すなわち外部の視線を基準にして客体化した結果、日本人に対するこのような劣等意識が生じたのであろう。

〈日本人種改造論〉

　日本人種の西洋人種に対する劣等意識と欧化思想に立脚し、日本人の肉体的・精神的改良を訴える日本人種改良論は、福沢諭吉の『時事小言』(1884)以来、高橋義雄『日本人種改造論』(1884)、海野幸徳『日本人種改造論』(1910)、永井潜「人種改善学の理論」(1922)などによって主張されてきた。特に、三田谷が師事した富士川游の主幹した雑誌『人性』では、生物学者・医学者・心理学者・人類学者らが日本人の遺伝的素質を改善することを目的とし、悪質の遺伝形質の影響を淘汰し優良なものを保存することを意図した優生学論が活発に議論されてきたという。[69]

　三田谷もそのような言説の影響下にあったとみえ、例えば「人間の健康に対する第一の予備条件は人間を作る人の健康である。即ち一言にして云へば遺伝である。遺伝は人間の運命を大いに左右するものである。胎生の時代に遺伝的に変性したものでは之を学術の助けに由つても普通のものにすること

ができない。異常の性質を有して生まれて来たものを強健の人間とすることは不可能と云はねばならぬ。両親の疾病殊に神経病の如きものが遺伝して子孫に伝へられることは確かである。それだから父母が自分の健康を保つことは最も必要な義務と云はねばならぬ。之は子供を宿さぬ以上に於て心掛けられねばならぬ点である。それであるから衛生の原則は如何なる場合に於ても厳守されねばならぬ。自己の健康を如何にして保つかと云ふことを考へ得ない父母は、自己の子供の養護について誤りなきを保つことは困難である」[70]と述べている。

また、三田谷の『子どもを賢くする為に』(1924)では、アメリカの家系調査の結果を紹介し、「低能」の女性との結婚によって子孫が「低能」「色欲異常」「大酒家」「癲癇」「犯罪者」となった比率を挙げ、「遺伝の力の恐るべき偉大なこと」として、優秀な遺伝形質を備えた配偶者の選択から「子どもを賢くする」育児は出発すると説いている[71]。子どもに及ぼす遺伝の影響力や結婚条件という観点から、育児の可否を率直に問うた点で、三田谷の育児論は、優生学そのものに対する認識の程度は別として、その発想を根拠に成立していることは紛れもない事実といえる。

〈生活改造論〉

一方、三田谷はこのような優生学的な発想に加えて、「日本人種改良を企つるに方つて必要なことは、日本人の生活方法を改めること」として、生活改善運動の推進を謳いあげている。生活改善運動とは、西欧における第一次大戦後の戦後復興のなかで生まれた生活の合理化・科学的見直しという動きで、日本でも1910年代から1930年代にかけて、時間厳守、衣食住の西洋化、儀礼的な人間関係の簡略化により、社会全体において能率的な生活様式の転換をはかる運動が、政府主導で普及していった。三田谷も、「健康を保ち、且つ健康を増進するに適当のものなるとや」[72]とする食物の研究、衛生的な居住環境の整備、「用事を早く片付け、時間の余裕を造つて静養するとか、運動するとかしなければ、身体の健康を増して行くことが出来ませぬ」、戸外の「空気の好い処で時を過ごす」などといった試みを勧め、「そこで皆さんが強い身体を作つて、さうして一生懸命に体を大切にして、一方は精神を研いて、而かも体も精神と共に強い勝れた者にしてやつて行けば」「欧羅巴の

文明に」「追い付けないと云ふことは決してないのです」と日本人種の劣等感を克服できると強調している。日本人の衣食住や時間認識を西洋的に改変することによって、社会改革を達成させようとする生活改善の趣旨は、育児といういわば日常的行為を介して、時代が要請する国力増強という課題を実現しようとする三田谷の志向性と、共通する部分が多かったといえよう。

③産育主体としての女性役割の規定と「母親改造」

〈産育主体としての女性〉

ところで、三田谷が「健康」な国家再建の主体として最も重要視していたのは、「人間の健康に対する第一の予備条件は人間を作る人の健康」、すなわち女性の健康であり、「世界の改造、人種の改造、国家の改造、家屋の改造がこどもの改造から初められねばならないことが明となり、この目的を達するにはこどもを産み育てる母親の改造と云ふ点に注意せねばならぬことは言ふまでもない」と、「産む」性である女性に「育てる」役割を課し、母親を「改造」の焦点に絞り込んでいた。

女性を「産育主体」として特権化する女性観は、三田谷の言論活動の出発点から鮮明であった。三田谷の論文寄稿は、1908〜1909年の『婦人衛生雑誌』に３回にわたった連載「女子の身体」で始まるわけだが、そこで三田谷は、男女の身体的差異に言及し、女性の「骨盤」と「生殖器」に関する解剖学的解明を行っている。三田谷は、「生殖器が安置されて居る」「骨盤は子孫の繁栄する宮殿を取り囲むもので、人生の始まるのは此骨盤である」とし、また「生殖の作用は、人間生活に於て大なる役をつとめるものであつて、生殖器は種族を繁殖するために欠くべからざるものである」と記述する。このように三田谷の身体への視線は、最初から生殖器官＝部分へと限定されており、医学の観点から「産む性」として女性の身体が認識されていることがわかる。

〈女子労働と生殖力・養育力〉

一方、二番目に発表された論文も、男性中心主義イデオロギーの発想が反映されたものであった。それは、1910年『児童研究』に連載された「工場法案と児童」であり、児童研究者の中で唯一工場法案について言及しているものとして注目に値するものである。しかしそれは、各国で問題視され始めた

児童労働に関する内容ではなく、女子労働（女工）に関する見解を示したものであった。

三田谷は、第26帝国議会に第二次桂内閣によって上程された工場法案が紡績業者の猛反対により撤回されたことに対し、「工業主が自ら画すの義務を自覚して、衛生上の危害を未然に防ぎ働く人々の安寧加護を念頭より離さず工業者、労働者相共に扶けて工業の発展を諮り、人をして工場法案制定の要を認むることなきまでに至らしむるは、工業主が理想として追ひ求むべき筈のものではあるまいか」[77]と、労働環境の改善は工業主の自覚次第であるという楽観的な見解にとどまり、児童保護の国家的責任について全く言及していない。ちなみに、児童保護問題は1910年代においてようやく一部の児童研究者の間で認識され、方法論が模索されはじめた時期にあたり、三田谷の見解は児童保護に対する関心の勃興とその限界を体現しているものだといえる。[78]

ただし、三田谷の工場法案に関する意見が異彩を放っているのは、その論文がドイツにおける小児死亡の階層間格差に関する調査結果を紹介するものであり、親の地位、職業、収入　栄養状態が小児死亡率に大きく影響する実態と、最も過酷な就労条件に置かれている女工の出生率と乳児死亡率を問題視する点であった。三田谷は「農婦」と「製造業、縫工場、紡績等の職」に就いている母親の育児を比較し、後者を「職業の種類と体質によって差異はあるけれども、動もすると過労に陥ることがある、其為めに懐妊せぬ場合も少くはないし、仮令懐妊しても、種々の障害を受けて、或は流産をしたり、或は早産をすることがある。幸ひにして出産しても、生活の力が薄弱なのと、其後の看護が十分行届かぬよりして、遂に死亡するものが多くある。もつと危険なことは、小児が生まれて不適当な栄養をとることである」と懸念する。[79] このように三田谷の意識の中では、工業の発展自体は国家にとって歓迎すべきことであるが、それにより女性の生殖能力や養育条件が悪化し、結果として児童の出生数の減少や死亡率が増加することは憂慮すべきであるという文脈で、工場法案と児童の関係が論じられているのである。

次節で紹介するが、乳幼児死亡率を国力の指標としてとらえ、その対策が政府によって本格的に講じられ始めるのは1920年代からであり、[80]その意味で、1910年代という早い段階から児童問題の一環として警鐘を鳴らしていた

三田谷は、時代の思潮を先取りしていたものといえよう。
〈国家における女性の責務〉
　その結果、三田谷は国家における女性の責任を「生殖」と「養育」という観点から重視し、その論理は、産育の「主体」という形で女性の地位向上を積極的にはかろうとするものであったと同時に、それは男性の地位を脅かすことなしに、男性よりも秀でた「産育」という役割に女性を従属させていくという二重性をはらんでいた。そのことを以下の主張から確認してみよう。

　　私は断言する日本国家が発展をするには男子だけでは迚もうまく行かぬことを。女子が相伴つて発展せねばならぬ。(…) 今日の如く我が日本帝国が世界と云ふ檜舞台の上に立つて他の先進文明国と肩を並べてやつて行かねばならぬと云ふ上は男子は勿論女子が余程自覚せねばならぬ。女子がより賢く、より善く、より富むを要する場合にも其つまる処は、より強くなると言ふことになるのである。[81]

　　今日我国で要求して居る問題は多くあるが其中最も重要なものゝ一つは国民をより強くせねばならぬと云ふことである。より強く子供を生むにはそれに相当した親が必要である。国民衛生、民族衛生の大眼目は即ち此点に存するのである(…) 国家の最も尊い基礎は国民でありますが、此国民は何れも女の腹から出て来るのであります。此点から言ふと国民の母は女子であります。女子の責任は実に重い。女子が責任を果すと果さぬとで国家の興敗が別れるのです。日本の婦人に望むところは如何にして我子女をより強くより善良に育てるかと云ふことを心懸けることであります。我が生命を愛し、家庭を愛し、国家を愛する精神があるなら此大切な児童教育の道を修めて母の任務の遂行を謀ることが必要だと思ひます。人の子の母となりて母の務を遂げ得ぬ人々は誠に不幸の生涯を送らねばなりませぬ。[82]

　　我民族を改良するために国民全部が力を尽すことは現今重要の問題中最も重要なものゝ一つであります。(…) 女子の力を藉らねばならぬことが非常に多くあります。一、日本国民はより強健にならねばならぬ　二、日本

国民はより善良にならねばならぬ　三、日本国民はより賢明にならねばならぬ　四、日本国民はより富裕にならねばならぬ[83]

このように、三田谷は、「産育主体」と規定した女性の母親役割の強化によって、「より強健」「より善良」「より賢明」「より富裕」な国民国家の実現を企図していたといえよう。つまるところ、三田谷の育児論は、日本に「生れた子どもを如何にして強く育てるかといふ事が大問題」であり、「申すまでもなく国家の基礎となるものは国民で国民が強く且善良であれば国家は興るのである。日本の青年期、壮年期の年齢のものが他の文明国に於けるよりも多くの死亡率を見ることはまことに遺憾なことである、強い人間、善い人間を作るには乳児の時代にこどもを強固に且つ善良に教養せねばならぬのである。即ち児童を適当に教養することは家庭の上から、国家の上から極めて大切のことである」[84]「両親の義務の中殊に母としての義務は子女を育てる上にきはめて大切であります。小供を自分よりより善く教養すると云ふことは親たる者の尊き義務であります。それ故子を持てる親たちは子供の肉体および精神を健康にすることを計り更に其健康を増進するやうに務めねばなりませぬ」[85]という言葉に集約できる。

以上、三田谷の論文・著作を、育児論・育児書の執筆が本格化する前段階にあたる1910年代を中心に検討してきたが、三田谷の課題意識の中心には、既存の育児の抜本的な改革があり、それを推進するにあたって、まず児童研究の実用化による新しい育児概念の構築、すなわち育児の合理化・科学化による親の育児方法と子どもに対する認識の改変が目指されたといえる。三田谷の場合、啓蒙対象として最初から母親に焦点を絞られており、そこには、女性とは「産育」に従事すべきものであるという三田谷の性役割意識が反映されていたと同時に、育児を専門的知識や技術を有する重要な課題として意義づけることにより、女性の「主体性」を引き出し女性の地位向上をはかろうという二重の意図が隠されていた。どのようにして三田谷が「産育主体」と見なした女性を育児改革に誘導していったか、その分析は第3章に譲るとして、三田谷は「健康」に至上の価値を置き、心身の「健康」な子どもの育成を育児改革理念の中核に掲げて、欧米列強に対抗し得る国家建設を達成し

ようとする、国家主義的発想を所有していたことは事実であった。このような発想は、同時代の優生学的な思潮と共振するものであったが、新しい育児論の提唱によって、日常生活の次元から具体的に実現しようとした点で、三田谷はきわめて特異な存在であったといえよう。では、次に三田谷が、そうした育児改革をどのように実現しようとしたのか、まず大阪市での行政官としての実践を検証してみたい。

3　三田谷の最初の実践——大阪市立児童相談所の設立と挫折

(1)　大阪市赴任の経緯

　三田谷は、1918年4月に大阪市役所の医員として大阪へ赴任した理由について、自伝では母校大阪医科大学（卒業時は大阪府立高等医学校）学長佐多愛彦の要請を受け、恩師である富士川游に相談したところ、「それまで他府県に行くことを好まなかった先生が『大阪なら面白い、行つて見るがよからう。二年間監踏みのつもりで……』と言はれ」たことが直接の動機であると叙述していた。

　三田谷を大阪市役所に推挙した佐多愛彦（1871〜1950）といえば、東京帝大医科大学選科卒業後、独・ベルリン大学などに留学した気鋭の結核病理学・細菌学者であり、1902年に32歳で大阪府立医学校長兼病院長に就任し、同校をわずか17年間で大阪府立高等医学校、府立大阪医科大学、大阪医科大学へと昇格させ、校長・学長を歴任した関西医学界の重鎮であった。佐多は、大阪倶楽部の創設会員として財界に広い交友を持ち、また都市計画・公衆衛生の分野では、後ほど紹介する大阪市長関一の有力なブレーンとして政界にも甚大な影響力を及ぼしていた実力者であった。したがって、三田谷にとって大阪赴任は、時の権威に認められ、「故郷に錦を飾る」ような栄誉あることだったと推察できよう。

　すでに大阪には、児童研究の参画者の一人で児童保護政策の主導的立場にあった小河滋次郎（1862〜1925）[86]が、東京から大阪府救済事業指導嘱託として赴任し、その理念の実現に着手していた。同じく児童研究者として鈴木治太

郎（1875〜1966）[87]も、大阪府師範学校教諭兼訓導から天王寺師範学校教諭に転じ、同校で学業成績不良児7名を対象に教育治療室を開設し、学業不振の問題を細かくとらえて個別指導に徹した試みで成果を上げ、特殊学級の必要性を世に知らしめようとしていた。鈴木は、三田谷の大阪赴任の前年1917年に大阪市視学に就任し、ビネの知能尺度の研究を通じて日本版尺度の改訂を模索しており、三田谷にとって「異常児童」研究の良き理解者であったと考えられる。

このように、母校学長の大きな期待を担って三田谷の行政官としての人生が開けていったわけだが、富士川が「面白い」と称した1920年代前後の大阪市の社会状況はどのようなものだったのだろうか。三田谷が志した育児改革の最初の実践場となった1910年代から1920年代の大阪市の実情を描写してみよう。

(2) 近代工業都市　大阪をめぐる社会状況

江戸時代には商業・金融の中心地として栄えた大阪市は、明治政府の殖産興業政策を背景に、その後は紡績・造船・医薬品製造業を中心とする近代工業が急速に発展していき、第一次大戦勃発後はアジア市場への拠点として、日本一の工業都市に躍り出ていた。[88]

一方、工業の活況は必然的に労働人口の流入を招き、同じく1914年から1919年の人口増加率は11.2％、人口密度は1平方キロあたり2万1000人と超過密状態を示すに至った。特に、地価や労働力の入手など立地上の好条件を求めて工場が進出し、労働者の居住地と商業地域が形成されて急速に市街地化が進んだ大阪市周辺部は、この間の人口増加率が、例えば東成郡では43.6％、西成郡では50.3％と爆発的であったという。[89]

ところで、急速な工業の発展と人口の増加は、生活環境の劣化に直結した。1919年3月17日の大阪朝日新聞は、大阪の抱える都市問題を次のように描写している。

　　過群生活は不足生活である。……まず、土地の不足を感じ、家屋の不足を感じ、屋内にありては新鮮なる空気と日光の不足を感じ、上下水道の不

足を感じ、街路に出でては運輸系統、街路系統乃至路面舗装の不足を感じ、公園遊戯場の不足を感じ、電車の不足を感じ、市民の幸福と利便は日々に減殺さるゝ代りに、不安と危険と不自由と不経済とは日々増大していくのは過群生活の最も憂ふべく恐るべき害毒である。

かつて「水の都」と称された大阪市は、工場廃水や家事下水、さらには屎尿の投棄や流入によって河川の汚濁は著しく進行し、コレラ、腸チフス、赤痢などの伝染病の蔓延を招いたほか、「煙都」との汚名を冠せられるほどに、林立する工場の吐き出す煤煙や有毒ガスによる空気汚染が深刻だった。さらに運輸交通網の無秩序な発達にともない、自動車・オートバイの発する警笛や爆音、鉄筋コンクリート形式の建築物の建設がひきおこす振動と騒音といった都市特有の公害に悩まされることとなった。加えて、爆発的な勢いで増加する人口を受け入れる住宅は絶対的に不足しており、1919年の大阪市内の空家率は0.15で、翌1920年の大阪市社会部の推計によれば約5万戸の住宅の供給が必要とされるほどであった。

このように「東洋のマンチェスター」と繁栄を極めた大阪市では、近代工業を成立基盤とする都市の勃興にともなって新たな問題が露呈しはじめていた第一次大戦前後に、2人の学者を迎え入れ、市民の生活難の打開に政策的対処を施そうとした。先に紹介した通り、留岡幸助の推挙により、大阪府知事　大久保利武に招聘され、1913年4月に府救済事業指導嘱託に就任した小河滋次郎と、翌1914年、大阪市長池上四郎の懇請により、東京高等商業学校教授の職を辞して高級助役に就任した関一（1873〜1935）である。

長年監獄行政に携わり、犯罪予防のためには児童保護が必要なことを痛感し、そこから社会事業の研究へと進んだ小河滋次郎、鉄道論・交通政策の権威者として名高く、また都市政策に造詣を深めていった関一、この両者は共に、近代化の過程で生み出された都市下層の生活困窮者の動向に注目し、彼らを救済すべき対象として自治体の社会事業の中に位置づけようと乗り出したのである。

そうした矢先、大阪市民の生活を直撃する事件が起こる。1918年初頭よりはじまる米価の高騰に端を発した米騒動である。米騒動とは、その年の7

月、富山県の海岸一帯に米商や資産家に対する米の安売りや生活救助要求の大衆行動が勃発し、それが全国の主要都市に波及したものである。大阪では「貧民の本場」今宮を中心にして、8月9日から8月20日まで大衆蜂起が続き、騒動の参加者は延べ23万3000人、検挙者は総計3000人を超え、2人が軍隊に刺殺されたという。それまで米価は1升あたり20銭を超えることはなかったというが、1918年初頭には25銭になり、7月に入って30銭を突破、8月1日には39銭5厘、8月12日には56銭にまで高騰した。ちなみに、大阪市電運転手の初任給が日給68銭の時代で、大阪毎日新聞8月2日付夕刊によれば、「安月給取りの生活難は極度に達し、三食を二食に減ずるといふ惨めさにて、殊に悲惨なるは通勤職工中に近来瓶詰めの粥を弁当にて携ふものあり」[99]という記事が掲載されており、庶民の生活を破綻させるものであったことがわかる。

ところで、時あたかも米騒動の起こる半年前、大阪市政は池上四郎市長による行財政の整理が進んで増収の見通しがたち、緊縮方針を転換させて新規事業に取り組む積極方針が打ち出されたばかりであった。[100] 1918年4月の公設市場設置を皮切りに、7月には救済係が発足し、社会事業への取り組みが本格化しようとするのを後押しするかのように起こったのが、まさしく米騒動であったといえる。[101]

米騒動は、地域社会における新しい秩序の形成を促す重要な契機となったわけだが、高級助役として、さらには1923年に第7代大阪市長となる関一の陣頭指揮のもとに、大阪市では都市問題に対応するために一自治体としては画期的な施策が展開された。[102] 米騒動が一段落した1918年10月、府の方面委員会制度を発足させた小河滋次郎に対し、大阪市高級助役関一は、山口正、志賀志邦人、藤原九十郎、そして三田谷啓らを配して地域社会の再編に向けて社会事業の実現に邁進しようとしていたのである。[103]

以上のことから断言できるのは、工業都市として日本一の発展を遂げた大阪市は、近い将来に都市社会が直面するであろう人口集中、生活環境の破壊と公害、貧窮者の増加、治安の劣悪化が既に顕在化しており、その解決が危急の課題として認識され、潤沢な資金と有力な人材が投入されようとしていたことである。

3　三田谷の最初の実践——大阪市立児童相談所の設立と挫折　57

ところで、1918年から拡充された大阪市の社会事業は、1929年ころまでにほぼ完成された。この間の市政の取り組みを1923年の『大阪市社会事業概要』をもとに簡単に整理すると、(1)簡易食堂、(2)職業紹介所、(3)共同宿泊所、(4)市営住宅、(5)託児所・乳児院、(6)産院、(7)児童相談所、(8)市民館、(9)公設市場の施設が設置されたことがわかる。[104]

　ここで注目したいのは、大阪市の社会事業において、子どもが保護・教化すべき対象として、自治体の管理下に明確に位置づけられた点であり、これは政府に先駆けた革新的な試みであったといえる。特に、児童相談所は公立では日本ではじめて施設化されたものである。この児童相談所の設立に三田谷は関与したわけだが、児童研究と児童問題に対する該博な知識の所有者であり、かつ社会改革を視野に入れた育児論の提唱者であった三田谷が能力を発揮できる好条件が整っていた点で大阪市の行政現場は富士川がいうところの「面白い」場所であったのだろう。では、次になぜ児童相談所の設立が目指されたのか、その目的を検討してみよう。

(3)　児童相談所設立の目的

　大阪市立児童相談所の設立に関しては、資料不足のため不明瞭な点が多いが、現存するものを駆使して確認する限りにおいては、大阪市の乳児死亡率のひどさに対する強烈な危機感が根幹にあったことは確かである。三田谷は、1918年に市に提出したとされる「児童相談所に関する報告要領」の冒頭で「我国に於ける驚くべき死亡率」と乳児死亡率の高さを憂慮し、児童衛生普及の必要を訴え、「生前の児童教養」「生後の児童教養」の意義と「健康児童」「異常児童」の対象別に児童相談をする効果を主張している。[105]また、1922年に発行された『大阪市立児童相談所紀要』第一巻からも、大阪市の乳児死亡率の低減こそが児童相談所の重要課題であったと次のように指摘されていた。

　　今試しに本邦六大都市の乳児死亡率を比較すると、我大阪市に於て、大正６年には255.4である。東京市は同年においてわずかに177.8で、京都市は202.2である。名古屋市は最低率で164.2である。横浜市は198.7を示し、

神戸市は225.0である（筆者補注：単位は千人あたり）。

　此統計によつて見るに、東京・名古屋・横浜の三市は200以下で、京都、神戸、大阪の三市は200以上と示して居る事は一の注目すべき現象である。（…）即ち大正8年に於て本市現在小児数は103,537人（5歳未満）であるから、現在小児数に対して死亡小児数は10.62％であるが、堺市及び九郡の合計現在小児数（5歳未満）は157,899人で同年1ヵ年の5年未満の小児の死亡数の合計は13,079人である。此％は8.28％である。即ち本市に比し、当府管内の堺市及び九郡の小児死亡はプロセントにして2.34％も少ないのである。（…）吾人は此比率を見て、一日も早く其の低減の方法を講究せねばならぬ。[106]

　以上のことから推察し得るのは、1918年の時点では、工場法によって救済しようとしたスラム地区の過酷な児童労働に従事する貧窮児童[107]に対して、大阪市は直接的な救済措置をとらず、児童問題の核を「乳児死亡率」として認識したという点である。

　ここで、改めて、人口に関する統計的資料から、日本の乳児死亡率の推移と大阪市周辺のそれとを比較対照してみよう。

表3　日本の乳児死亡率の推移[108]

年度	出生数	死亡数	死亡率	生存者数
1900年	1,420,534	220,211	15.5％	1,200,323
1910年	1,712,857	276,130	16.1％	1,436,727
1920年	2,025,564	335,613	16.6％	1,689,951
1930年	2,085,601	268,703	12.4％	1,816,898
1940年	2,115,867	190,509	9.0％	1,925,358

　日本の人口動態は人口増加率、出生率、死亡率ともに1920年を転換点とすることが従来指摘されてきたが[109]、乳児死亡率も1920年を境に増加傾向から一気に減少することが確認できる。それに対して、大阪市とその近辺の乳児死亡率の推移について、大阪市役所の調査結果と大阪府の衛生資料の統計を参照すると、以下のように整理できる[110]。

表4　大阪市と府下郡市の乳児死亡率　1914、1916、1917年（単位：％）

	大阪市	堺市	旧西成郡	旧東成郡	三島郡	豊能郡	泉南郡	泉北郡	南河内郡	中河内郡
1914	28.4	32	28.6	20.9	20.5	20.3	17.5	16.8	13.5	15.3
1916	19.3	24.7	23.4	18.4	18.3	19.5	20.2	15.6	14.1	16.0
1917	18.1	29.4	24.3	23.5	22.6	20.0	23.2	20.9	16.6	19.5

表5　大阪市の乳児死亡率の推移　1918年〜1927年（単位：％）

年度	1918	1919	1920	1921	1922	1923	1924	1925	1926	1927
死亡数	25.7	25.5	23.2	23.2	23.8	21.3	19.8	18.6	15.8	17.7

　大阪市の乳児死亡率は全国平均と比べて圧倒的に高率で、しかも市内と西成・東成郡という市の境界部で中小工場の林立する人口増加の激しい地域の乳児死亡率が際立っていたことがわかる。

　ところで、乳児死亡率の高さが大阪市で問題視された背景には、先進各国間で乳児死亡率を「国力」の指標として認識し、国家の存亡に関わる深刻な課題として児童保護事業が展開されてくる動きと無関係ではなかったといえる。内務省嘱託として1909年から15年間、欧米の児童保護の思想・事業の概要を紹介してきた生江孝之（1862〜1957）[111]は、「乳幼児死亡率の多少が国民の強弱と正比例をなすの事実が、独英両国の調査研究の結果に依て専門家の確認する処となりたるため、成る丈乳児死亡率を減少して国民の健康を増進せんと」する思潮が欧米で主流となり、「最近新設されたる児童保護事業の多くは、皆何れも予防的、事前的、積極的のもので」「未だ何等の異常性を有せざる児童を将来欠陥を生ぜしむる事なしに健全なる発育をとげさしめ」、「又単に欠陥を有するもののみならず、未だ不幸の境遇に陥らざる者に対しても、成るべく其の健全なる状態を其の儘維持し、若くはより良き発達を遂げしむるが為に、相互協力して自他責任を自覚して保護援助すべきである」と主張し、欧米での取り組みを日本に導入する意義を訴えていた。[112]

　生江によれば、乳児死亡率の低減に最も効果を上げたのが、牛乳調理所、母親相談所、児童健康相談所などを通じた児童相談であった。日本の児童保護事業は米国をひとつの模範として展開されてきたが、その推進に大きく貢献した生江によれば、例えばニューヨークの児童健康相談所では、以下のような試みがなされていた。すなわち、医師が週2回相談所に日時を定めて来

所し、そこで乳児診断をし、母親に哺育または養育上の注意と教示を行う。看護婦が毎日午後に相談所管内の地区にある家庭を訪問し巡回相談に応じ、児童の健康状態を査察し、医師の注意事項が遵守されているか確認するというものであった。ここで、重要なのは、病児は取り扱わず、ただちに病院に送付させ、児童相談所の機能はあくまでも、「健康児を診察してその健康を持続せしめ、尚増進せしむべき注意指数を与へる」ことにあったことである。それは画期的な効果を挙げ、ニューヨークでは、1907年の乳児死亡率が100人あたり15.6に対して、1913年に相談所が創立されて以後、市内80ヶ所で運営され1年間の出生数13万人のうち約半数が児童相談を受診するようになった結果、1918年の乳児死亡率は9.1にまで激減したという。[113]

　以上のように欧米での児童相談の試みを参照すると、大阪市における乳児死亡に対する関心の集中とその対応の模索は、孤児・棄児・不良児などに限定して篤志家の篤志行為に委ねるのではなく、保護対象を児童一般に拡大し、社会全体の責任として児童の「健康」の維持と増進に取り組み、乳児死亡を引き下げようとする児童保護事業の潮流の変化に追随したものであったことがわかる。[114]

　そして、それは前項で解明した三田谷の育児に対する課題意識とも合致していた。三田谷は、先の「児童相談所報告要領」で、「児童相談所の設立は時代の要求に最も適するもの」として、その「任務」を「一、母親に育児の知識を与ふること」「二、従来行はれたる悪習慣を脱すること」「三、積極的児童教養を施すこと」として、その「効果」のなかに、「児童死亡の減少」「児童身神の増健」「人口増加率を増やすこと」「次代の国民を強健ならしむること」を明記しており、自らの理念を実践する場として児童相談所の設立に意欲的であったいえよう。[115]

　大阪市立児童相談所は、多くの期待をもって1919年7月に南区宮津町に開所されたが、わずか4年9ヶ月後の1924年3月に突然閉所され、乳児院に施設変更された。一自治体としては画期的な試みが、短命に終わった背景には何があったのだろうか。また、その設立に尽力した三田谷は、1920年4月に社会部の初代児童課長に就任し、児童保護行政の権限を握る重要なポストに就いたにもかかわらず、その8ヶ月後の11月に市役所を辞任している。まだ

児童相談所の運営が軌道に乗り始めた2年余りで、その事業展開を見守ることなく、大阪医科大学で博士号の学位取得を目指して学究生活にもどった理由は何だったのだろうか。ここで、大阪市立児童相談所の運営状況を各国での取り組みと対比づけて検討し、その挫折の要因を探索してみたい。

(4) 大阪市立児童相談所の運営とその挫折

　1922年に発行された『大阪市立児童相談所紀要』第一巻の「二健康相談の方針と其実施要項」では、行政が育児指導に参入する理由が次のように述べられている。すなわち、

　　家庭に於ては人各自に業務があつて、充分行き届かぬ事もあり、又児童保育教養に関する智識にも、衛生の思想にも乏しき人もある、或は保育上一定の方針がなく、徒らに古老の旧慣を墨守し、あたら天賦の健康児をして、その保育の方法を誤つた為めに、薄弱、病身の者とする事も少くない。況んや日常繁激なる生存競争場裡を駆逐し、其子女を顧るに暇なき人も多いのである。<u>斯る人々の為めに種々保育上の指示、教導をなすは、健康相談の主旨であり、責務である。斯くする事が、我が大阪第二の市民の体格を改良し、健康を増進して行くべき一つの道程であり、而して今日の文化を永久に進行せしむる方法の一つである。然れば健康相談の効果は小にして個人、大にしては国家を裨益し、市民の幸福は日を追て増進するの</u>[116]<u>である</u>。

　同様の主張は、大阪市立児童相談所発行の『児童保護叢書第一編　乳児の保育と其注意』の緒言で示された児童保護の根本理念でも展開されているので、以下で確認しておこう。

　　大阪市の如き全国を通じて乳児死亡率の最も多い地方で、毎年の徴兵検査成績の結果、体格不良者の多いのも亦偶然の結果ではないのであります。<u>此様に乳児時代の健康の如何は、延いては壮年者の体格に影響するので、乳児の健康保持と云ふ事が国民保健上に非常に重要な関係を有して居</u>

る事が判ります。

このように、乳児の「健康」を自治体が希求すべき課題として意義づけ、育児指導を行政の管轄下に置いた点では、欧米での児童相談の趣旨や三田谷の育児改革の骨子と同様であるが、その運営は欧米のそれとは似て非なるもので、短期間で複雑に迷走する。ここで、大阪市立児童相談所の沿革を再現してみよう。

1918年7月、村島帰之によって「貧民の本場」の筆頭に挙げられ、大阪市が社会事業を集中的に行った一郭、今宮に児童相談所が開所された。ちなみに、その前月には簡易食堂と共同宿泊所が、また同月には職業紹介所や共同宿泊所内の理髪所・人事相談所が設置されており、今宮という都市下層民救済の拠点が、児童相談所の設置場所に選ばれたのである。

設立時には、訪問係・相談係・事務係で出発したものの、三田谷が児童課長となった時点の1920年4月には「児童ニ関スル学術的調査研究」が開始され、翌5月には「身体薄弱児並ニ精神薄弱児童ヲ収容シテ当所自ラ教育ヲ施ス」ために学園が付設され、相談部・学園部・研究部・庶務部の四部構成となる。さらに1921年4月には、学園の組織が変更され「専ラ精神薄弱ノミヲ教育スル」こととなり、翌5月には健康相談部、教育相談部、研究部、庶務部に再び分化され、精神薄弱児の教育を司る学園は研究部の所属とされる。この児童相談業務は、身体方面の相談を司る「健康相談部」と精神方面の相談を司る「教育相談部」とに相談部門が二分されたわけだが、その詳細はどのようなものであったのだろうか。

1921年7月発行の『大阪市立児童相談所要覧』によれば、「健康相談部」は「一、妊婦ノ摂生及産後衛生ノ相談ニ関する事項　二、初生児及乳児取扱ノ相談ニ関スル事項　三、授乳方法及栄養品用法ノ相談ニ関スル事項　四、児童発育状況ノ相談ニ関スル事項　五、児童健康状態ノ相談ニ関スル事項　六、児童疾患ノ応急処置ニ関スル事項」を扱っている。一方、「教育相談部」では「一、児童教育ノ相談ニ関スル事項　二、特殊児童教養ノ相談ニ関スル事項　三、児童職業ノ選択紹介及指揮ニ関スル事項　四、児童運動遊戯ノ相談ニ関スル事項　五、児童余暇利用ノ相談ニ関スル事項」が扱われているこ

とがわかる。[120]

　つまり、発足3年目にして大阪市立児童相談所は、欧米の児童相談所の本質であった「健康相談」のほかに、妊産婦指導、乳児院と同様に乳児保育を行う「乳児取扱」、病児を対象とした医療業務である「児童疾患ノ応急処置」を加え、さらに学術研究、特殊教育、普通児童を対象にした職業指導や精神考査、すなわち知能を検査する教育相談も行うなど、児童相談所としての本来の目的を大きく逸脱して大幅に事業を拡大し、包括的な児童保護機関として運営されていたのである。

　このように、児童相談所の本来の目的を貫徹し得ずに、短期間で事業拡張されていった理由として、戸崎は、児童相談所の必要性について市政側の理解が不十分で、相談数増加への要求があったことを示唆している。[121]ここで再度、大阪市立児童相談所の運営状況を確認してみよう。

　設立当初は、「此ノ事業タルヤ本邦ニ於ケル最初ノ試ミニシテ其成績ニ至リテハ多少疑惧ノ眼ヲ以テ迎ヘラレタリシモ鋭意事務ノ進展ニ努力セル結果日ヲ追フテ其ノ成績見ルベキモノアリシカバ事業拡張ノ要ヲ認メ」[122]られ、次第に相談件数が増加する。1923年発行の『大阪市社会事業年報』「四　児童相談所」で報告されている「児童相談所相談件数各年比較」を表に整理してみると、決して成績自体は悪くなかったといえる。[123]

　ただし、その詳細を分析した戸崎は、児童相談所が乳児保育や、通常の病院業務に類似する医療処置、さらに普通児童を対象とした知能検査を大幅に引き受けるようになった結果、表面上、相談件数が増加したのではないかと指摘している。[124]

表6　大阪市立児童相談所相談件数各年比較　(1919年〜1923年)

年度	健康相談	教育相談	計	前年との比較
1919年（7〜12月）	2,337	276	2,613	100.00
1920年	2,941	1,349	4,290	164.18
1921年	5,137	2,438	7,575	176.57
1922年	12,948	2,541	15,489	204.48
1923年	26,126	3,255	29,381	189.69

　三田谷自身が大阪市立児童相談所の問題点について論述したものによれ

ば、児童相談所の目的や必要性の認識について、市幹部と相談所関係者の間での合意形成が困難で、その軋轢に悩んだと告白されている。たしかに、同時期に大阪近辺では次々と児童相談所が開設されており、当時の新聞報道でも大阪市立児童相談所の盛況ぶりや、閉所というこの突然の処置を非難する記事が多く報道されていることを考慮すると、三田谷が記述したとおり、事業主の無理解が廃所の主要因ともいえる。

一方、欧米の児童保護事業の日本への導入役を果たした生江は、市民への宣伝不足を事業継続が困難であった理由として挙げているが、そもそも大阪市の生活貧窮者が集中する今宮という地域で、日々の生活の糧を確保するのに精一杯な人たちを定期的に集め、健康の重要性や伝統や因習とは隔絶した新規な育児論を伝授することにどの程度効果があったのか、児童相談の対象者が不適切であったことも想定できよう。三田谷は、大阪市立相談所は「地の利に恵まれなかった」とも述懐しているが、それはひとつには、啓蒙対象の選定が三田谷の意志に反するものであり、三田谷自身は貧窮者救済という事業の性格がなじまなかったのではないかとも推測できる。大阪市役所辞職の理由については不鮮明な部分が多いが、次なる三田谷の実践活動を検討することによって、あるいは解明されるのではないかとも思われる。

さて、『相談所紀要』(1922年2月)では、「事業の広きに失せざるやとの見解に対して本所は社会の現状に鑑み之を以て最も適当と信ずる所であるが、遠からぬ将来に於て此等広きに称さらゝ事業が夫れ夫れ分化の必要を認めらるゝ時期の来るべきものと思料されとのことである」と、事業拡張は一時的な措置であると弁明されていた。ここで、中絶された事業分化を自ら事業主となって遂行したのが三田谷であった。三田谷は、大阪市児童課長就任の三ヶ月後の1920年7月に、一般の親を対象に育児啓蒙を展開する機関・日本児童協会を設立し、1923年には精道村役場や大阪市の商業地で個人的に児童相談業務に着手する。さらに1927年には三田谷治療教育院を開設して特殊児童を中心にした教育実践を試行し、1929年には「日本母の会」を組織化する。それらは、大阪市立児童相談所での取り組みの一部であった、育児指導、健康相談・教育相談、特殊児童の保護教育実践、母親の再教育という課題を一人で担うものであったといえる。

ここで最後に、今後の作業について触れておきたい。三田谷治療教育院での実践の検討は、すでに障害児教育研究者によって着手されており、本稿では割愛したい。また、三田谷が行った健康相談・教育相談については、大阪市立児童相談所のそれとの異同を確認し、三田谷の児童相談の趣旨や対象者を特定するうえできわめて有効な課題と思われるが、三田谷自筆のカルテの判読という困難な作業が不可欠で、長期的に取り組む必要があろう。一方、「日本母の会」の組織化を通じた母親再教育活動は、日本児童協会の育児啓蒙活動から分岐したものであった。それは、三田谷の著作が育児の理念や知識・技術を紹介するものから一転して、母親としての生き方や精神面を重視した理想の母親像を提唱するものへと、著作の主題が変化していくことと密接に関連している。したがって本稿では、日本児童協会での実践に焦点を絞り、1910年代に形成された育児改革理念がその後どう展開したか、詳しくみてみたい。

第2章　近代的育児概念の形成 ——「科学」と「母性」

1　日本児童協会を拠点とする育児啓蒙活動の展開

(1)　日本児童協会設立の趣旨と活動主体

〈日本児童協会趣意〉

　家庭の改造、社会の改造、国家の改造も結局はコドモの改造から初めることが最も近道です。近来児童に関する問題が、著しく重要視せらるゝやうになつたのは此点より見て実に喜ぶべき現象だと思ひます、これと同時に、児童教育の方法も複雑となり、一方には学理の研究を要し他方には実際上多大の注意を払はねばならぬことになりました。日本児童協会の生れたのは、この理由によるのであります。

　本協会は斯くの如くコドモの教育と養護に関し、理論と実際の方面に於て、どこまでも児童保護者の好伴侶たらんことを期して居ります。家庭と社会と国家に幾分でも貢献することが出来たら本会設立の目的が達せられたのです。幸にして斯道専門大家の指導と援助とを与へらるゝあり、かくして江湖の期待に添ふことが出来ると信じて居ります。本会の規定は別項に示す通りであります。何卒本会の趣旨を了解し、この機関を利用し、且賛助せられんことを希望いたします。

〈日本児童協会規定〉

第一条　本協会ハ日本児童協会ト称シ事務所ヲ大阪市北区曽根崎中二丁目百八十九番地ニ置ク

第二条　本協会ハ左記ノ各項ノ事業ヲ行フヲ以テ目的トシ之ヲ学術部及ビ実行部ノ二種ニ分ツ

　一、児童ノ保健、衛生、教育ニ関スル学術及ビ実際的研究並ニ普及

　二、第一項ノ事業ヲ達成スル為ニ講演出版並ニコノ普及ヲ助成スル一切ノ事業

　三、児童ノ保健、衛生、教育ニ関スル材料ノ収集オヨビ取次

　四、児童ノ保健、衛生、教育ニ関スル諸考案及ビ諸発明ニ関スル事業

　五、児童教育ヲ主トスル社会事業

第三条　本協会ハ前条ノ目的ヲ遂行スル為ニ斯道ノ専門大家ニ顧問ヲ依嘱シソノ指導ヲ

> 　　受ク
> 第四条　本会ノ趣意ニ賛成者ハ会友タルコトヲ得
> 第五条　会友ハ第二条ノ事業ニ関シ本協会ヲ利用スルコトヲ得
> 第六条　会友ハ一ヵ年金三円ヲ納ムルモノトス
> 第七条　会友ハ本会ノ機関雑誌日本児童協会時報ヲ無料ニテ頒布ヲ受ク

　1920年7月、三田谷によって大阪市に設立された日本児童協会の設立の目的は、協会の趣意と規定に示されている通り、①家庭改造、社会改造、国家改造のための出発点としての子どもの改造、②児童教養に関する理論と実際の懸け橋、③専門家による親の指導・援助の3点に要約できる。それは、先に解明した三田谷の育児改革案を反映したものといえた。では、日本児童協会と、それ以前に三田谷が関与した実践との共通点、相違点はどこにあるだろうか。

　児童研究の学会組織であった日本児童学会は、機関誌『児童研究』誌上で、一般の教育関係者や親（特に母親）による子どもの発育に関する質問紙調査や観察記録の提供が呼びかけられ、また研究論文に対する質疑応答欄が設けられて、研究者と非研究者の間で情報交換の機会が持たれてはいたが、本来的には学術研究機関であった。また、児童学が体系化された後は、児童学会の地方組織の結成や、児童研究所、児童教養研究所の設立によって、例えば「児童教養講習会」の開催や児童相談が試みられ研究成果の実用化も目指された。しかし、それらは社会的な支持を得た継続的な活動にまでは至らなかったといえる。児童研究所、児童教養研究所は、あくまでも学会の附属機関であり、その運営方針が一貫せず、それに専心する人材が確保されなかったのが挫折の要因と考えられる。

　一方、大阪市立児童相談所は、先に考察した通り、児童保護に関する広範な業務を取り扱うあまり、乳児医療診断と母親の育児指導による一般児童の健康確保という本来の課題を全うすることなく廃止された。大阪市の抱える児童問題が多種多様であり、その全てに対応しようと事業拡張した結果、事業者・市民双方から確たる理解を得られず存在意義を失ったものと考えられた。そうした経験を踏まえて、その延長線上に日本児童協会は設立されたのである。

では次に、活動主体を確認しておこう。

〈日本児童協会顧問〉
医学博士　伊藤祐彦／医学博士　大久保直穆／医学博士　唐沢光徳／医学博士　笠原道夫
文学博士　吉田熊次／医学博士　高洲謙一郎／薬学博士　武田二郎／高島平三郎
小児科医　長浜宗佶／文学博士　野上俊夫／医学博士　柳瀬実次郎
医学博士　文学博士　富士川游／文学博士　沢柳政太郎／ドクトル　三田谷啓

　協会顧問には、①主として東京を拠点とする児童研究者、富士川游・唐沢光徳・吉田熊次・高島平三郎、②主として大阪を拠点とする医学・薬学関係者、長浜宗佶・笠原道夫・高洲謙一郎・柳瀬実次郎・武田二郎、③東京・京都と活動の場を広げて新しい教育実践を試みた沢柳政太郎・野上俊夫など男性のみ14名で構成されており、医学・文学などの博士号取得者が大半を占めていた。顧問はそれぞれの所属している研究領域で高い業績を積み指導者的地位にある者、行政政策の方向を決定する要職に就いていた者、企業を代表し財界に影響力を持っていた者、現行教育を打開する方法を模索して、欧米から新しい知識を入手する確実なルートを得ている各界のリーダー等が、勢ぞろいしていたといえる（表7　三田谷をめぐる相関図）。

　その意味で、日本児童協会は顧問を通じて、直接・間接的に最新の学術情報を入手し、教育実践の動向を知り、社会情勢を測りながら、時代を先取りする活動の方向づけを行うことができたと考えられる。たしかに、以下で述べる通り、三田谷と活動を共にしたり、機関誌へ積極的に寄稿するなどした顧問は限られ、日本児童協会はあくまでも三田谷の個人的な言論活動機関であったと考えられる。しかし、こうした社会的に影響力を発していた人材と連携していたという点で、日本児童協会は、学術的権威あるひとつの団体として、親の信頼を得ようとしていたのではなかろうか。

(2)　日本児童協会の活動拠点・概要

　①日本児童協会の活動拠点

　まず、協会の事務所がどこに置かれたか、表8にまとめてみた。事務所が設置された場所は、鉄道網が集中する国鉄大阪駅の南側の曽根崎から、5年後いったんは大阪城東側に延びる市街地今福に移るが、約2年で商業経済の

表7　大正中期から昭和初期にかけての三田谷をめぐる人物相関図

地域	東京	京阪神		
分野		学術	行政	財界
医学				阪神電鉄 中山太陽堂 (中山太一)
精神医学	富士川游＊ 呉秀三			
小児医学	唐沢光徳＊ 竹内薫兵	矢野雄 伊藤祐彦＊	長浜宗佶＊ 笠原道夫 高洲謙一郎＊ 柳瀬実次郎＊大久保直穆＊ 三野裕	ネッスル及 アンクロスキス練乳会社 和光堂
薬学				武田薬品工業
教育病理学	和田直樹	武田二郎＊		
教育学	吉田熊次＊	桜井祐男	鈴木治太郎	
児童文学	巌谷季雄 (小波)			
児童心理学	高島平三郎＊ 倉橋惣三			三越呉服店 十合呉服店
心理学	久保良英	沢柳政太郎＊ 野上俊夫＊		
社会政策 児童問題	高田慎吾	生江孝之	小河滋次郎 関一	大阪朝日新聞社 大阪毎日新聞社
			山口正 志賀志邦人 稲葉幹一 入間田悌一	
優生学	永井潜			

＊日本児童協会顧問

中心地北浜へ替わり、最終的には精道村に落ち着く。なお、1932年大阪市社会部作成の大阪市社会施設分布図と照合すると、日本児童協会は、共同宿泊所や職業相談所、乳児院、市民館といった社会施設が集中する大阪駅北東地区や、公立の児童相談所が設置された今宮など南部とは、直接接点を持たない繁華街、商業地、郊外住宅地などを拠点としていたことがわかる。つまり、日本児童協会の活動は、大阪市立児童相談所の設置例に見たような、生活困窮者のみを対象に絞ったものでなかった、という点に留意したい。

表8　日本児童協会事務所移転の経緯

大正9年 (1920)	大阪児童学会事務所と同じ、大阪市北区曽根崎中2丁目89番地に設立（滅菌灌注器具や酸素吸入器の販売を行っていた興医社の大阪支部も同住所）	
大正10年 (1921)	8月　日本児童協会東京支部発足（築地精養軒内）	
大正14年 (1925)	2月　日本児童協会事務所を事業拡張のため大阪市東成区今福町165番地に移転	
昭和2年 (1927)	2月　三田谷治療教育院出張所（分院）を大阪市東区今橋3丁目9に開設した際に日本児童協会の事務所を出張所内に移転（市電北浜3丁目停留所南へ入）	
昭和3年 (1928)	7月　前年に開設された兵庫県武庫郡精道村打出の三田谷治療教育本院内に、日本児童協会の事務所を移転（阪神国道電車打出停留所東へ4丁）	

②活動概要

　活動内容の力点は、協会規定の第二条の「二、第一項ノ事業（児童ノ保健、衛生、教育ニ関スル学術及ビ実際的研究並ニ普及）ヲ達成スル為ニ講演出版並ニコノ普及ヲ助成スル一切ノ事業」に重点が置かれていた。しかし、現在残されている記録をもとに判断するならば、設立当初2年間こそ、日本児童協会主催の講演会・研究会は活況であったといえる。

表9　日本児童協会主催の講演会・研究会　　＊顧問

名目	日時	場所	講師
第一回家庭講演会	1920.5/18	大阪府立商品陳列所内 生活改造博覧会聚楽館百畳敷	稲葉幹一・長浜宗信＊・三田谷啓
家庭講演会	1922.5/16	武庫郡公会堂	坂口保・村上鋭夫・三田谷
第一回講演会	1920.11/11	京都市荒神口府立第一高等女学校	木下東作・野上俊夫＊・片瀬淡
児童教養講演会	1921.3/22	南区心斎橋十合呉服店講堂	三田谷・野上＊・木下
〃	1921.4/16	大阪府立商品陳列所内 児童衛生博覧会聚楽館	三田谷・長浜＊・有馬頼吉
〃	1921.4/29	南区心斎橋十合呉服店	長浜＊・片瀬

	1921.5/18	南区心斎橋十合呉服店	膳まき子・大久保直穆＊
活動写真児童教養講演会	1921 6/4,5,13	住吉小学校・西宮小学校・十合呉服店	上々手よし子・矢野雄
〃	1921 7/9,18,22	十合呉服店	三田谷・黒瀬才二
児童教養(教育)講演会	1921.10/14	阪急沿線岡町倶楽部	三田谷・菊地米太郎
児童教養講演会	1922.2/4	府立夕陽が丘高等女学校	三田谷
児童教育講演会	1923.3/6	武庫郡深江小学校講堂	三田谷
日本児童協会例会	1923.3/21	江戸堀幼稚園	三田谷
(中山文化研究所主催)児童教養講演会	1924.1/25	北区堂島ビル5階中山文化研究所	岩岡園子・三内健次・三田谷
児童教育研究会	1924.2/21	北区堂島ビル5階中山文化研究所	矢野・三田谷
コドモ愛護講演会	1927 11/4,5	御津小学校　愛殊幼稚園	三田谷・矢野・酒井幹夫

表10　講演会・研究会演題

名目	演題
第一回家庭講演会	少年期に於ける職業教育／改造の根本義／生活改造と都市におけるこどもの保護に就きて
家庭講演会	一つの神話と一つの伝説／新時代の母親へ／青年男女の親達へ
第一回講演会	カルシウムの真価／児童の身体と教養
児童教養講演会	家庭に於ける青年男女の教育／弱い子供を強くする法
〃	強く産み健に育てよ／医者の来る迄／腺病質児童の育て方
〃	不注意より受くる子供の危害／健康増進とカルシウム
〃	児童は貴きものとして育てよ／育児に就て
活動写真児童教養講演会	コドモの躾け方／コドモの食物
〃	コドモの躾け方／コドモの食物
児童教養(教育)講演会	コドモの智的教育／母性の涵養
児童教養講演会	青年女子に告ぐ
児童教育講演会	コドモの幸福と親の務め
(中山文化研究所主催)児童教養講演会	入学児童に関する注意／どうして子供の皮膚を強くするか／学業成績の良い子と悪い子の取扱方
日本児童協会例会	新入学期迫る
児童教育研究会	母乳栄養につき／児童相談の由来効果及びその方法
コドモ愛護講演会	乳児の為め必ず守つて欲しい十五箇条／コドモの腺病質コドモの神経質／都市のコドモの結核

(表9、10　『日本児童協会時報』『育児雑誌』『彙報』より作成)

　日本児童協会が設立された翌年にあたる1921年は、講演会の開催が最も多く年7回、初年度の1920年から1924年までは2回ずつ開催されているが、あとは1927年の1回を最後に講演会・研究会活動は激減する。講演会の名目は、「家庭」ないし「児童教養」「児童教育」と様々で特定されているわけではない。講演会会場として、生活改造博覧会や児童衛生博覧会などの会場や大阪心斎橋十合呉服店が選ばれている。また、1924年に中山文化研究所が堂

島ビルに開所されてからは、三田谷がそのなかの児童教養研究所所長を兼任していたこともあり、中山研究所で日本児童学会主催の行事が催されており、それぞれの活動が分化していなかったことが示唆される。講演会での講話はのちほど『日本児童協会時報』『育児雑誌』上に採録されることが多く、当日会場に出向けなかった購読者にもその内容を知らせるものとなっていた。なお、演題を見るかぎりでは、子どもの健康の強化、栄養摂取面での配慮、神経質・腺病質、結核などの疾病対策、都市の子どもに固有の問題に対する対応、しつけなどがテーマとなっていた。

次に、日本児童協会による出版物について確認しておこう。

『日本児童協会時報』のほか、家庭叢書、児童教養叢書、三田谷叢書などが発刊されている。

表11 『日本児童協会時報』の発刊状況と誌名変更

大正9年7月創刊 〜大正12年12月 (1920〜1923)	『日本児童協会時報』	第一巻第1号〜第四巻第12号 毎月10日発行
大正13年1月 〜昭和3年12月 (1924〜1928)	『育児雑誌』	第五巻第1号〜第九巻第12号 第八巻第7号編集者病気のため休刊 ＊編集兼発行人：小西衛雄→岩崎＊
昭和4年1月 〜昭和43年 (1929〜1968)	『母と子』	第十巻第1号〜第四五巻第3号 昭和19年2月〜昭和23年10月までの戦時中休刊、三田谷没後の昭和37年以降はこの年12号まで発行、のち不定期に刊行

表12 日本児童協会の定期出版物家庭叢書・児童教養叢書　　＊は日本児童協会顧問

叢書名	編		著者	書名	値段
家庭叢書	第一編		医学博士 和田豊種	内分泌	各編定価金1円20銭 郵税金4銭
	第二編		医学博士 片瀬淡	カルシウムと健康の増進	
児童教養叢書	第一輯	第一編	＊高島平三郎	家庭に於ける児童教育	各編正価金25銭 送料2銭 第一輯（10編） 会員に限り特価金 1円80銭 送料8銭
		第二編	医学博士 和田豊種	児童の精神健康法	
		第三編	＊長浜宗佶	家庭に於ける児童の応急手当	
		第四編	医学博士 三田谷啓	どうして子供を賢くするか	
		第五編	理学士 村上鋭夫	童話の理論とその実際	
		第六編	医学博士 矢野雄	子供を丈夫に育つる栄養法	
		第七編	医学博士 三田谷啓	貝原益軒と児童教育	
		第八編	文学博士＊吉田熊次	子供をよく育てる法	
		第九編	医学博士＊伊藤祐彦	疫病の話	
		第十編	医学博士 三田谷啓	一人子と長子の育て方	
		第十一編	稲葉幹一	親達が子供を悪くした例	
		第十二編	医学博士＊髙洲謙一郎	小児の急性伝染病	

第二輯	第十三編	医学博士　三田谷啓	臆病の子供の取扱	
	第十四編	佐藤富次郎	性欲教育の準備	
	第十五編	医学博士　三田谷啓	賢い妻と偉い母	
	第十六編	医学博士＊伊藤祐彦	乳児の栄養と主なる疫病	
	第十七編	医学博士　柏原長弘	婦人の健康	
	第十八編	医学博士　和田豊種	低能児の種類	
	第十九編	理学博士　安藤二平	子供の皮膚病	
	第二十編	医学博士　三田谷啓	意志の強い子と弱い子	
	新刊	懸賞応募集	児童を歌へる文学	
三田谷叢書	第一編	三田谷啓	母の感激子の感激	
	第二編		母の責任	
	第三編		子供を善くする為に	
	第四編		母の忘れてはならぬ家庭教育	
	第五編		親として知らねばならぬ恐ろしき事実	
	第六編		母性訓	

(三田谷文庫　収蔵本より作成)

　三田谷は日本児童協会の代表者として、百貨店・新聞社・市政・児童学会などによって同時期に開催された講演会・児童相談などの事業に積極的に参加する一方、協会の主義主張を直接的に社会に訴える手段として機関誌や叢書を出版した。そしてこれら出版物は、三田谷個人の書籍が圧倒的に多く、その意味でも、日本児童協会は、三田谷の私的な言論活動の拠点であったと考えて相違ないだろう。

　ところで、協会の活動の資金源はどこにあったのか、大きな疑問が残される。後述する通り、日本児童協会は会員制を採っており、そこから徴収される会費が協会の運営にあてられていたと考えられる。しかし、誌面に広告を出してスポンサーになっていた企業の存在も、三田谷が長期にわたり機関誌の発行を継続できた大きな要因と思われる。例えば、協会が医薬品や医療機器の仲介販売を行った和光堂や興医社、武田長兵衛商店、中山太陽堂が挙げられよう。子ども向けの製品の消費拡大という企業の営利優先の発想と、育児問題に対応しようとする三田谷の活動目的が一致して、日本児童協会の様々な活動が展開されていた点に留意しながら、今後両者の関係を検証していかなければならないだろう。

　以上、日本児童協会設立の趣旨と活動拠点・概要を整理してきたが、三田谷が大阪市社会部児童課長としての「エリートコース」を放棄し、このように単独で自由な育児啓蒙活動を行うことを可能とさせた背景には、大阪市に

おいてすでにそうした活動を受け入れ、必要とする条件が整いつつあったと想定できる。そのことについては改めて触れることにして、次に、日本児童協会が発行していた機関誌から、協会が提唱した理念を掘り下げてみよう。

(3) 三田谷と協会機関誌の関係

　日本児童協会がその主張を大衆にアピールする機会となった研究会、講演会の開催などは、最初の2、3年こそ活発であったようだが、その後は減少していったようにみえた。一方で、三田谷や協会顧問の著作物の出版や機関誌の発行には重点が置かれていた。協会設立の1920年以降、三田谷の言論活動は協会機関誌が中心となり、他誌への寄稿が激減する。ただし、機関誌の掲載記事に見られる主義主張は1920年以前の既発表のそれと多くが重複しており、両者に明確な相違や新たな展開を見出しにくい。したがって、ここで改めて協会機関誌上での三田谷の論考を単独に抽出し、その時系列的変化を分析することは、有意義な作業とはいえない。むしろ、三田谷の育児理念や育児啓蒙活動にとって機関誌発行がどのような意味をもっていたか、三田谷と機関誌との関係を把握することが不可欠と思われる。

　前述した通り三田谷の思索は、おおまかな流れとして、1910年代には児童研究や児童問題に対する包括的な言及から、1920年代には子どもの心身の発育経路に即した「科学的」な育児を推奨し、育児に有用な知識や技術を重点的に紹介する段階を経て、1930年代から1940年代は、女性の生き方や理想的な母親像など精神論を重視した母親教育論を説く方向へと変化することがわかっている。したがって、1920年代から1930年代にかけて思索の転換がいかになされたか、機関誌の発行が思索の変化に果たした役割を考えることも意義があるのではないかと思われる。

　ところで、日本児童協会機関誌の大きな特徴は、二度にわたる誌名変更にあり、前述した通り、1920年7月に月刊の機関誌として、まず『日本児童協会時報』で出発し、5年後の1924年に『育児雑誌』に変更され、さらに10年目を迎えた1929年に『母と子』へ再度の変更となる。それ以後は第二次大戦前後の一時休刊を除き、1968年まで『母と子』として継続する。

　この誌名変更をめぐる経緯を記した資料が現在までのところ発見されてい

ないため、その理由は推測するしかない。また、機関誌発行において三田谷の意向が比較的反映されていたと考えられるのは、社説の主張と誌面構成であったといえる。というのも、社説は、三田谷がすでに別の場で発表した論考とさしたる異同がないからである。一方、機関誌の誌面構成については、三田谷がどこまで編集に直接的に関与したか現在までのところ立証する資料がなく確認できていない。しかし、日本児童協会自体が三田谷の私的活動拠点であったこと、さらに社説と誌面構成はほぼ方針が一致していることをかんがみると、三田谷の意志とは全く独立したところで、機関誌の編集がなされていたとは考え難い。

ここできわめて興味深い事実として、『日本児童協会時報』と『育児雑誌』では、他誌においてすでに掲載された記事や著作物の一部が要約・抄録され、ある主題に即して新たに編集し直されている点が挙げられる。[2]つまり、各巻の記事がどのような編集方針のもとで構成されているか、一年を通して一貫する主義主張は何かを見極め、求心的な記事を中心に他の記事がどう配置されているか、それらの論旨の関係を細部にわたり綿密に検証すると、三田谷が送り出そうとしたメッセージを、さらに深いレベルで掌握することが可能といえる。

三田谷にとって、機関誌発行という作業は、児童問題に関わる同時代の思潮を幅広く掌握し、育児啓蒙活動で活用する「素材」を獲得し、読者に「提供」する機会であったと思われる。と同時に、三田谷自身の思索が多層的に錯綜する言説空間のなかで、揺動されながら鍛えあげられる場でもあったのではなかろうか。その意味で、機関誌は、三田谷の手で生み出されたものであると同時に、同時代の思潮が再編されたことによって、三田谷個人の意志や理念を超越した自立した異質の論理を持ち、読者に対しては、ある種匿名的に影響力を行使する側面も持ち合わせていたといえよう。[3]したがって、機関誌の解読において、三田谷個人の思考に還元され得ない、多様に織り成される重層的なメッセージを丁寧に掬い取ることが、三田谷の理念と実践の本質を理解するうえで、また二度にわたる誌名変更の謎に迫るうえで必須と思われる。

本研究では、育児史研究の観点から、三田谷が育児論から母性修養論へ向

かう過渡的段階で、最も育児書の執筆が本格化していた1920年代に発行された『日本児童協会時報』『育児雑誌』についてのみ、分析の対象とし、三田谷の育児論の展開を精査してみたい。

(4) 社説の推移

『日本児童協会時報』には、最新の心理学の実験結果や臨床医学による治験例を中心に高度に専門的な学術動向や法制度の拡充など児童保護問題に対処する社会事業の意義とその情勢の解説、海外の教育事情や実践報告が掲載されていた。育児論の射程に入る子どもの年齢も、出生前から青年期までおよび、題材も優性結婚から理想的な離乳食の献立、身体発育標準表、障害児の知能の分類、メンタルテストの一例紹介、受験勉強の弊害、米国で実施された児童年の各種事業、青少年犯罪の実態調査、軍事教練やスウェーデン体操の方法、性教育、創作童話の紹介や学校劇の実践法など、幅広い領域にわたっていた。また、広告欄では子ども向けの医薬品や粉ミルク、衛生用品などが多く掲載されていた。

ただし、そうした編集傾向は、第五巻『育児雑誌』を経て第七巻あたりから次第に変化し、第十巻『母と子』への誌名変更がなされる前年に出された第九巻では、記事で扱われる領域は、理想の母親論を中心に、疾病予防と処置法、季節の衛生上の注意、障害児に関する基礎知識、児童文化の選定基準などに限定され、内容や文体も平易になり家庭内での問題処理に関する内容が多くなる。その経緯をまず、社説から追跡してみよう。

創刊時の第一巻では、児童問題に対する社会的な関心を喚起するための宣伝を主な目的とし、一人一人が児童保護にどう取り組むべきか、親としての自覚を促す内容であったといえる。そこでは、子どもとは「国家の前途を双肩に担ふべき国民」「最も尊重すべき文明の継承者」[4]「第二国民」であるという認識がなされており、進歩発展と理想の未来の実現は子どもから出発する、すなわち「嬰児こそ人の親」[5]であるが故に、「育児は家庭の私事」ではなく社会・国家全体の課題であるとされる。

そして「親がその親心を遺憾なく発揮しむべく最善を尽くして奉仕する」ことが「児童保護の一要点」[6]であると強調されているように、子どもの養育

責任は最終的には親に帰結するものの、「教養の方法を誤りて子を殺すに至りし実例は決して少なくない」ため、専門家の指導と援助が不可欠とされる。明治維新以後、数々の来日外国人によって、日本は「子供の楽園」と賞賛されるほど、国民全体が「子女の愛撫養育に余念なき美風」を受け継ぎ、「世界無比の美はしき親子の関係」を保ってきたが、このような親の愛情だけでは不十分であることは、列強諸国と比較した乳幼児死亡率の高さや発育状態の悪さからも明らかであるという。専門家が提示する「教養」によって、「親心を合理化して円満なる智情意の調和を以て」「科学的に充実」させ、育児に取り組むことが危急の課題であり、日本児童協会はその「教養」の提供を担い「親たちの好伴侶」として「家庭の幸福と児童の福利を謀る」ということが、第一巻の社説を貫通する主題であった。当然のことながら、これは、日本児童協会設立の主旨とも一致しており、その意味でも、機関誌が子育ての指導・援助という名目で親を再教育する機能を担おうとしていたことがわかる。

　ところで、第二巻以降第七巻までは、第一巻の基調に加え児童保護に対して社会全体でどう取り組むべきか、同時期より国内外で行政によって活発化する数々の法整備の進行状況や事業計画案、児童に関する調査結果などが紹介される。また、三田谷自身が抱く児童保護事業の統一構想も繰り返し主張されている。そのモデルはドイツ・オーストリアなど留学地での経験から得たものが多いようで、さらに日本国内での皇太子の結婚、大正天皇の崩御と昭和天皇の即位など大正中期・昭和初期の皇室をめぐる動きを反映してか、記念事業として天皇を頂点とした事業統一が力説された。実はこの時期、社説以外の誌面でも、三田谷は児童相談所や児童センターの設置、特殊教育機関の設立の必要性を様々な出版物を通じて繰り返し訴え続けている。また、新学期や夏季などに限った子どもの生活上の注意や、大正中期に都市部を中心に問題となった中学受験過熱に対する意見、1923年（大正12年）に起きた関東大震災後における児童保護の課題など、時事に応じ具体性に富んだ論題も、この間多く掲載されている。

　ところが、第八巻・第九巻に至って次第に社説の傾向が異なってくる。欧米並みの子どもの「絶対数」の確保という目的を達成するために、育児を科

学や理性の管理下に置くことを第一の主眼とした当初の主張から一転し、子どもに対して望むことが「智識の教育」だけでなく「徳性」[13]や「他人を愛する精神」[14]「生活の訓練と品性の教養」[15]「善を積むの心」[16]「弱きものを救うこゝろ」[17]といったある種の「質」に焦点がすりかわり、その育成にあたって偉人の母など「母の典型」を模範として修養を積むことや[18]「母性愛」[19]が肝要であると、改めて「母親の愛情」のあり方が問題視されるのである。

そうした変化が最も顕著に表れているのは、第九巻の第1号の社説「母親の育児プログラム」で、育児において子どもの年齢・男女・性格別に考慮しつつ「身体と精神とその環境について、凡そ母親がコドモの教養について起こり来ること、及びそれに対してとるべき処置」に計画的に取り組むべきだと説くなかで、「尚ほ大切なこと」は「この一年間に愛児のこゝろにつぎ込むべき心の糧」であるとして、「感恩の精神」を養成するプログラムを例示し、「母の覚悟と努力」を促している[20]。『日本児童協会時報』を刊行するにあたって、批判の最たるものであった親の「自然の感情」のあり方が、例えば母親に特定される形で「母性の愛は凡そ自然性に存する愛の中で最も力強いものである」と賛美され、「既にして我が子が出生してこれを我が温き懐に抱くとき言ひ知れぬよろこびを感じ子のために何物の犠牲も辞せぬ愛が起こるのである。かくして母の愛が進化し向上するのである。これと同時に母は先づよき母となることの修養を怠つてはならぬ。それと同時に我子を如何にして最も善良に育て上げるかと言ふことを考え無ければならぬ」というように、「母性愛」を根拠とした母親の育児責任の強化と精神修養論へと発展していくのである。

実のところ、この主張の転換が、翌年の第十巻から『母と子』へと誌名変更する契機となったと推測できる。ちなみに『母と子』の裏表紙に掲げられた「改題の辞」では、誌名変更の理由を、「この間（『日本児童協会時報』『育児雑誌』の間＝筆者補足）に児童教養の思想も漸次発達するに至つたので、更に母性教養の点にも注意を払ひ努力することの必要に迫られたことを痛感する結果」だと釈明している。

以上、社説から日本児童協会の9年間の推移を概観した結果、「専門家が指導する教養に従つた科学的育児法」から「母性愛を根拠にした母親の精神

図1　日本児童協会実行部による書籍・育児用品の仲介販売の広告例
（『日本児童協会時報』1922　第三巻第10号より）

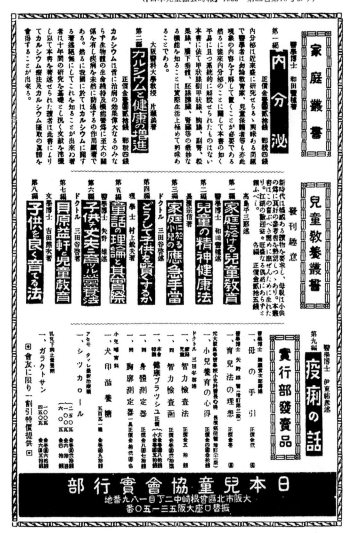

修養論」を重視する方向へと大きく転換していったことが明らかとなった。

したがって次節では、このような社説の推移が誌面での具体的な記事内容とどう相関しているか再度検証する。その作業では、特に、育児の理念や目

標、育児の主体、親の役割、育児の具体的な方法、親子関係のあり方がどう規定されているかに注目しながら、変化の過程を確認してみたい。

2 『日本児童協会時報』第一巻の育児論
―― 専門家主導による「科学的」育児法の導入

(1) 育児改革の目的

　日本児童協会設立と同時に創刊された第一巻は、協会の存在意義と活動の目的に対する一般の理解を得ることを編集の柱にし、協会の顧問を中心に、親の意識の啓発を訴える「宣伝」色が強い内容になっている。したがって、「なぜ子育てのあり方を問題にして現状を変える必要があるのか」、育児改革が必要とされた理由を踏みこんで知る手がかりとなる。

　第一巻では、大久保直穆「医学上より観たる亜米利加」、井岡忠雄「乳児の死亡に就いて」、《時報短話》「激増一方の乳児死亡率＝西洋では年々激減する＝」、《時報短話》「出生率が急に減る＝不景気の影響から＝」、《紹介と抄録》「出産死産の地方別と月別並小児の死亡原因と死亡地方別」によって、大正中期における日本、および大阪市の乳児死亡率の高さに対する危機感が、育児改革論の発端になっていることがわかる。

　具体的な表現を拾ってみよう。例えば、井岡は「乳児の死亡率は欧米諸国においては年々減少するに反し、我が国にては歳々増加する一方である。これは近頃大分世人の注意を喚起しているやうではあるが、可及的早くその予防を講じ、第二国民の健全なる発達を計るは、言ふ迄もなく国家の消長に係

表12　乳児死亡率国際比較　(出産数1000に対する生後1年以内の死亡率)

国名	1900年ころ	1912.3年ころ
ノルウェー	96	65
スイス	143	96
日本	153	157
イギリス	156	105
フランス	159	78
ドイツ	201	147
アメリカ	228	102
ロシア	261	248
＊参考までに大阪市		254.4 (1921)

る至大の緊要問題である」と、警告を発している。[21]

　大久保直穆は、以下のような「乳児死亡国際比較」という具体的な数値を挙げたのち、強い口調で続ける。

　　大戦終了後の今日、国家百年の大計を樹つる上において、吾人のつとむるべき急務は多く有るべきであるが、第一根本問題として、<u>吾人は吾人の後継者として最強健なる体力と、最優秀なる頭脳とを具へた国民たらしむことを期しなければならぬ</u>、而して之が為に最必要なることは所謂小児の社会的養護事業であり、且同時に国民に向て衛生教育を普及し、充分に<u>育児上の知識を与へる</u>と云ふことである。[22]

　ここで育児に関する理念が、「第二国民の健全なる発達を計る」「吾人の後継者として最強健なる体力と、最優秀なる頭脳とを具へた国民」の育成という言葉で語られていることに注意したい。そして、日本で乳児死亡率が高い「原因の第一は、世人の育児知識の欠如に在ると私は思ふ。<u>在来の伝統的な非科学的な育児法では、生存競争の激甚なる時勢に抵抗し能はず、不識の間に様々の弊害を生じ、新生児の発育を害するのである</u>」と、従来の育児の限界が問われる。[23]

　他の記事からも、「体格」「体力」が国力の基礎であるという発想に基づいて、それらの補強を育児の目標に掲げる内容のものが見られる。例えば、協会顧問　長浜宗佶は「生活改造と都市に於ける子供の保護に就いて」で、

　　由来我国国民の体格は、世界文明国の中で最も劣つて居ると云ふ事は、既に定評のある処であります。我々国民は其劣等の体格を以て、優秀な体格で加之（シカ）も富裕な先進国民と生存上の競争をしなければならぬのであるから、<u>お互い協力一致して社会上、生活上、衛生上、軍事上、教育上、育児上あらゆる方面に最善の改造を加へ、此人種的競争に勝を制するの覚悟</u>を以て努力しなければならんのであります。

と、日本人の「体格」を問題視し、その向上をはかるための生活改造の必

要性を訴えている。[24)]

　巌谷小波も「賢い子より強い子」という題目にみるように「体は凡ての資本」として、

　　今日日本が外国との競争に於て、一番桁の違つたものは財産の力と健康の力である。知力の方は往々優れてゐるが、体力は残念ながら迚も敵はない。外国人は年を取つても元気である。体育を重んじ運動をする。この体力が社会万端の上に影響するのであります。

と、「強い子」の育成を謳いあげている。[25)]

　こうした国家主義を育児理念に直結させる姿勢は、「子どもの人格を尊重し、子供に授けられてある能力を凡ゆる方面に十分完全に発展させ、積極的に奮闘し得る人物を為すといふことを理想とせねばならぬ」「育児事業は小児を可及的完全且つ有能なる人物とするための努力だ」と、子ども尊重の育児論を説いているかに見える矢野雄の「育児法の理想」にもうかがえる。丁寧にその記述を検討してみると、子どもに対して、「如何なる誘惑をも打破して外に向かつて突進する原動力」「いかなる艱難にも耐へて奮闘し得べき肉体を作る為め、即ち『抵抗力のある健康』を得さしめる為めに努力することが必要である」。それが「我が国家の為め社会の為め協力して貢献し得る一つの原動力」であり、それを期待していることがわかる。[26)] つまり、子ども尊重と国力増強という発想は、矛盾することなく結びついているのである。

　以上より、第一巻を通じて総体的に送り出された育児理念とは、国力増強を目的とした人口の確保、すなわち乳児死亡率の低減を筆頭にして、「第二国民の健全なる発達」「吾人は吾人の後継者として最強健なる体力と、最優秀なる頭脳とを具へた国民」の育成、「強い子」、「如何なる誘惑をも打破して外に向かつて突進する原動力」「いかなる艱難にも耐へて奮闘し得べき肉体を作る為め、即ち『抵抗力のある健康』」などが、具体的目標として掲げられたことが明らかとなった。

(2) 科学的育児法とは何か

　ところで、第一巻の社説で、親は「感情的で科学的に充実していない」ため、「短所は切実に之を自覚して、矯正・改善に努力すべき」であり、「親心を科学的に」「親心を合理化して円満なる知情意の調和を以て児童教養の大任に当たるべき」という主張が繰り返されたのは、すでに紹介した通りである。ではいったい「科学的」とは、親にどういう態度や意識を要求するものだったのだろうか。奇妙なことに、「科学的」育児法についての具体的な言及はなく、また一方で、非難の的とされた「従来の伝統的で非科学的な育児」のどこが問題なのか、実例を挙げて論評した記事もない。ただし、第一巻の記事の主題は、

　①子どもに関する学術研究の進展状況を報告し、子どもの身体発育や生理、心理に対する理解を促すもの
　②子どもに関する新しい教育実践、社会調査の計画や結果、行政による児童保護事業の取り組みを紹介し、子どもの教育、生活、社会環境に対する再考と改善を求めるもの
　③子育ての実践における具体的な指針を提示し、その導入を期待するもの

の大きく三つに分類できるといえる。[27]

　では、①、②、③の記事の一部を取り上げ、それらが読者にとってどのような意味を持つものであったか分析してみよう。

　まず、①は心理学・医学・生理学など子どもに関する最新の学術情報を織り込んだ非常に専門性の高い内容となっている。久保良英の「最近心理学の傾向」では、プライエル、スタンレー・ホールが創始した心理学研究の歴史を概観し、ワトソン、ビネ・シモン、パブロフ、フロイトの学説を簡単に紹介したものである。実験中の写真やデータまでも添付したもので、子どもの心理学的解明の進行状況を肉薄して伝えるのに効果的なものとなっている。[28]

　次に医学的な子ども研究の紹介として、「低能児」「不良少年」「神経質」「腺病質」「一寸法師になる病気」など、特異な症例に関する報告が挙げられていることに注目したい。楢崎の「低能児・普通児の生理的心理的特徴の比較」では、《能力の相違と生理的関係》《脳細胞の発達は知能と並行》《知能

率測定の必要と其方法》《低能児にも出来る範囲》《知能率より教育法を案出》の節で構成されているが、その趣旨は知能測定の意義を訴え、幼稚園・小学校での能力別教育の普及を唱えるものであった[29]。また、和田の「一寸法師になる病気とその療法」では、甲状腺障害による発育不良の症例と治療法が紹介されている[30]。これらの記事は、「異常児童」の研究が児童学上重要な課題であり、社会予防的な見地からのそれらの隔離や特殊教育・治療の方法が模索されていた当時の実情を反映したものである。しかし、これらの記事は、特別な素養のない一般の読者が、その理解のほどは明らかでないにしても、専門研究の動向を入手し、新奇の用語に触れ、学術理論から「正常-異常」という子どもを二分する認識の方法を知るひとつの情報源となったといえよう。

②は、「娯楽」「回虫」「体格」「小児半分類」「不良児の発生率」「低能児の発生率」など、子どもの生活の現状や成長の実態に関する調査報告が主となっている。また、欧米や植民地での教育事情や、当時深刻な社会問題となっていた不良少年に対しての処置法や児童保護の法整備の徹底を唱える記事が組みこまれている。少年法の趣旨を解説する記事や児童保護事業の先進国米国における児童保護協議会開催の経緯や、児童保護最低基準の議案などの紹介は、子どもの問題は社会・国家が統括すべきであるという課題意識の普及を意図したものであろう。

それに対して、③は疾病予防、家庭看護の方法、栄養管理、衛生知識、妊娠中の心得、玩具など児童文化の選択基準、金銭教育のあり方など、実用的な情報が中心である。しかし、これらからは、「科学的」と呼ばれる育児法が、生活や家庭、人生設計を刷新させるという目的に直結していることが如実にうかがえる。少し長くなるが引用してみよう。

長浜は、生活改善運動と連動させて育児論を説いている。例えば、育児の禁止事項を衣食住のきわめて卑近な水準から述べ、体格の優秀な先進国の国民と人種間の競争で劣る要因となる「一、婦人が幅の広い長い帯を締める事」、ヴィタミン不足や脚気の原因となる「二、精白米を販売すること」、子どもの心身の健全な発育と自由を保障する空間である「三、子供室の設計がない住宅を新築すること」を挙げて、「以上は何れも等閑に附すべからざる

重大問題で之等を放任して置けば国家の将来に大患を遺す虞れがあるのであります」と改善を訴える。[31]

　高島平三郎は、「児童と家庭」で「家庭は社会国家の単位であるから、吾々の品性の改善も、国家社会の革新も、結局その基礎を家庭に求めなければならぬ、家庭が改良されぬ限りは他の方面のみの革新は六(ママ)つかしい、家庭を改新するには先づ科学的基礎を重んずると言ふことである」として、「現に家庭を造つて居る人の為めに幸福を謀ることを眼目とすべき」「子女の教育をも重要の目的とせねばならぬ」「家庭は言ふまでもなく夫婦及び家族一同の修養、安息、娯楽の幸福の場所とせねばならぬ」と子ども中心の家庭の建設を主張している。[32]

　子ども中心の発想の行きつくところは、三田谷啓「こどもの育て方」である。高島が説くような理想の家庭の実現は、出産前の母体管理よりさらに遡って結婚統制から出発すべきというのが、三田谷の主張である。「こどもを徹底して育てるには、生まれぬ前からその準備をして置くことが大切である。(…)『子供の根本的教養は自分の結婚から初めねばならぬ』と申したい」「結婚は児童教育の第一歩」「良縁とは何か」「良縁の条件は先づ少なくとも体質、品性、才能、経済の四箇条が揃つたものでなければならぬ」とする。最後に、解剖学的、機能的、精神的、社会的「変質」の種類を紹介し、「右に述べた諸種の変質は子孫に遺伝する場合が少なからずあるから結婚を行ふ以前には此等の事を十分調べて置く必要がある」と締めくくる。[33]

　『日本児童協会時報』での出発点となった三田谷の署名記事が結婚衛生にあったことで、第1章で指摘した通り、三田谷の育児論の支柱に優生学があったことが明確になった。

　以上のように、日本児童協会が熱心に勧める「科学的」育児法とは、学術上のある特定の理論に依拠するものではなく、親に対してまずは児童研究の専門的な知識を提供し、親の子ども観を一新させようとするものであったといえる。特に「異常児童」に関する研究は、子どもの特殊性や異質性に注目させる、ひとつの契機になったと考えられる。さらに、児童保護に対する国家・社会の取り組みを親の視野に取りこませることで、子どもとは保護すべき対象であり、子どもの生活や教育の現状は改善していく必要性のあるもの

として、再点検することを促していったのではなかろうか。いずれにせよ、過去の慣習や世代間で受け継がれてきた智恵ではなく、「子どもの育っていく道筋」にある根拠を与え、意味づけをする研究者の「仕事」に対して、より多くの信頼を置こうとする日本児童協会の方針から見て、第一巻で示唆された「科学的」育児法の中核には、子どもに関する専門的知識を媒介に、大人と子どもの関係を再構築しようとする意図が隠されていたと考えられる。

(3) 第二巻から第四巻までの記事

① 第二巻（1921年）

〈悪い親・良い親〉

1921年（大正10年）は、日本児童協会などの民間から、「児童保護」という思想を社会全般に広めていく運動が組織的に始まる画期的な年である。第二巻は、そうした新しい児童保護運動の意義を一般に認知させることを大きな目的としている。大阪市の社会事業担当者や児童保護研究者にとっては自明のことであった、児童保護の対象と目的、方法における大幅な方向転換についての紹介記事が多数掲載されている。すなわち、児童保護の方向が、「要保護児童・異常児童」から「一般の健康児童」に保護対象を拡大して社会の管理下に置き、その「健康の維持と増進」ならびに「強い子どもを産む」ための「母親の健康管理」に焦点をあて、従来の「消極的」方法から「積極的・予防的・事前的」方法へと向かうべきであることが、読者に強調されているのである。その裏には、児童保護の推進のためには社会連帯が必須で、一人一人の親が、「協心・協力・協有の責任観念」を持つべきであるという期待がこめられていた[35]。

三田谷が中心になって立案・開催されることになった全国初の試み「児童愛護宣伝デー」が、一人一人の親に向けて子どもに対する意識の啓発を促す運動であったのと呼応する形で、第二巻の記事も親論を中心に編集されている。特に、経験談や実例を豊富に示し「悪い親」の例を身近な題材から紹介する記事が目立つが、その背景には「子どもは親にとっての存在基盤」であるという親子関係に対する発想の逆転や、子どもに対して畏敬の念や子ども讃歌の感情を鼓舞する態度の表出と無関係ではないことが、記事の構成から

図2　児童愛護宣伝デー関連企画　児童愛護の標語当選作／「子どもの育て方」懸賞論文
（『日本児童協会時報』1921　第二巻第11号 p.329／第二巻第12号 p.360-361）

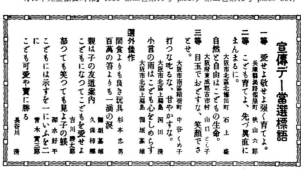

示唆される。

　そうした「子ども中心主義」的発想が、一部の親の間には浸透していたと見られ、児童愛護宣伝デーの関連企画・懸賞論文「幼稚園時代のこどもの育て方」では、子どもの「発達段階」を考慮し、「自然性」「自由」を重視して「人格を尊重」しながら、注意深い環境設定による遠隔操作によって子どもの「天賦の能力」を最大限に引き出し「個性を開花」させようという「良い親」の意見が上位に入選しており、『日本児童協会時報』の誌面を飾っている。三田谷ら児童学関係者が提示する心理学的、教育学知識などを受容し、「科学的・合理的な育児」という理念に過剰に応えようという姿勢が見えよう。このように、第二巻は「悪い親」[38]「良い親」[39]の具体例を数多く提示することで、親役割に対する自覚を促すことに成功していると思われる。

　②　第三巻（1922年）
〈育児は家庭と婦人の責任〉
　第二巻に特徴的であった親論は、育児を「家庭と婦人の責任」に焦点を移す形で第三巻に継承されており、母親に対する教化論の比重が高くなる。育児の目標が国家間の競争に打ち勝つ「強く賢い子ども」と掲げられることには変わりないが、「良い子供を沢山産む」「強く賢い立派に育てる」のが母親の任務であり、そのためには「母の愛が根本」で、「家庭が出発点」という主張が中核に据えられる[40]。

　母親に対する教化は二方向を向いており、ひとつは「どうしたら良い子供が出来るか」「優秀なる子供を得る」方法として、ａ．結婚衛生…遺伝知識の普及と結婚制度の改革、慎重なる配偶者の選択、ｂ．産児制限の容認、ｃ．胎教、が説かれる[41]。もうひとつは、「弱い子供を強くする」方法として、ａ．弱い処を補い強い子供に鍛え上げる、ｂ．体格の改良及び能率の改善、ｃ．遺伝は重要だが絶対ではない、ｄ．天性を伸ばす、ｅ．栄養不良や病弱でも知能が劣っているとは限らない、などといった記事が紹介されている[42]。日本児童協会が贈る親に向けてのメッセージが、次第に母親論に特定されていく時期といってよい。

　③　第四巻（1923年）
〈発達における「自然」法則の理解〉

第四巻では、第三巻で展開された家庭での育児のあり方に関する論議をさらに発展させるような記事が頻出しており、新たなキーワードとして「自然」が提出される。すなわち、子どもにとって「外なる自然」に触れる体験を多く持たせるとともに、「内なる自然」を尊重すべきであるとか、両親と子どもの関係は「自然的直接的結合」であるがゆえに、両親の子どもへの愛を教育の出発点とすべきであるとか、正しい育児法は「生理学的・心理学的特徴即ち発達における自然法則」を最も重視すべきであるといった類に、子どもの「自然」が注目されてくる。

　三田谷は、この「自然法則」を知るための方法として、「子供の観察法」を伝授する記事を掲載しており、子どもを対象とする研究者の態度を親と子の関係に持ちこみ、あえて距離を設けて自覚的・客観的に子どもを理解するという新しい親子関係のあり方を促進させようとしている。このような三田谷の見解は、他で既出の育児論でも顕著であったが、第四巻ではその傾向がきわめて濃厚であり、最も啓蒙色の強い誌面構成となっている。

　特に、新刊紹介欄で薦められている冊数は59冊と9年間で最も多く、幅広い分野における高度な専門書が多く含まれている。年齢区分や属性に応じて細分化された子どもの分類、知能や発達段階を測定・検査する多様な方法や器具、個々の障害や問題に対応する教育・処遇方法を示す最新の学術情報が紹介されているという誌面構成からは、親もそのような学問研究の進展と並走して、子どもを理解し教育するための知識や技術の修得が必須の課題とされていることが読み取れよう。読者に薦められた新刊の内容からも、「科学」に立脚した育児の意義を訴える協会の姿勢がわかる。

3　『育児雑誌』第五巻の育児論
　　　――「科学」と「愛」の二要素からなる育児概念の確立

(1)　育児の主体として強調される母親

　『日本児童協会時報』は、発刊5年目に当たる第五巻（1924年）から『育児雑誌』に誌名が一新される。しかしながら、その変更の経緯については誌上で一切明らかにされていない。が、『育児雑誌』への改称は、日本児童協

の機関誌が「育児」論に集約することを内外に認知させようと目論んだ結果と考えられる。したがって本節では、日本児童協会内で確立された「育児」概念を鮮明にしてみたい。

第五巻で注目したいのは、どんな子どもに育ってほしいか、理想の子ども像に直接言及した記事はなく、むしろ母親が子どもに対してどうあるべきか、母親としての役割や使命を説くことに重点が置かれた点である。ここで母親の役割の筆頭に挙げられるのは、疾病予防や衛生管理など、子どもの健康面の配慮であったが、それに加えて、子どもの徳性涵養・性情教育と学業成績への配慮が挙げられる。そのことは、婉曲的に子どもに対して、「健康であること」「道徳心が篤く情緒豊かなこと」「学業成績の良いこと」が期待されているとも読み取れなくもない。しかし、それ以上に重要なのは、子どもをどのように育てるべきなのか、具体的な像が直接描かれず、子育ての最終的な理念や目標が曖昧なまま放置される一方で、育児論が母親の再教育論にすり替わっている点である。理想とする子ども像の輪郭が不明瞭なまま、子どもを管理するための母親の言動が規制の対象下に置かれていくのである。以下で論証してみよう。

協会の設立趣意や第一巻の社説では、育児の最終的な養育責任は親に帰するものの、国家・社会と親が協力一致すべきだという主張が貫かれ、育児における性別役割意識が希薄であったが、第五巻では、子育ての主体が母親に限定されていく。その傾向は、第三巻あたりから顕著になってきており、「今や時代はコドモ愛護の合理的研究と養護につき、家庭の覚醒、婦人の努力を最も必要とする」[47]「婦人の最大の努力は母たることで、母の最大の仕事は育児であると力説したい」[48]の記事を代表に、「良い母親」の条件が論議の対象に浮上してくることは、先に示した通りである。

第五巻で、日本児童協会の性別役割意識が端的に現れている例として、協会顧問であった柳瀬実次郎が生前行った「社会問題と児童保護講演会」における「乳児の保護」の採録記事が挙げられる。数年前の講演録という新味に乏しい児童保護論を改めて掲載するに至った理由は、柳瀬に対する追悼の意味だけでなく、彼が児童保護を母親の事業と力説している点で、第五巻の編集の趣旨と合致していたからであろう。柳瀬の講演は、大阪市の児童相談所

や日本児童協会が設立後間もない1920年ごろのものと推測できるが、児童保護は社会的な課題であるという意識の普及が試みられた時期に、「家庭に於いては、父が終日急(ママ)しいそれ故に母が主として子供の世話をする。故にこれ等と母が協力して乳児保護を全くすることが出来るのであります」と、早くから母親の役割を重視する発言を残していた。第五巻は、この柳瀬の記事を核にしてさまざまな母親論が展開されているのである。[49]

(2) 母親役割　「母の愛」と「家庭教育」

『育児雑誌』、つまり協会機関誌の第五巻の誌面では、専門家主導の「科学的」な育児法の必要性に加えて、親、まさしく母親でなければ務まらない新たな役割が強調されていく。結論を先取りすれば、その役割は「母の愛」と「家庭教育」である。

① 母乳哺育の推奨と「母の愛」の二律背反

第五巻には、授乳に関する記事が、大久保直穆「小児疾病の予防」、竹内薫兵「最近小児栄養の進歩(上)(下)」、原弘毅「離乳の話」、矢野雄「乳児の栄養」、関嘉一「母乳栄養と乳児の鉛毒」、井上束「母親の乳房から母性の魂が通ふ」、五十嵐雄二「乳の研究」に掲載されている。それらの記事からは、母乳が少なくとも栄養学・生理学・衛生学・医学の進展とその蓄積により、科学的な根拠を持つ有効なものであることが、その時点ですでに実証済みであったことがわかる。つまり、母乳哺育はただそれだけで、十分「科学的」育児法とされていたのである。そうした科学的有効性を根拠にして、さらに母乳にはさまざまな意義や価値が改めて強調される。

関は、母乳で育てるのは「自然の理法」で「我が国は古来此の天地自然の理に適つた哺育法である良風美俗の国」であったとし、「国家が強健なる良国民を要求する」時勢にあって、この習俗の復活をおおいに期待している。独・仏が母乳栄養に「賞を懸けて奨励している」のを倣うべきだという発想もまさしく国家間の競争意識を反映しているものといえよう。[50]

井上は、母乳は「これ（栄養品）を超越したもつと<u>崇高な精神界の連鎖を母子の間に与ふるもので母の乳から出るお乳の一滴にも母性の魂がとけ込んでゐて赤ん坊の成長と共に現はれて来る精神活動の源泉</u>」で、母子関係は

表13 第五巻（1923年）人工栄養広告一覧

商品名	製造会社	広告内容
ネッスルミルクフード	（倫敦）ネッスル、及アングロスキス練乳会社 神戸京町83番地	1923年第五巻第1号～第8号 母乳代用・病弱老衰・産前産後・催乳 「是迄世界中幾百万かのお母様方は母乳不足その他の事情で人工栄養が必要な場合には小児哺乳食ネッスルミルクフードによる最も安全な方法ととられました」
		1923年第五巻第9号～「こなみるくにしてこなみるくに優る」 普通のコナミルク―「単なる牛乳代用品」 ネッスルミルクフード―「牛乳と穀類成分を適当に併せた」製品 「嬰児の発育の要求に合致する完全な小児用食物」
キノミール	和光堂 東京市神田区鍛冶町9 大阪市東区横堀3丁目	「国産!! 母乳代用哺育料」 「お白湯さえあれば其湯ですぐに牛乳よりおいしいお乳となります。この粉末ミルクキノミールは滋養に富み香味佳くお児達の嗜好に適し母乳代用哺育料としては此のキノミールにかぎります。お母乳が足りないでおこまりのおうちにこの国産品粉末ミルクキノミールをおすゝめいたします」
デリゴール	輸入元 青木嵩山堂 大阪市南区藍町2丁目	「完全母乳代用 先祖代々白人と常食を異にする日本人の体質に嗜好にピッタリ合致せる」「日本唯一の標準粉乳 クサラヌミルク」 滋味最高：嫌な臭更に無し／低温溶解：ぬる湯に溶ける／廉価無比：日本牛乳の半値 小児科大家 高洲医学博士、大久保医学博士、酒井医学博士 実験御推薦
		「傑出す：理想的母乳代用として品質価格凡ての点に抜群」 1、低温溶解、2、全溶性、3、ヴヰタミン最多量、4、無臭美味、5、安価提供 小児科大家 高洲医学博士、大久保医学博士、酒井医学博士 実験御推薦
グラキソ	酪素販売株式会社 大阪市東区淡路町3丁目	「粉末ミルクの中で最も優良なるものは邦人の体質に適すべく特製せられたる本品です」「ヴヰタミンの多量とカルシウムの適量を含める罐切りのいらぬ美しい罐の中に一々番号を記入したる品質保證書を入れて責任明らかにせる絶好美味の栄養資料です」 伊太利 西班牙 両帝室御用品 英国食糧省御用品 メリー内親王殿下御愛児御常用
ラクトーゲン	乾卯食料品株式会社 大阪市伏見町大阪中央私書箱15号	粉末純乳（ふんまつミルク） 「現代最高の学術と永き経験と研究加ふるに地の利を得て世界の大牧場たるオーストラリアの豊富なる生乳を精選し完全なる真空装置下にて乾燥し成分を加工して人体に適合せしめ尚骨質の主要成分にして特に成長期に必要なるカルシュームの適量を配合し自然の美味を保ちて忌むべき動物臭を除き、練乳の如き強き甘味を附せず牛乳の欠点を補正せる引湿性なき淡黄色結晶粉末にして湯に溶けば望みの乳となり何人の口にも適し嬰児には母乳の代りに、老人、病者其他カルシュームの必要なる体質の方、妊婦、産婦の栄養として決して他の追従を許さゞる滋養飲料なり」
犬印滋養糖	和光堂	「育児界の権威 小児哺育料、牛乳添加糖」 「牛乳の不足栄養分を補つて母乳と同等にするものですから牛乳でお児達をお育ての方は此滋養糖を牛乳にお入れになればお児達の著しく体重を増し健全な発育をお楽しみになる事が出来ます」

図3　人工乳の広告例　ネッスル、デリゴール、滋養糖
（『育児雑誌』1924　第5巻3号　掲載より）

「何だか神秘的な関係」とみなす[51]。同じく五十嵐は、「母性愛と乳房」の項で「母の愛は即ち母の乳汁として愛子に及ぶ形となる、此の点からでも子供に乳汁を与へない母は充分なる母の愛を注ぎ得ぬことゝ思ふ」と断言し、「この真純なる愛、清き美しき悦びから偉大なる力も生まるゝのである。実にこの瞬間こそは母の凝念静思の僧堂であり、情操純化の境地である」と母乳を通して注がれる「母の愛」を過大視する[52]。

このように、母乳に対して科学的根拠のほかに「母の愛」という付加価値を与える議論は、実のところ人工栄養の普及に相関して生み出されたとも考えられる。第五巻での、人口栄養の広告の多さからも確認できるように（表13「第五巻　人工栄養広告一覧」参照）、母乳に近い成分を備えた人工栄養の商品化の実現と宣伝の拡大は、一方で「母乳を通じてしか子どもに与へられない

もの」、即ち「母の愛」の再発見を促していったと想定できる。ただし、「母の愛」が手放しで賞賛されたわけではないことは言うまでもない。

　出産・授乳を介した母子の肉体の結びつきに特別な意味を見出し、母親の養育責任を強調する企ては、時として子ども賛美の論調と相まって子どもの価値を絶対視する熱狂的な主張と、母親の愛情の自然な発露を厳しく戒める主張を同時に生み出していった。

　為藤は「子供私有観に就て」で、子供に対する母親の愛情は、「父よりも動物的・感情的・洗練が欠け節制が乏しい」と非難し、「そもそもこの天地の間に一つの新しい生命が創出されるということが、既に一つの神秘である。この深長の事実に面しながら、私腹を痛めたという故を以て、わが子を

恰も絶対不可侵の私有物の如く振舞ふということは、謂われなき僭越で」「子供私有の錯覚から解放し得たならば、そこに初めてその錯覚中に見ることの出来なかつた真の子供の姿を見ることが出来るであらう」と、肉体の結びつきを根拠とする「母の愛」は、子どもを私物視する発想に根ざすものだと否定する。[53]

同様の態度は藤井の「日本の母親が子供を育てる態度」にも見られる。「日本の母親は自身の子供に対し、あまりに無知な言ひ換えれば本能的な愛に溺れ易く、真実に深い考察を以て小児の教育に当つてゐない」として、「子供の教育は、とりも直さず母親自身の教育であり児童教育の問題はそれによつて大部解決し得べきもの」と、育児論の眼目は母親の教育にあると明快に語っている。[54] 以上に見るように、「母の愛」に対する賞讃と非難は操作的に形成されたもので、「科学」を超越する価値を認めつつ、最終的には専門家の指導下に置かれるという二律背反を背負わされることとなった。

② 家庭教育の意義

新時代にふさわしい母親のモデルを提示したのは、宮田「時代が要求する新らしい母型」である。要約すれば、宮田は、母親の役割を従来の保母、乳母の役目のほかに、医者であり教師であり道徳上の最大権威者でなければならないと説いている。宮田によれば、「子供が成長しのびて行く周囲の事情から受ける混乱した雑多の刺激」を「整理し善用して彼達を立派に指導して行かうとするには、一に母たるもの或は将来母となるべきものゝ責任監督の上に、細かく行届いた注意とそれに向つての努力を要することは勿論である。殊に社会の状態は時代の変遷と共に変化するものであると同時に、それが子女の教養の上に最も力強い影響を齎すものであるが故に、常に微妙な注意と観察を以て社会の状態を理解し、尚進んでそれが子供との関係を考慮して指導の上にその意義を生かして行かなければならないものである」とする。ここで注目したいのは、母親は子どもに対して「より細かく、より深く、より長く、子供の上に凡ゆる注意監督を以て導いて行く事」というように、子どもの生活全般はもとより子どもの一挙一動に監視の目を張り巡らせることを要求されている点である。[55]

特に興味深いのは、「子供に及ぼす徳化教育や子供の品性を陶冶する事の

実際」を「学校以外に求めなければならない」時勢にあって、「徳性涵養の実質的指導の殆んど全部は自然に母が担当しなければなら」ず、「その子が一生の性格を築き上げる基礎となるべき丁年時迄の、徳性の教師」であることを賢母の条件として挙げていることである。

母親に対して教師としての役割が課せられるのは、知育中心と批判される学校教育に対して、家庭が独自の教育目標を負わされるようになったことを意味する。同様の主張は、杉田の「コドモの個性は家庭で育つ」にも顕著で、「完全にその個有の性格に適応した性情教育を行ひ、その美しい点を発揚し、社交的生活に不適合な性格上の欠点を矯正して、立派な品性を作り上げるものは、その大部分は、否その殆ど凡ての責任をその児童の日々生活する家庭で負はなければならぬ」と家庭教育の意義を訴えている。

一方、母親は、教師の代理として学校教育を補完する機能をも担わされる。五味の「新入学児童の母親にのぞむ」によれば、入学当初の子どもの不安定な心を支持し、学校と家庭の橋渡しをする役目が、以下のように母親に期待されている。すなわち「家庭に於ける周到なる注意と洞察とは、かう云ふ子供の内面的変化、精神的影響に対する最大の慰藉と鞭撻で、少くとも入学当初家庭に於ける至純の愛、母親の慈愛の一語はその子供の生死に関連することを忘れてはならない」と、「母の愛」が強く求められている。

これに対し、河野は「家庭に於ける予習復習の指導」の中で、「父母も教育家の一部分で」「被教育者（子供）の学習する内容に就ての完全な知識を有しその指導教育の方法を知つてゐること」と、家庭学習の指導者としての役割を親に期待する。

このように家庭教育が問題視される背景のひとつには、当時中学入学試験が過熱傾向にあり、学業成績の良し悪しはもとより、受験勉強の弊害や子どもの能力の計測方法に対する是非をめぐって、議論が高まってきていたことが挙げられよう。

以上、第五巻で提示された親の役割や育児の方法には、日本児童協会発足当時に掲げられた「科学的」な方法を踏襲するという規範に加えて、「母の愛」や「家庭教育」の重要性を指摘し、「科学」の範疇に入らない徳育や性情教育、また母子の肉体的結合を根拠にした精神作用を強調するような主張

が目立ってきたといえる。この変化を象徴的に表す事例として、次のような標語を挙げることができよう。この年、中山児童教養研究所が一般公募した「児童愛護モットー集」の第一等当選作は「愛の衣に智恵の乳」、第二等当選作「愛で育てゝ科学で導け」、第三等当選作「愛を母とし科学を父に」である。一方、日本児童協会が懸賞募集した「児童を歌へる文学」には「親が甘いと子が腐る」（1等）の他、「育児の手、左は愛に右は理智」（4等）といった格言がならぶ。

両者とも三田谷が選者の代表を務めたことからかんがみれば、日本児童協会で共有された「育児」概念は、「科学」と「愛」の結合にあったと考えられる。そして、「科学」と「愛」の二要素からなる育児の新しい理想を提唱することが、協会の役割であると認識された時点で、『育児雑誌』への誌名変更が実現されたといえるのではなかろうか。

一方、その結果として、「科学」は専門家の領分、「愛」は母親の役割という区分が漠然と生まれつつあったことも想定できる。ただし、母親の「愛」の発露が無条件に容認されたわけではなかったのは事実で、出産・授乳という肉体的結合を根拠に置く「母の愛」は、母親の再教育を強化しようとする文脈においては、「動物的」「感情的」「節制が乏しい」と卑下されるが、一方母親の養育責任を強化しようとする文脈においては、例えば母乳育のように有意義な精神作用と称賛される。つまり、「母の愛」は専門家によって恣意的に操作され、意義づけられたもので、「母の愛」が「科学」に並んで強調される子育て論は、母親に専門家への従属を促すものとなっていたと考えられる。そのことは、第九巻にいたってより顕著になっていくといえる。

(3) 第六巻から第八巻までの記事

① 第六巻（1925年）
〈心の教育・体育の重視〉

第六巻は、教育論が中心的な位置を占めている。現行教育に対する様々な批判と欧米の新しい教育実践の紹介が相次ぎ、親に対して教育のあり方を問い直す態度や意識を啓発する構成となっている。注目したいのは、心の教育が主題にあがってきていること、さらに体育教育の意義が述べられているこ

とである。このことは、児童保護事業が初期において衛生教育に力点を置いていたのに対し、その整備がある水準に達したところで、子どもの心身両面の強化を体育で達成しようとする課題が新たに浮上してきたことを示しているように思われる。[64]

　また、大阪を中心にした知識人に対して中山文化研究所が行ったアンケート、「私の愛育方針」の紹介が、第六巻の誌面を大きく割いていることも興味深い。読者に対し、子どもに対する意識の高い親の意見を直接参考にするようにという趣旨で紹介されたのであろうが、それは見事なまでの「子ども中心主義」を示す内容であった。[65]

　「私の愛育方針」で示された育児の方針は、ａ．天性、個性、自然、自由の尊重、ｂ．方法としての無主義、自発、適当、放任、それに対して厳格、命令、干渉の批判と自戒、ｃ．大人と子どもの理想の関係は、友達、気長く親しむ、圧迫しない、ｄ．子どもに求めるものは、せいぜい正直、丈夫、健康、自由快活、人格の円満という点が共通している。ただし、これらの愛育論の隣に、子どもの個性を親自身が見極めるのに参考材料として知能検査の意義や低能児・有能児、遺伝の発見法についての特集が掲載されていることは興味深い事実といえよう。[66]

　② 第七巻・第八巻（1926・27年）

　この第七巻・第八巻において、様々な記事を貫通するような求心力のある主題を見出すのは困難である。例えば第七巻は、いくつかの共通項で記事をくくることも可能ではあるが、すでに提出されたものと重複しており新味に乏しいといえる。また、第八巻は明確なメッセージがない反面、子ども研究や子育ての実用的方法、母親の役割に関する雑多な情報誌としての側面をもつ点が特徴的である。1927年に精道村に三田谷治療教育院が開設されるが、三田谷がその事業の準備や運営に取り組んでいたことと無関係ではないといえる。ただし、第七巻・第八巻はその前後の巻の流れを結ぶ過渡的な位置を占めているともいえる。そのことについては、次項で触れてみよう。

4 『育児雑誌』第九巻の育児論
―― 「母性愛」の重視と母性教化論への転換

(1) 新たな課題「道徳性の涵養」と「宗教教育」

　『育児雑誌』は、1929年の第十巻より、「児童教養」から「母性教養」に編集の力点を変え、『母と子』へと再度誌名が改題されるが、第九巻は、そのような方向転換を先取りする内容となっている。

　第一巻では、乳児死亡率の低減という子どもの数の確保ということが、社会的な課題とされていた。したがって、育児においても、「強い子」「健康な子」を産み育て、「生き延びさせる」ということが重視された。ところが、第九巻では先に「社説の推移」で述べたように、子どもの「精神面」の育成に焦点をあて、「道徳性の涵養」や「宗教教育」という課題が浮上してくる。

　まず、西本三十二の「人間を作るための教育」を見てみよう。西本は、学習は「基本学習」「連合学習」「附随学習」の三つに大別され、「智識、技能の伝達修得に関する方面」で「試験で測り得るもの」である前二者を犠牲にしても「附随学習」に努めなければならないと説く。その「附随学習」とは「個人の態度や、習慣や、人生の理想等に関するものであつて、道徳教育上極めて重要な問題であり、家庭教育上最も考慮を払ふべき事柄である」として、家庭教育の中心的課題に「道徳の陶冶」を掲げている。そして、本題ともなった「人間らしき人間を作る」には、「外的態度のみならず、内的態度、即ち道徳的態度」に留意すべきだと言うのである。[67]

　それ以前にも、母親が道徳教育の責任を果たすべきであるという記事は多く提出されていたが、道徳教育を他の教育の上位に置いて重要視する意見は、この西本記事が最初のものといえる。そして、この記事と呼応するかのように、第九巻では、第1号から第5号までの4回シリーズで「家庭に於ける宗教教育の実際」という、宗教教育の意義を説く新企画がはじまるのである。[68]

　「家庭に於ける宗教教育の実際」では、18人の有識者、すなわち「コドモの教養に深き注意を払つて居られる方々」に対して、家庭でのコドモの宗教

教育についての是非、実行していることを質問し、その回答を紹介している。奇しくも、家庭で宗教教育を行うことに明確に反対しているのは、山川菊枝、与謝野晶子の二人だけであり、他はおおむね賛成の意見である。例えば、「自然に愛国敬神の念」が養えるように、日常「皇室の写真を大切にし家の仏壇に朝晩礼拝する」ことを実施している者[69]、「コドモの教育」は「皇室中心、祖先崇拝、儒教主義に依りたい」とする者[70]、「信仰こそはすべての教育の中心をなすべき筈」[71]、あるいは「信念なきものは道徳心なし。信仰即ち宗教なれば、子供の徳性涵養の為め信念の養成に努めて居ります。神社、仏閣、殊に国と祖先に対して崇敬心を起こすように指導して居ります」[72]などなど、ここでいう宗教教育が仏教やキリスト教など特定の宗教への帰依を指すのではなく、国家や皇室、祖先に対する敬意や崇拝の念を育成することを最終目的としていたことに留意しなければならない。

(2) 変化の要因

では、なぜこのような「道徳性の涵養」や「宗教教育」の必要性が急激に叫ばれるようになったのだろうか。その理由として、『育児雑誌』の中で展開された議論の流れと、日本児童協会の運営に関わる個別の事情、さらには1920年代後半における大阪市周辺の社会的思潮の変化を挙げてみたい。

第一に想定されるのは、現行の学校教育に対する批判である。先に挙げた西本は、「過程、結果を具体的に表はすことが出来ない」「試験制度では測定不可能」な「附随学習」が学校教育で顧みられないのは「子供の教育上誠に嘆かはしい」とし、「真の教育の為には我々はたとへ基本学習、連合学習を犠牲にしてでも附随学習を助長して善良なる習慣、品性、高遠なる理想、態度の教養に努めなければならぬ」と述べている[73]。同様に、北沢種一は、「ペスタロッチ主義に還れ」で、今日の教育が「主知主義、書物主義、文字言語主義、思想主義」なのに対して、ペスタロッチの説く作業教育の意義を再評価し、「手を動かす」「身体を動かす」活動によって、「人間の覆むべき道徳的教訓といふやうなものを得る」と主張した[74]。

現行教育の欠陥を端的に示すものとして、非難が集中したのは、中学入学試験競争である。社説でも「受験の悩み」「入学試験制度」と2回にわたっ

て、受験戦争の弊害を説いているが、学校教育が知育偏重で人間形成の場として機能しておらず、学校規範、すなわち「試験」により子どもの能力を一律に「測定」することや、「言葉」や「思想」の習熟に重きを置き「身体」活動を軽んじる傾向が生まれるなかで、家庭が独自に死守すべきものは徳性の教育であるという方向に向かったと解釈できるのではなかろうか。

　第二に想定されるのは、モダニズムに対するひとつの反動である。大正・昭和初期は、公的な事業領域での合理化・西洋化が追求されたが、その推進役を担った大阪の財界人たちは、私生活では茶の湯や句会といった伝統的な日本文化に親しむ交流の場をつくり、美術骨董品の収集に熱中するなど、和風文化を興す「新日本趣味」と呼ばれる独自の生活様式が築かれつつあったという。例えば、三田谷の活動に直接的な影響を及ぼした実業家中山太一（1881〜1932?）も、その一人だった。日本児童協会機関誌は、顧問武田次郎の長兄が経営する武田長兵衛商店や和光堂、ネッスル及アングロスキス練乳会社、大阪三越呉服店など医薬品・衛生用品・人工乳、児童用品を製造販売する各社の広告料をもとに発刊されていた。そのひとつである、中山太陽堂（カテイ石鹸本店）の創業者中山太一は、継続して広告を掲載していたわけではないが、三田谷個人にとっては有力な支援者の一人であったといえる。

　前述の通り在野で活動を続けた三田谷は、大阪市役所辞任後に唯一の就職先として1924年に中山児童教養研究所所長に就任し、3年間児童相談や研究業務に従事した。それは自ら創設した日本児童協会との兼任職であったが、日本児童協会の講演会・研究会などは、中山児童教養研究所の置かれた堂島ビル内で行われており、実質上二つの活動は分化していない。つまり、三田谷および日本児童協会の活動は、富士川および日本児童学会が中山の強い影響下にあったのと同様に、企業家としての中山の理念と実践に無関係であったとは言い難い。

　中山の業績については、松島の調査を参考に整理すると以下のようになる。『大阪財界変遷史』および1929年発行の『中山文化研究所紀要』第一冊によれば、「クラブ洗粉」「クラブ化粧品」「家庭石鹸」の製造販売で成功を収めた中山太一は、大阪商工会議所が推進した「能率増進運動」の主導者であり、科学的経営管理を追求した合理主義者として、また親鸞精神普及徹

底活動を展開した宗教家としての二面を持っていたという。その中山が、「内的には精神生活の信念確立」と「外的には科学知識の理解応用」による文化生活の確立という目標を達成するために、創業満二十周年記念事業として設立したのが、中山文化研究所であった。中山文化研究所は四つの調査研究機関から構成されており、児童教養研究所は、大阪では三田谷が、東京では富士川が中心となって「科学的知識の供給機関」となり五つの部門が運営されていた。

この中山の「内的には精神生活の信念確立」と「外的には科学知識の理解応用」という文化生活構想は、育児という日常行為に置き換えた場合、三田谷が提示しようとした「育児」理念と近似してくる。つまり、方法としての科学化と精神の充実であり、この場合、精神とは母の心の持ち様ということになろう。中山あるいは富士川の場合は、精神の充実を図る手段は仏教、特に浄土真宗の再興にあったが、三田谷の場合、母性論は皇室崇拝、愛国主義へと収斂していったといえる。

三田谷は、天皇によって統括される児童保護事業構想を執拗に訴えていた点からも立証できるように、天皇制に対しては批判的立場をとっていなかった。そうした三田谷の志向性は、1928年の昭和天皇の即位の礼とそれ以前の皇太子時代からなされた度重なる大阪訪問に伴って、大阪市民の間に盛り上がってきた皇国崇拝の思潮によって、さらに刺激されたと想定できる。

原武史によると、大阪は皇居のある東京との物理的な距離を反映してか、明治維新以後も、自律的な精神風土の下で商工業を躍進させ、東京とは異質の文化を醸成させてきたという。しかし、1924年の市域拡張後、人口・面積とも日本一の大都市となり、文字どおり「大大阪」の誕生後、それを記念する行事として市政側が皇太子の視察を要請し、1925年5月に皇太子の大阪市訪問が実現、皇太子自身が天王寺公園で市民を前に直接生身の姿で現れ、公的な場で「市ノ繁栄ト市民ノ福祉トヲ増進セムコトヲ望ム」という「御詞」を読み上げた頃から一転して、大阪市民にとって天皇は身近な崇敬すべき存在として強く意識されるようになったという。

1928年の昭和大礼を前に、御大典記念事業の一環として大阪城天守閣の復興がなされ、奉祝ムードが一気に盛り上がり、さらに1929年には都市計画の

現状に並みなみならぬ関心を示した「陛下御自身の思召」で５度目の大阪行啓が成就されるに至っては、関西在住の知識人はこぞって、新聞・雑誌で天皇の「聖徳」を喧伝し、市民の天皇に対する忠誠心をあおり立てようとしたともされている[87]。したがって、三田谷の国家主義を基礎とする母性論の強調は、三田谷自身の天皇制に対する志向性もさることながら、むしろ、このような1920年代後半に大阪市周辺に顕著となった天皇崇敬論の高まりに迎合する形で表明されたものとも解釈できるのではなかろうか。

(3) 親の役割・育児の方法

ところで、第九巻では、①親の修養、②母性愛、③児童の発見が育児の核に据えられている。

① 親の修養

第九巻では、まず目標とする子どもの道徳性や宗教心の育成にあたり、親が生活を律して言動を慎み、さらには精神修養を重ねて自ら子どもの手本となるべきだという主張が極めて多い。先に挙げた西本は、「人間を作るための教育」で、「大人の一言一行は、常に子供に対して何等かの影響を与へるもの」で「吾々が子供に接している場合には、一定の智識を伝へているのみならず、同時に品性を陶冶し、人間を作つてゐるのであるといふことを忘れてはならぬ」と、子どもと関わるときの親の言動に注意を促し、それが道徳教育の根本にあることを指摘している[88]。

同様のことは、特集「家庭に於ける宗教教育の実際」でも読み取れ、宗教教育では親の宗教心が問題で、親が率先して節制と修養に努めなければならないという意見が、多くを占めていた。例えば、「『汝の若き日に汝の造り主を覚えよ』と。子供の心は純であるから、その若き日に純に神に対する畏敬の念、敬虔の念を自然に育てゝいきたいと思います。(…) 真に生きている人格者は生きた説教です。立派な言説よりも真に生きた宗教を持つ教師を絶対に要求します。一家に於ても真にお父様が、お母様が宗教の生活をして居るならば、一切の言葉に神や仏が現はれる訳であります」[89]「宗教心の芽生えは子供のうちから存在するものであるから、願くは家族に在つて、両親の敬虔な態度で之を教養したい。両親に宗教心あれば、日常の動作、礼拝等を見馴

れ聴き馴れ、何時しか児童に敬虔の態度を養ひ、宗教心の芽生えを成長させるものである[90]」などが、その典型として挙げられよう。

　このような道徳教育、宗教教育の担い手が、実際問題としては、母親を示すことは言うまでもない。母親こそが良き模範を示さなければならないという主張は、第九巻の社説からも一目瞭然であった。そして、どのような母たるべきか、具体例を示した母の典型が次々と例示される。「母の中の母、母の典型」は、「古往今来、凡そ偉人と呼ばれる人の母と見るに殆どその偉人の後ろに偉い母性のあつたことを見出すのである」と、偉人英雄の母に代表され、例えば日本では「吉田松陰の母」「中江藤樹の母」「乃木将軍の母」が繰り返し紹介されている。[91] 母の典型の例示は、さらに特集記事「古今東西名婦鑑」「児童教養温故知新」(第6号から第12号までの連載)として独立する。例えば、仏の大作家ヴィクトル・ユーゴーは、虚弱に生まれたものの「その母の熱烈なる愛と忍耐と注意とによつて、漸く壮健な男子に育ち、八十四歳まで生き永らへ、遂にその名は仏国の光栄となつた」のであり、合衆国大統領ジェームス・ガーフィールドは、「母は、事に触れ、物に当りて、愛国の義気を吹込み、勇武の精神を鼓舞することに怠らなかつた」と、称えられる。[92]

　この国内外の賢母の典型を紹介した特集は、翌年からの『母と子』へと引き継がれて行く。そして、母に最も要求されるのは、「母性の愛は凡そ自然に存する愛の中で最も力強いものである」という「母性愛」である。[93]

② 母性愛

　「母性愛」の重要性に言及した記事は、これまでも多数掲載されており、特に第五巻の『育児雑誌』への誌名変更以降で構築された新しい育児理念は、「科学」と「愛」の結合であったと考えられる以上、「愛」のあり方が議論の対象となるのは至極当然といえる。しかし、「母性愛」を表題とする第九巻第11号の社説で規定される「母性愛」は、これまでの記事で見てきた「親(母)の愛」に対する評価とは一変している。すなわち、

　「母性の愛は凡そ自然性に存する愛の中で最も力強いものである」「白髪の高年に至るまで母子のために犠牲になることを甘ずる愛がある。もし我が身は我子の代償をなし得るなら母は、我子の生命に代えて我が生命を捨

て〻顧みぬであろう」「母は我子の顔をまだ見ぬうちから早く愛して居る。胎動を感じるのは妊娠四個月頃からであるが、この運動がいかに母の心にうれしく響くであらう」「既にして我子が出生してこれを我が温き懐に抱くとき言ひ知れぬよろこびを感じ、子のために何物の犠牲も辞せぬ愛が起こるのである」「母は先づよき母になることの修養を怠つてはならぬ。それと同時に我子を如何にして最も善良に育て上げるかと言ふことを考へなければならぬ」[94]

　ここでは、第一巻、第五巻で卑下され非難の対象となった、「不合理」で「非科学的」あるいは「動物的」で「感情的」「節制に欠ける」「親（母）の愛」が、その「自然性」ゆえに賞賛されるという転倒が見られるのである。
　「母性愛」を称揚する記事は、野上俊夫の〈恋愛と慈愛〉の中の、「人間の愛、特に母の愛は誠に強く、深く、複雑に発達したものであつて他の動物には見られない力となつて居る」[95]、氏原佐蔵「日本の母性」、西村真琴「生きたるものゝ母性愛」などから見られる。さらに、「やさしい句、愛に満ちた言葉が今までどれ程多くの人々に心の糧となつたであらうか」という趣旨で、母子に通ずる愛を称えた連載「母と子を歌へる文学」も、その一貫として挙げられよう[96]。さて、子育てにおける「母性愛」の重視は、「科学的」育児法の質に影響を与えることとなっただろうか、次で検討してみよう。

③　児童の発見

　確かに第九巻の記事で際立った主題とは、「母性」の感化による子どもの徳性・宗教心の育成にあったが、注意深く読むと、科学研究の進展がいかに「児童の発見」に貢献し、子どもの教育・保護の理念や方法に変革を迫ったか、その歴史を総括する内容の記事も多く掲載されている。そして、この「児童の発見」が育児の中核であるという主張が続くのである。
　例えば、菊池俊諦「児童の発見」に代表されるように、近代の医学、教育学、心理学によって「児童の真の姿」すなわち、児童の「生活年齢と精神年齢の区別」や、「発達の違ひ」にみる「個別性」などが「発見」されるに至ったと総括される。そして、「児童の発見といふことは、教育の根本であり、育児の根本であると言はざるを得ない」[97]以上、教育・治療・職業指導・児童

養護の目的、対象、方法は、変化すべきだというのが次にみる主張である。

まず、武政太郎「現代心理学と教育の交渉」によれば、現代心理学の発展によって、教育は「被教育者の智能の度、気質、性格によって各々特殊に変化されねばならぬ」もので、その意味において「（教授）目的の実現は無限に可能ではなく常に一定の限界を有」しており、「被教育者の発達に応ずるように方法化されねばならぬ」ものとなったと指摘されている[98]。

また、田中寛一は「児童を知れ」において、「学校では、各児童の心身の特徴については正確な測定をなし、素質の程度を明らかにし、性能の上から分類して、職業分類表と照合して、各児童の成功しそうな職業の範囲を定めて助言を与へるべきである」という新しい職業指導のあり方が改めて強調されている[99]。

さらに、杉田直樹の「教育病理学の実用化」では、「特別の施設をする当事者は児童の個別的の天賦、性格、能力、異常原因等を明らかにし、家庭の努力と相俟つてその改善に力を致すことは甚だ価値の多いこゝ信じる」と、特殊教育の合理化が主張される[100]。

このような教育や保護理念と方法の実践は、学校関係者や職業指導の専門家、医者だけでなく、親にも要求されたといえる。武政によれば「その取り扱ふ児童をよく理解し、従来研究されてゐる一般児童に関する概念的知識によつて個々の児童を観察し、批判し、日々行ふ教育を各個に適当ならしめることに努めなければならぬ」のは、「教師たると、親たるとを問はず」必要とされた[101]。杉田では、「教育病理学が専門医師の手にのみ委ねられている間は大なる実績を期待し得られない。教育の衝に当る人々が、個別的差異の那辺までは生物的趨異であり、那辺より以上が精神病的又は精神変質的異常であるかを鑑別し、又その異常が治療可能なものか否かを診断洞察して之に適当なる処置を施して行くやうにならなければ本当の教育治療の普及とは言へない」として、「教育父兄が個人的差異の源泉にまで立ち入って徹底的に着眼し研索する」ことが切望される[102]。

ここで、親に期待されている役割をもう一度注意深く見てみよう。親は、「従来研究されている一般児童に関する概念的の知識によって」「児童を観察し、批判する」、あるいは「個別的差異の源泉まで」「徹底的に着眼し研索す

る」ことによって正常と異常を「鑑別し」、治療の可否を「診断洞察」するという、専門家の態度を模倣することにより研究者のように子どもと関わる新しい方法が示されたことになる。そこでは、親が「従来研究されている一般児童に関する概念的の知識」に疑問を呈したり、検証し、批判や新しい解釈を加えることは想定されていない。このことは、専門家と親、子どもの三者関係の微妙な変化を示すものと思われるので、さらに詳しく論じてみよう。

(4) 専門家―親―子どもの関係

　第一巻の主張された「科学的育児法」における「科学」とは、専門家主導で、学術的な子ども認識の方法を親の子ども観に移植することであったのは、繰り返し確認してきた通りである。一部の親たちが、子どもの「身体発育指標」や「心理的発達段階」「個性」といった専門家が提示する「子どもを測るものさし」に反応し、それらを尊重して忠実に子育てに臨もうとしていたことは、第二巻で紹介された「良い親」の例や、第六巻の「私の愛育方針」からも明らかであった。

　確かに、第九巻でもそうした親子関係の間に「科学」を介在させる育児が理想とされているわけだが、第一巻と比較して記事の構成が大きく変化していることに注目すると、専門家と親は「科学」を共有して、育児に取り組む対等な関係ではなく、親は一方的に専門家の指導下に置かれる関係へと立場が変化していることがわかる。

　ここで、第一巻の第4号、第八巻の第9号、第九巻の第10号の目次を比べてみよう。すべて10月に発行された号を選んだのは、季節の注意や学校行事に関する話題が少ないからである。先にも簡単に触れたが、学術動向や実験・調査結果、社会問題、民間療法に対する批判が掲載されていた第一巻と比べて、第八巻、第九巻は子どもの日常生活や家庭での事象に限られ、栄養・睡眠・運動に関する技術的な配慮や疾病予防と対策、「心」の問題へと大きく傾斜している。第九巻では、実用的な記事が大半を占めるといってよい。

　以上にみてきた記事構成の推移は、日本児童協会が示す理想の育児におい

表14　第一巻・第八巻・第九巻の目次比較　　（掲載順　一番上は社説の論題）

第一巻第4号	第八巻第9号	第九巻第10号
児童問題好望の秋	善を積む心	我を与ふるの心
腺病質に就て(上)	絵画に関する教育	学習の効果を増す法
児童に適度の眼鏡を与へよ	子供本位の屋外運動場	乳幼児の睡眠について
児童の神経質(下)	異常児童発生の特殊なる一原因	秋に於ける小児病の予防と手当
児童身体の右と左	子供に不良性を見出した時	母乳の話
市内児童の娯楽の研究	少年の職業選択について	学齢児童の栄養について
在校中の体格の異動と生月別と成績の関係	戦後の独逸に於ける私生出産	初生児の運動の発達に就て
少年期の教養と社会の責任	子供の左利は矯正すべきか	盲啞児の心理と教育
畳に就ての注意と少年期の鼻	感冒と感冒に罹り易い体質とは次のような原因から来る	児童課外読物について
勉学心自発に就て	コドモの遠足の効果について	家庭に於ける芸術教育
所謂不良少年と健康者と同一に取扱つてはならぬ	視力保護学級	児童健康相談に対する要望
全市の学校児童人口より低能児を見出す調査	子を持つて知る子の恩	人口問題の第一義
民間療法による回虫駆除の成績	学童の健康相談	名婦鑑(五)ブース大将夫人
	現代婦人座右銘	温故知新(五)宇保先生の婦女訓
	入学試験廃止問題	母と子を歌へる文学
	コドモ教養相談	

て、「科学」と「愛」が不可欠の要素とされたのは確かだが、それは、専門家と親、すなわち母親の間で役割分化すべきものであるという、専門家と親との関係の変化を反映しているといえるのではなかろうか。一方、子どもは尊重されるべき存在として、子どもの言動を縛り特定の方向へと形づけようとする発想は、日本児童協会の育児論のなかには出てこない。育児は、あくまで親と専門家の問題として片付けられるのである。

　以上のことを踏まえて、最後に、日本児童協会の機関誌に関する分析結果を要約してみよう。

　日本児童協会の育児論は、子どもに関する最新の学術動向や教育実践、社会事業の推移などの情報を提供し、子どもに関わる親の意識や態度に自省を促し、親世代からの知恵の継承や伝統的慣習とは異質の生活規範を構築することで、婉曲的に子どもを変えようとする「親の再教育書」としての性格を持っていた。その意味で、日本児童協会の運営は、新しい育児概念の構築を志した三田谷の意志が直接的に反映された実践であったといえた。

　1920年の機関誌創刊時は、欧米列強と比肩し得る国家建設に向けて人口増

加と子どもの「体力」や「健康」の強化を達成するために「専門家主導による科学的な育児法の普及」が目指されたが、その育児法とは、ある特定の学説や理論に依拠する育児法ではなく、子どもを研究対象として観察・測定・分類する認識手法を親子関係に導入し、個別に保護・教育することを意味した。ただし、専門家と親の関係は、相互に最新の学術的知見を共有し、養育主体である親に専門家が指導・援助という形で同伴しようとする方向から、次第に、専門家が選別し提示した一方的な情報や意見に親が従うことが期待されていく。その不均衡な力関係のバランスを取るような形で、親にしかできないこと、特に母親の愛情や精神的感化力が重視され、学校教育ではなく家庭内での「徳性涵養」や「道徳性」「愛国敬神の念」の育成が目標に掲げられて、それを達成する方法として「母性愛」や「母親の精神修養」が強調されていったといえた。結局のところ、日本児童協会を通じて三田谷は、「科学」への依拠と「母性」の称揚という「育児」の新しい典型を提示しようとしたと結論づけることができる。

(5) 『母と子』へ誌名変更後

　こうした「科学」への依拠と「母性」の称揚という育児理念は、実際問題として、三田谷が日本児童協会を設立する以前の思索過程ですでにその要素は胚胎されていたものであったことは、第1章で行った三田谷の論文・著作の検討からも明らかである。再度確認するならば、三田谷は、日本児童協会を通じて育児啓蒙に専念する前段階での執筆活動を通じて、①児童学による育児の合理化・科学化、②心身ともに健康な子どもの育成による国力増強、③産育主体としての女性役割の規定と「母親改造」を企図していた。結局のところ、育児の現場を学術、つまり「科学」によって刷新させようとすると専門家の権限の拡大強化へとつながり、一方で養育主体をあくまでも母親であると規定する以上は、育児に関する知や技術を担当する専門家に対して母親の役割を明確に規定していく必要から、自ずと母親の「愛」や「心」のあり方を重視する方向へと向かうというように、「科学」の徹底が「母性愛」の重視と連結するのは、三田谷の論理にとっては必然的な帰結であったといえる。

そして、その後は三田谷の育児啓蒙活動は、新しい「育児」概念を構成する二要素のうち、前述した通り、後者の母性教化に重点を置くようになっていく。

三田谷の「母親教育構想」の検証を試みた村田によれば、「児童教養」から「母性教養」へと編集の方向転換を遂げた『母と子』では、偉人の母親の伝記、文学、回想録などが中心の誌面構成となり、「抽象的で慈愛に満ちた理想的な母のイメージ」が繰り返し語られるようになるという。三田谷の1930年代の著作は、子どもに関する情報提示よりも、母親としての心構えや責任を説くものが圧倒的に多くなり、さらに自ら1929年には「母のための展覧会」を、1930年には「子どものための展覧会」を三田谷治療教育院で開催し、「母親気質」や「母の修養」「各方面より観たる母」など、理想的な母親像を具体的に示す写真や文学作品などを陳列展示する試みを本格的に開始する。

1931年の『母のため子のため』では、「明治大帝の御製」とされる「国のため力をつくさむわらはべを教ゆる道にこころたゆむな」を引用し、「日本の全国民がこのみこころを拝戴して真剣に児童の教育を行つたら、日本は世界一の国になれる筈である」として、国家創設の偉大な「大帝」である明治天皇の再評価と結びつけて、国民の課題としての児童教育の気運を高めようとした。同じく1931年の『我子の愛育法』では、「日本の国民の教育は、母の手によつて行ふべしとの覚悟と決心とが我国の母性を支配するやうになつたら、日本は世界で最良の国になり得るでせう」と言い、母性教育の必要性を力説する。その論調は、1932年の『愛児の導き方』で最高潮に達し、「<u>母よ醒めよ、醒めて真の母性に立ち帰れとは、私が数十年来叫んで来ました言葉であります</u>。今日の如く、母性の修養を要求することの切迫して居る時代は、少いと思ひます。日本の母性がつよくなり、知識を磨き、性情を練り、意志の力を養つたなら、世界で最も優つた母になれるとかたく信じます。私は我国の母性が国家百難の秋に方つて、真剣の態度をもつて、修養して貰ひたいと切望するものであります」となる。

そして三田谷は、1927年に三田谷治療教育院の大阪分院において小規模ではじめた「母の会」組織を、1931年には支部を拡大して関西連盟を結成し、

ついには1933年に全国組織を持つ「日本母の会」にまで発展させ、「母よ醒めよ、醒めて真の母性に立ち帰れ。さらば我国の祖国には永に平和と幸福あらむ」という宣言を行うにまで至る。

　ところで、こうした三田谷の母性教化活動への傾斜は、三田谷の内的転向に還元される問題のみでなく、時流に乗った方向転換であったとも考えられる。

　近年、日本における近代家族の登場や家庭教育論・良妻賢母思想の勃興についての史的考察が進むなかで、第一次大戦から第二次大戦の戦間期を境に、都市の新中間層を例として、母親が家庭生活の運営における主体的責任者として位置づけられ、家族成員間の「情愛的結合」の核となることが期待されるようになったことが指摘されてきている。女性雑誌や新聞などのメディアの母親役割に関する言説の変遷や、女子教育において要請された新たな性規範、生活改善運動や家庭教育振興策など国家による新しい家庭秩序の制度化などの動向に注目した先行研究を参照するならば、母親が家庭教育の最適任者として重要視され、学校教育や家庭外の領域では実現し難い、子どもの精神的ケアが、子どもの身体的世話や知的発達の促進以上に必要とされ、例えば「母性愛」という形で母親に課せられるようになったと整理することができる。[107]

　ところで、三田谷の活動拠点であった児童保護事業の先進地、大阪市では、早くも1920年代末には、①「第二の国民」たる児童の健全育成を出生前の段階から実現すること、すなわち母性保護を児童保護の出発点に位置づけ、妊産婦の健康を公的管理の対象とすること、②出生後の乳幼児の養育は、「家庭内」の「母親」が主たる責任者であると規定し、施設を拠点にするのでなく家庭訪問による指導を徹底させ、家庭教育の充実向上をはかるという試みを、いち早く制度化する。大久保直穆が中心となって設立された大阪乳児保護協会と、さらにその業務を児童保護事業の形で結実させた日本で最初の小児保健所の開所がそれである。

　1927年1月に発足した大阪乳幼児保護協会は、同年10月に「乳幼児保護指針」を発表し、従来社会事業において分化されていた妊産婦保護と乳幼児保護を一体化させ、児童保護事業の起点に母性保護を組みこみ、以下のような

方針を打ちたてる。

　今日の児童保護は此の如く社会の一部に局限したものでは無く、広く国家民族の小児を保護し生れた小児の一人をも失ふことなくして、良く之を養育し愛護せんとするのである。然かるのみならず、更に進んでなるべく優良な素質を有する小児を得んと欲するがために結婚にまでも一定の保護を加へて小児の生物学的遺伝を良くし、且、妊婦、産婦並に母性を保護して、其健康と教育を増進し母性の力に依て身心共に優秀なる児童を養成して将来民力の維持と発展とを期せんとするのである。(108)

すなわち、「母性保護」の性格は、女性それ自身のためにある「女性保護」ではなく、「小児の年齢」に即して、出生前の児童保護のことを「母性保護」と名称するに過ぎなかったのではなかろうか。それは厳然たる性別役割意識――「人類は両性があり男女には生理的必然の差別がある。此の差別を基として男女は相協力し、苟も人類の生存を脅威するが如き害物を除去し、予防して以て社会の福祉を増進するのは自然の道である。然るに人類福祉の第一条件としては、先づ健康にして有為な子孫を養成するに在る。此は蓋し民族福祉の基礎として、実に女子の使命である」(109)――を制度上で正当化したものであったといえる。

　さらに、この「乳幼児保護指針」では、乳児期は、「母と離れては生存し難い時期になるを以て母の家庭を向上し、家庭内に於て十分なる保護を与へなければならぬ」「今日の児童保護の理想とする所は現今行はれつゝある所の種々なる施設に依り、一般家庭の知識を進め、家庭をして小児を母自身の手で養育せしめやうと云ふのである。蓋し小児の身心の発育は乳児院や託児所などに収容するよりも家庭に於てなるべく長く母の手元に置くほうが遥かに結果がよいと云ふ多年の経験もあるのである」(110)として、家庭の母親に養育の主導権を与えようとする。

「乳幼児保護指針」に即して1928年に設置された小児保健所は、頓挫した児童相談所のように、あらゆる児童問題に対応できるようにサービスの種類を広げ、市民の自由意志に任せて施設来談を待つといった受け身の姿勢では

なく、その業務の「最も重きを措くのは保健婦の家庭訪問によるところの家庭保護であ」り、「家庭をして衛生的、経済的、道徳的等の生活のあらゆる方面を向上せしめ、其の向上したる家庭において、小児の健康なる発育を期するのが主眼」として、行政が家庭生活に直接介入して、母親に対してより積極的な育児指導を実行するものであった。

　三田谷は、この乳幼児保護協会の理事に加わるが、この小児保健所が設置された1928年に先立ち、自らは阪神間精道村に三田谷治療教育院を設立して、活動拠点を大阪市中心部から移す。小児保健所が、児童相談所によって目標とされた「一般児童の健康の維持と増進」という課題を、母性保護と家庭にある母親に対する育児指導の強化という方向で継承しようしたのに対し、三田谷は「市民の理解」と「地の利」に恵まれなかった問題を克服すべく、阪神間に場所を替え、その課題を継承しようとしたのだった。

第3章　郊外生活者層の新興 ――「健康」の希求と子どもへの関心

1　三田谷の啓蒙対象として注目すべき層

(1)　協会の運営

　三田谷は、日本児童協会の設立により、行政の児童保護事業とは一線を画す自由な言論活動の場を確保したわけだが、その場合、自らの理念がより効果的に実現されるように、活動地域や啓蒙対象を選別していたと考えられる。三田谷の育児改革構想、すなわち、既存の育児の科学化と「産育主体」としての母親の再教育による、心身ともに健康な子どもの育成とは、それ自体が日本人種改良という優生学的発想を基礎としていた以上、あらかじめ淘汰された理想的な条件下で、高い成果を挙げることが目指されたと思われる。その意味で、三田谷がどこに向かってはたらきかけようとしたか、それに対してどういう人たちが反応したのかを検証する作業は、重要な課題といえよう。したがって、まず、協会機関誌の購読者を手がかりに、三田谷の活動の受容者層を可能なかぎり特定してみたい。

　日本児童協会は、以下のように、会員制を敷いていた。

日本児童協会規定：第四条　本会ノ趣意ニ賛成者ハ会友タルコトヲ得
第五条　会友ハ第三条ノ事業ニ関シ本協会ヲ利用スルコトヲ得
第六条　会友ハ一ヵ年金三円ヲ納ムルモノトス
第七条　会友ハ本会ノ機関雑誌日本児童協会時報ヲ無料ニテ頒布ヲ受ク

　会友が義務づけられていた会費の納入額は、会友に無料頒布される機関誌『日本児童協会時報』の年間購読料に一致することが、各号末尾の記載から明らかである。

```
定価    1冊 …… 郵税共30銭
        6冊 …… 郵税共1円60銭
       12冊 …… 郵税共3円
```

　日本児童協会の会費、すなわち機関誌購読料を当時の米価と対比してみる。1918年8月12日に大阪で起きた米騒動前後の米価（1升あたり）が年初に25銭、7月初で30銭、8月1日には39.5銭、米騒動当日にあたる8月12日は56銭と高騰していくが、日本児童協会の会費は高騰していく直前の7月はじめの米価と同額である。さらに、大正中期大阪市のスラムの一郭であった今宮付近の貧家の主婦による内職、鼻緒仕上げが1日分100足で15銭、提灯製造が1日分50個で25銭、紙函貼りが1日分500個20銭という相場であったことを考えあわせると、下層市民が1日働いてやっと手にする米代が、機関誌の1冊分の誌代にあたることがわかる。

(2)　会員数の年度別推移と地方別分布

　新入会員または法人の住所・氏名は雑誌の末尾に紹介されている。「申込順」に従い列挙されており、氏名の五十音順や居住地ごとの整理はされていない。また「承前」「以下は次号」との断り書きのあるように、誌面の空白を利用しての紹介であり、前月までの入会者を次号に必ず載せるといった厳密な手続きは取られていないように思われる。したがって、会員数の統計は各年ごとに地域別に取るのが最も適切と考えられる。ところで、ここで注意したいのは、会員数に関する情報が1925年の『育児雑誌』第六巻までしか掲載されていない点である。それ以降は、全く会員が入会していないのか、それとも単なる編集上の都合で記載がないのか、非常に判断が難しい。先に紹介した、日本児童協会などが主催した講演会の開催も、『日本児童協会時報』『育児雑誌』の記載からのみ判断した場合、最初の2、3年は活況でその後回数が減少していくかに見える。これら二つの傾向は、三田谷を中心とする活動が沈滞化し次第に支持者を失っていったものと解釈できる一方で、三田谷の活動の意義をわざわざ宣伝すべきもの、あるいは新規なものとして衆目を集めた段階から、むしろごく当たり前の身近なものとして日常に普及し、「書きたてるほどのもの」ではなくなったとも考えられる。また、会員数の

記載がなくなる時期は、三田谷が母性論に比重を置き、初期とは異なる啓蒙方針を掲げるようになる時期と重なってくる。今のところ、会員数のその後の増減を確認する資料がないため、性急な結論は控えるべきだが、この日本児童協会の機関誌が1929年に『母と子』と誌名を変え、戦後までの約40年間出版され続けたことを考えれば、この空白の期間に会員の新規参入がなかったと断言することは難しいと思われる。

表16　日本児童協会会員数の年度別推移及び地域別分布　　（単位：人）

年度	1920年 大正9	1921年 大正10	1922年 大正11	1923年 大正12	1924年 大正13	1925年 大正14	
巻数	『時報』一巻	『時報』二巻	『時報』三巻	『時報』四巻	『育児』五巻	『育児』六巻	累計
総数	94	945	517	173	236	49	2,014
大阪	57	473	256	30	96	22	934
阪神間	25	80	33	91	19	1	249
内訳（住吉村）	(1)	(19)	(5)	(4)	(3)	(0)	(32)
（精道村）	(5)	(20)	(7)	(61)	(8)	(0)	(101)
（御影町）	(14)	(16)	(5)	(2)	(5)	(0)	(42)
（本山村）	(5)	(1)	(5)	(9)	(0)	(0)	(20)
（西灘村）		(1)	(1)	(0)	(0)	(1)	(3)
（その他）		(23)	(10)	(15)	(3)	(0)	(51)
神戸	2	15	8	1	4	0	30
東京	3	38	11	6	8	3	69
地方＊	7	339	209	45	109	23	732

＊興味深いことに、『日本児童協会時報』『育児雑誌』は、広く中国・四国・九州・東北・北陸・北海道と広い範囲にまたがって、会員を獲得していた。

会員数の記載がある範囲についての分析では、以下のことが明らかといえる。

統計上把握できた6年間の会員数2,014人のうち、2年目の大正10年までに入会者は1,039人と全体の約半数を占める51.59％に達し、3年目には累計1,556人で全体の77.26％に至り、その後入会者の伸び率は落ちる。大正10年11月に大阪市を中心に「児童愛護宣伝デー」が開催され一般市民から大きな賛同を得て、翌年には全国各地で類似の催しが開かれたことからもわかるように、最初の2年間は児童愛護に対する意識啓発が進んだ時期にあたる。一方、大阪府内の入会者総数は934人で全体の46.38％にあたる。毎年の入会者の約半数が大阪府の在住者だが、大正12年のみ阪神間の入会者が173人中91

人と約半数を占めた。大正12年は、三田谷が阪神児童相談所を精道村（現・芦屋市）に開設し、精道村を拠点にした活動を開始したからであろう。ところで、阪神間の入会者総数249人のうち、精道村居住の入会者は101人で40.56％にあたり、全体2,014人中の5.0％となる。

　ここで、三田谷と精道村との関係に注目してみよう。三田谷は、1920年の日本児童協会設立の4ヶ月後には、精道村地域住民と共に児童学会の地域組織のひとつ精道児童学会を発会し、さらに1923年には新築されたばかりの日本一近代的とされた精道村役場で阪神児童相談所を開設している。そして最終的には、村内に1927年、三田谷治療教育院を開設し、大阪市内にあった日本児童協会の事務所や精道村役場内の阪神児童相談所を院内に移転集約させ、終生の活動拠点と定める。三田谷にとって、精道村はどんな意味をもっていたのか疑問が残るだろう。

　確かに、精道村は、日本児童協会の会員数の全体に占める割合は5％程度で、村規模では他地域に比べると三田谷の影響力が比較的及ぶ範囲だったと想定できなくはない。が、それでも1923年の村人口19,245人に対して会員は0.5％、全戸数6,012戸のうちの1.7％にすぎない。単に三田谷の地元として、隣人たちが彼の活動に興味を示し、他より若干会員が多かったに過ぎないのだろうか。

　ここで、三田谷の掲げた育児改革理念と、精道村発展の経緯や移住者層とその生活様式との相関を調べると、精道村は活動基盤としてひとつの重要な意味をもつことがわかる。さらに、精道村に住む少数の会員は、先行研究において指摘されてきた、近代的な育児をいち早く実践していく「都市の新中間層」のひとつの原型と見ることも可能となる。そこで以下では、精道村の立地条件、郊外住宅地としての形成過程、そこで理想とされた家庭生活のモデルを再確認し、三田谷の掲げた育児改革を受容しようとした人々について、可能な限りその具体像を把握し、なぜ三田谷が精道村を拠点に選んだか解明してみたい。

2　郊外生活者層の新興と健康の希求

　現在の兵庫県芦屋市にあたる武庫郡精道村は、三田谷の出身地有馬郡塩瀬村（現・西宮市）とは六甲山麓を挟んだ南側に位置し、大阪・神戸の二大都市の中間点にあたる。1888年（明治21年）の市制・町制公布に伴い、芦屋村、三条村、津知村、打出村が合併されてできた精道村は、大阪・神戸が日本資本主義経済の成長の主要舞台として飛躍的な発展を遂げていくのと並行して、阪神間の交通網の整備を背景に、一農村から恵まれた条件を兼ね備える郊外住宅地として大きく変貌を遂げていったのである。ここで、郊外住宅地としての精道村の形成過程を交通機関の発達から追跡してみよう。

(1)　交通網の発達による郊外住宅地精道村の形成

　国鉄中心であった東京と比較して、関西は「私鉄王国」と称されるほど私鉄経営が充実していた地域だが、阪神間の私鉄の乗り入れは、阪神電気鉄道（以下阪神電鉄と略）が1905年（明治38年）に大阪出入橋―神戸三宮間に開通したのが最初であった。それを契機に精道村では芦屋、打出に停留所ができ、駅周辺の扇状地を中心にして大阪、神戸の実業家、紳商の邸宅が立ち並ぶようになる。一方、北部山側でも、後述するが、佐多愛彦の松風荘など別荘地開拓が並行して進んでいく。

　阪神電鉄に遅れること8年余りの1913年（大正2年）8月1日には、大阪―神戸間に国鉄東海道線が開通し、国鉄芦屋駅が開設される。続いて、海沿いを走る阪神電鉄とは対照的に、山沿いを走る阪神急行電鉄（以下阪急電鉄と略）が1920年（大正9年）7月16日に開通し、その間を走る国鉄より北側に、芦屋川停留所が開設される。

　以後、精道村の中央を南北に流れる芦屋川を中心とした住宅地の発展は、早くも昭和初年ころには飽和状態となり、南側から進んだ市街地が北側の丘陵地帯にまで延びていった。1927年（昭和2年）4月には、阪神国道（現在の国道2号線）が開通し、7月には国道上を走る路面電車が開通し、山打出、芦屋川、津知と三つの停留所ができる。

以上、精道村はわずか20年の間に、村内南北1キロメートルの間に計4本の鉄道と1本の幹線道路が並行して走り、七つの駅が設置されることとなったのである。
4)
　このように急速な交通網の発展によって、村の人口は約5倍にまで膨れ上がったことが、以下の表からもうかがえる。
5)

表17　精道村の住宅戸数と人口の変化　　（単位：人）

年	1889年 (明治22)	1909年 (明治42)	1914年 (大正3)	1925年 (大正14)	1927年 (昭和2)
住宅（戸）	597	762	1,131	3,598	6,012
人口（人）	3,285	3,904	5,298	19,245	20,779

　ちなみに精道村が、都市への通勤通学圏であったことはすでに検証ずみである。一例を挙げるならば、大阪市近郊から大阪市への通勤通学者数に関する1930年10月の統計によれば、通勤通学者総数63,981人のうち、兵庫県から35.1％にあたる22,427人、武庫郡は13.7％の8,738人、精道村は4.1％の2,598人で、群をぬいて多いとされている。
6)

　上記より推察すると、精道村の住民層は、都市を勤務地とする俸給生活者が多くを占めていたといえる。1929年7月31日付の「神戸又新日報」に報じられた西宮税務署管内の昭和4年度第三種所得税額に関する記事を見てみよう。
7)

表18　昭和4年度　西宮税務署管内　第三種所得税額の地域別・種類別比較

村名	西宮	今津	精道村	本庄	本山	魚崎	住吉	御影
所得税額 （千円）	8,603	2,231	10,404	1,145	1,731	1,799	7,690	6,783

種類別	農業	賃貸 住宅	商業	工業	配当	俸給	貸与	山林	恩給	その他
所得税額 （千円）	603	5,301	2,798	1,096	13,000	11,823	7,233	45	467	2,651

　1929年7月31日付の『神戸又新日報』の記事は、上記の結果に対して「合計四千五百一万六千円で、さすが芦屋のブルジョア地帯を持つた精道は断然

他の市町村を抜いて、西宮市よりも上位を占めてゐる。これを種類別から見ると配当と俸給が大部分を占めてゐる。配当の多いのは住吉の3,568、精道3,079、御影2,111といふ順序で、俸給は精道の2,937、西宮2,066、御影1,549、住吉1,543となつてゐる。これによつて阪神沿線の富豪地帯の分布状態が明らかに判然するわけである」と結論づけている。[8]

このように精道村は、阪神間の交通網の発達に伴い、自然発生的に住宅形成が遂げられ、人口が集中したかに見える。しかしながらそれは、大阪市の政財界及び学術界が一体となって計画的に推進させた都市民の移転構想による結果であった。それがいかなる構想であったか、以下で確認してみよう。

(2)「健康地」としての精道村の開発構想

第一次大戦を契機にアジアの生産拠点として工業発展を遂げた大阪市が、人口の一極集中と公害による生活環境の非衛生化、住宅難、犯罪の頻発など都市固有の問題が顕在化し、行政主導による社会事業の取り組みが本格的に始動していたことは、先に紹介した通りである。特に、大阪市では全国で最も高率であった乳児死亡率の低減に向けて、社会事業の対象として子どもを自治体の保護管理下に置き、子どもの健康を社会的に追求すべき課題として位置づける先駆的な試みをはじめたことを、市立児童相談所の設置を例に指摘してきた。

ところで、この大阪市における「健康の追求」とは、当然のことながら子どもに限定された課題ではなく、健康とは大阪市民にとって重要な関心事であったといえる。そこで注目を集めたのが英国流の「田園都市構想」であり、政財・学術界は「不健康地」大阪からの市民の移転を模索しはじめたのであった。

この「田園都市構想」とは、都市部の喧騒と汚染を嫌って郊外に居住する生活様式のことで、産業革命の本場英国で20世紀初頭に推奨されたものである。その代表例には、1905年にロンドン北部に開発されたハムステッド田園郊外住宅が挙げられる。[9] この英国の「田園都市構想」には、内務官僚がいち早く大きな関心を示したとみえ、先に大阪市の児童保護事業の推進にも指導者的役割を果たしたとして紹介した、生江孝之もイギリスに視察に訪れてい

図4 大阪市への通勤・通学移動
(新修大阪市史編纂委員会編『新修 大阪市史第10巻 歴史地図・解説』
添付の「図7 昭和初期の大阪―第2次市域拡張後」 国立国会図書館所蔵)

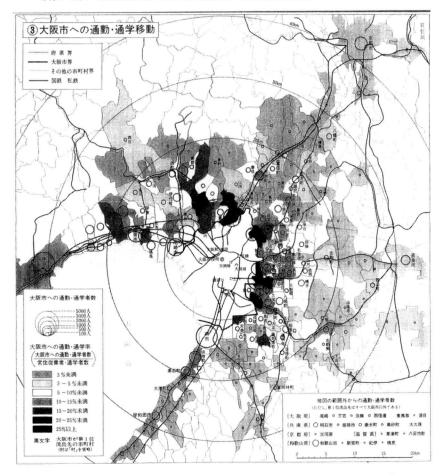

122　第3章　郊外生活者層の新興

るほどである[10]。

　市長として大阪市の抱えた都市問題の抜本的な改革を図った関一も「田園都市構想」には早くから興味を示しており、すでに大阪市に赴任する前年の1913年に、「花園都市ト都市計画」という論文を発表し、都市への人口集中に伴う住宅問題は緊急を要する課題であるとして、ハワードが唱え実行に移したレッチワースの田園郊外住宅の例を詳細に紹介しているという[11]。関は、都市問題の解決のために都市計画を重視しており、都市計画の目的は都市部をビジネスセンターに改造するなど都市の経済機能を高め、郊外住宅地を開発し、高速鉄道によって都市と郊外を結んで人口の分散をはかり、緑地を保存して「中下層階級」の住宅と居住環境を保全すること、すなわち「住みよき心地よき都市」を建設することにあるとした[12]。

　ただし、この関の都市計画案からも察せられる通り、英国の「田園都市構想」と大阪のそれとには決定的な違いがあった。前者が都市近郊に職場となる産業を誘致し「職住近接」の独立性の高い都市機能を備えることを目的としたのに対し、後者はあえて「田園郊外構想」と区別される通り、都市の通勤圏に位置する郊外に住居を構える「職住分離」の町づくりによる暫定的な解決策を提示したに過ぎなかった点である。それは、郊外へ脱出できるだけの余裕のある一部の階層に優遇的な策に過ぎず、真の意味で救済を必要とする下層の人々の住宅難に対処する抜本的な解決策を打ち出せないままの、現状肯定的な性格の強いものであったという[13]。

　ところで、このような「田園郊外構想」というある種ユートピア的発想を開花させる場所として選ばれたのが、大阪―神戸の中間地帯であった。大阪市の住宅問題を解決しようとする関一の施策には、阪神間の住宅地が念頭に置かれていたとされるが[14]、実際に阪神間の郊外住宅地開発の推進力となったのは、この区間に乗り入れた私鉄の経営戦略によるところが大きい。阪急電鉄の経営者として名高い小林一三（1873-1957）の「宝塚戦略」[15]に見られるように、都市からの脱出と郊外住宅への移住は、自然立地の良さを最大限に生かし郊外を新たな生活文化圏として確立させようとする私鉄の計画に、市民、特に俸給生活者が属する中流階級家庭が誘導される形で実現されたのである。

(3) 郊外生活による健康の獲得

　小林一三が、1910年の箕面有馬電気軌道（1918年に阪神急行電鉄と社名変更）の開業にあたって配布したパンフレットで、大阪市の「出生率十人に対し死亡率十一人強」とは対照的に、郊外ではいかに人間的な生活に適しているか強調し、「郊外に居住し日々大阪に出て、終日の勤務に脳漿を絞り、疲労したる身をその家庭に慰安せんとせらるる諸君」を購買層と見たて、沿線の住宅分譲を大規模に行い、集客率の増大に成功した例はあまりに有名である。[16]ところで、経営規模や文化戦略こそ阪急電鉄に劣るものの、阪神間を「健康地」という付加価値のついた住宅地として商品化したのは阪神電鉄が最初であった。ここで興味深いのは、阪神電鉄における郊外住宅の開発コンセプトの創案に、三田谷の母校校長であった佐多愛彦ら大阪医学界の重鎮が関わっている点である。[17]

　阪神電鉄は、1905年（明治38年）に阪神間で最初に営業運転を開始したが、[18]その3年後の1908年、沿線開発に先んずるため、専務取締役今西林三郎の発案で、医療関係者の講演録や論述を取りまとめた「市外居住のすすめ」というパンフレットを発行し、はじめて阪神間を「健康地」として売り出した。この「市外居住のすすめ」[19]には、医学の言説を借りた移転推奨論が展開されているが、その典型例を大阪長谷川病院院長　長谷川清治の「阪神付近の健康地」、大阪医学校校長佐多愛彦の「都市と田園附市外生活の幸福」から見ることができる。[20]

　（上略）抑も健康地即ち養生地なるものは、洋の東西を問はず南に海を控へ北に山を負ひ居る箇所を最良とすることは一般の定論になつて居る、斯る箇所は冬暖かく夏涼しく寒暖の差甚だしからざる為めであつて<u>西宮神戸間は実に此健康地として最良なる要素を具備して居る</u>。（…）斯く便利で風景もよく健康に適する土地は他に多く類を見ざる所で、療養所としての成績も甚だ佳良である。即ち一昨年来西宮、打出、芦屋、深江、青木、魚崎、住吉辺に身体虚弱なる人、慢性肋膜炎、或は慢性腹膜炎、肺炎加答児の病に罹つて転地療養をなしたるものに就て成績を聞くに永く滞留した

人々は多く全快せしとのことであつた。

　（上略）大阪は世界中の都市の内でも其面積の割合に人口の頗る多き事、道路の極めて狭溢なる事、家屋の暗陋なる事、公園の無き事、煤煙の甚だしき事等総て不健康なことにかけては殆ど他に其類を見ぬ位の劣等な土地である。将来其市区の改正、建築法の設定、工場法の施行、衛生法の進歩、公園の新設等に依つて、漸次其弊害を除いて行かなければならぬが、此等は皆永久に亘る至難の問題であつて、一朝一夕に其目的をば達し得べきことではない。されば差当たつての所では、斯る不摂生の土地を立退いて、唯勤務の場所として、別に市外交通の利便を見計つて、楽しき田園生活に付くべきことは特に其必要とする所であると私は再び諸君に勧告する」

　阪神電鉄は、経営戦略の一環として、上記のような権威ある医者の科学的見解を巧みに利用し、市民に健康的な郊外生活をイメージさせようとしたが、このような私鉄の誘導に最も惹きつけられていったのは、精道村の住民像の例からもわかるように、都市在住の俸給生活者であった。その背景には、俸給生活者がその出自において固有に抱えこんでいた健康不安と無関係ではなかったと考えられる。1920年代にかけて健康への欲求が高まる過程をラジオ体操の誕生から分析してみせた黒田によれば、「農村共同体においては、個々の身体は生殖によって再生産され維持されていき、また生産活動においても、他の身体と代替されうる身体として把握されていた」のに対し、1920年代に至って増大する工場労働者をはじめとする俸給生活者層は、「みずからの身体にだけ依存して生活する人々」であり、「旧来の共同体、そして『イエ』を離れて都市に『家庭』を持った人々」の「身体は家庭を背負う一回限りの固有性をもつたもの」あるいは「道具性」として認識されていたという。すなわち黒田は、俸給生活者にとって身体は唯一の「資本」であり、身体の健康は「イエ」という拠所を喪失した彼等にとって不可欠の、ただしきわめて不安定な生存基盤であったと看破するのである。[21]

　このように阪神電鉄および関西私鉄各社は、俸給生活者を中心に大阪市民の健康不安を言葉巧みに挑発し、沿線の住宅開発を皮切りに、新鮮な空気と

図5 大正・昭和初期における阪神間と精道村の地理的関係
　　（阪神電鉄（株）発行『阪神電気鉄道八十年史』 昭和60年刊、554-555頁より）

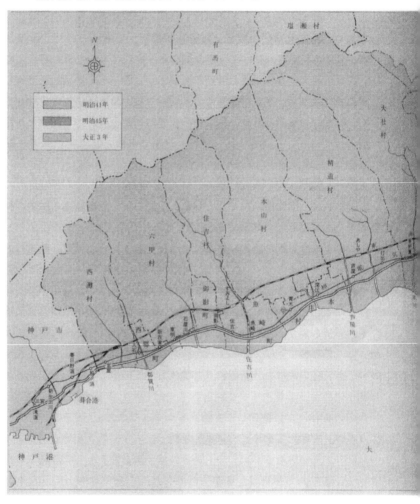

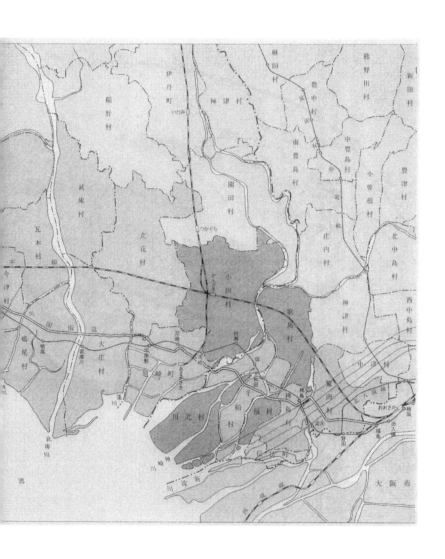

2　郊外生活者層の新興と健康の希求

図6 阪神間の住宅開発一覧
『阪神間モダニズム』淡交社 平成9年刊、54頁／大阪朝日新聞、昭和4年11月1日、「兵庫県交通線路及び史蹟」より作成／資料提供芦屋市立美術博物館

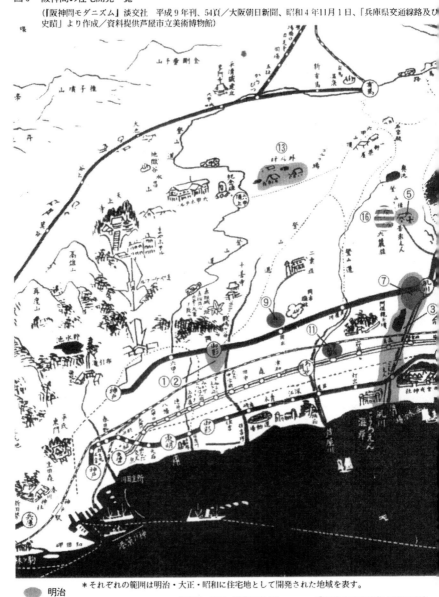

*それぞれの範囲は明治・大正・昭和に住宅地として開発された地域を表す。

明治
大正
昭和

①御影・住吉（明治30年代）
②反高林・観音林（明治40年頃）
③香櫨園（明治40年頃）

④池田住宅地経営（明治43年）
⑤苦楽園（明治44年）
⑥雲雀丘、花屋敷住宅地（大正6

① 大神中央土地株式会社（大正7年）
② 甲陽園（大正7年）
③ 岡本住宅地（大正10年）
④ 仁川（大正13年）
⑤ 精道村芦屋駅周辺（大正13年頃）
⑫ 稲野（大正14年）
⑬ 六甲山（明治28年頃・昭和初期）
⑭ 甲子園住宅地（昭和3年）
⑮ 西宮北口甲風園（昭和5年）
⑯ 六麓荘経営地（昭和5年頃）
⑰ 塚口（昭和9年）
⑱ 西宮今津健康住宅地（昭和9年）
⑲ 新伊丹（昭和10年）
⑳ 武庫之荘（昭和12年）

2 郊外生活者層の新興と健康の希求

海と緑に恵まれた阪神地区に市民が健康を獲得できる遊興娯楽施設を次々と提供していった。つまり、騒音と悪臭と煤煙で暗くて汚い「不健康地」大阪市とは対照的な、明るく眩しいばかりの新生活文化圏を編成していったのである。

例えば、阪神電鉄は創業から5年後の1910年には、阪神間をわずか1時間余りという現在と並ぶ速度で結び[22]、43の停留所を4区間に分け低運賃での大量輸送を可能としたうえで、沿線で貸し家経営や[23]、阪神間で最初の遊園地、海水浴場の開設、動物園、博物館などの開館、野球場、テニスコート、プールといったスポーツ施設の付設など、電車を利用して家族で楽しめる遊興娯楽施設の設営に積極的に投資し[24]、民間スポーツ発祥の地としての阪神間の発展に貢献していった[25]。

以上、健康という価値に開眼させられ、良好な自然環境や健康の促進をはかる多様な文化装置を生活運営上の不可欠な要件と認めて阪神間に移り住んだ住民を、三田谷が啓蒙対象のひとつに絞り込んだのは、きわめて自然の成り行きであったと思われる。心身ともに健康な子どもの育成を育児理念に掲げた三田谷が、大阪市の都市問題が凝縮された「貧民の本場」今宮に設置された市立児童相談所での実践に早くに見切りをつけたのは、健康の意義を十分に理解できない住民の来談を待つ児童相談の不効率な試みよりも、都市郊外に確実に存在し始めた「健康希求者」に焦点を合わせ、まさしく「健康地」においてこそ、より効果的に自らの理念を実現できると計算したからではないだろうか。健康に対する意識が高く、知的で教養溢れる人々こそ、三田谷と活動を共にすべき存在として選ばれたのではなかろうか。

事実、精道村を中心とする阪神間の郊外生活層は、共同体から離脱した新天地で、子どもを中心とした旧来とは異なる家庭生活のスタイルを模索していたのだった。次節では、阪神間の郊外生活者層における子どもへの関心の高まりを、精道村の教育意識の高揚から追跡してみたいと思う。

3　郊外生活者における子どもへの関心

(1)　精道村住民の「新生活」

　良好な自然環境そのものが「健康地」として商品化され住宅開発が進んだ阪神間は、住民数の増加に伴い税収入が確実に伸びていった結果、裕福な財源の下で近代的生活の基礎となるインフラが、日本で最も充実する地域となった[26]。

　例えば、精道村の場合、1905年に阪神電鉄が開業した際、沿線地域に電力の供給が行われたため、明治末には早くも電灯が普及していた[27]。また「阪神間第一の健康地」の立地条件ゆえに、村民の間に衛生思想が早くから根づき、1916年には村立の伝染病院（1918年には精道病院に改称）が設立されたのに加えて、村民には医療従事者が多く、昭和初期には私設病院が四つ開業していたという。さらに、人口増加に伴う警備力の強化のため、1919年には芦屋警部派出所が新設されたが、管轄地域の業務拡大に対応するため1927年には芦屋警察署が設置され、治安も確保されていた。生活用水としての井戸水は不足しがちであったため、1926年という早い段階で上水道敷設計画が提出され、1934年には下水道敷設計画の事業化が目指された[28]。

　精道村では昭和初期においてすでに、自家用車、電話、冷蔵庫、ストーブなどの生活機器が紹介され、建築、食習慣、衣生活など欧米流の様式を模倣し、日本の伝統とは異質の要素を多様に混在させた「新生活(モダンライフ)」が構築されようとしていた[29]。

　このような郊外住宅地で突出して起こった生活環境の変化、つまり近代化が、その新生活に見合う育児の知識や方法を必要としたのは当然の帰結といえないだろうか。ここにおいて、世代間で継承されてきた育児の知恵や共同体内で累積されてきた産育習俗を容認せず、過去を断ち切り、科学に希望を託して強健な国民形成という未来志向型の育児論を標榜した三田谷の存在が、他に類比されない高い水準の近代的な新生活を獲得した郊外住宅者層の間で受け入れられる素地は十分あったと思われる。親世代とは独立した生活

を営み、育児を含め生活全般に関する旧来の経験知が有効性を失っていく状況に生きた郊外生活者は、新生活にふさわしい新しい育児規範を、出版物などの情報メディアや教育機関を通じて早急に入手する必要に迫られており、そこに三田谷のような育児啓蒙に力点を置いて講演や出版活動を積極的に行った人物が介在し、再教育を望む母親の心を摑んでいったのだろう。

　また、三田谷の育児改革理念はこうした母親側からの要求によって逆規定されていったとも考えられる。その結果として、すでに見てきたように、三田谷の育児啓蒙の指針が育児の合理化・科学化を勧める立場から、母親としてあるべき理想像を具体的に訴えていく母性教化論に次第に重点が置かれるようになっていったのではなかろうか。三田谷の育児啓蒙活動の支持者であった母親と三田谷との間でどのような関係が築かれていたか、その相互関係が三田谷の思索や実践方針にどんな影響を与え、どのような変化をもたらしたかについては、例えば、日本児童協会が募集した懸賞論文や標語に反映されている応募者の意識、精道村の阪神児童相談所での児童相談の内容、1929年に三田谷治療教育院内に本部を置いた「日本母の会」の設立の経緯や活動軌跡などから、今後幅広く探索していく必要があろう。

　ところで、ここで留意しておきたいのは、俸給生活者の割合が高い郊外生活者にとって、育児の成否は、彼等が獲得した生活を維持し、さらに上昇させるための重要な課題であった点である。

(2) 精道村住民の教育意識の高揚

　前述した通り、精道村の人口膨張は、必然的に児童数の急増をもたらした。1899年（明治32年）の精道尋常高等小学校発足当時、修業年限がともに4年であった尋常科・高等科あわせても350人であった児童数は、1914年には782人に倍増し、さらに1929年には2,247人にまで膨れ上がり、その加速度的な勢いはまったく沈静化する傾向がなかったという。その児童数増加の推移は以下の通りである[30]。

　精道村では、数年ごとに小学校の増築新築を繰り返して施設の拡充に努め、教員数も随時増やしていたが、十分には対応できかねる状態であり、大正末期には全校生徒が同時に体操もできないほど校庭も手狭となったら

表19　精道村尋常高等小学校の児童数の推移　　（「—」は統計上不明）

年度	職員数	就学児童数						総計	学齢児童数 総計
		尋常科			高等科				
		男	女	計	男	女	計		
1899年	6	137	138	275	54	21	75	350	647
1904年	11	142	147	289	50	37	87	376	—
1999年	17	253	239	492	39	20	59	551	535
1914年	18	381	323	704	39	39	78	782	911
1919年	27	546	590	1136	68	34	102	1238	1313
1929年	50	—	—	2108	—	—	139	2247	

しい[31]。

　興味深いことに、こうした児童数の増加の原因は、他地域からの越境通学者によるところも大きいという。なぜなら、精道村尋常高等小学校は、阪神間でも有数の進学校として知られ、毎年多くの生徒が兵庫県立第一神戸中学校、第二中学校、大阪府立北野中学校、天王寺中学校といった難関校を突破していたからである。当時の通学者一クラス約50人のうち、4分の3が中学受験とされ[32]、それは中学受験が社会問題となった大阪・神戸の時勢とも見事に一致していた[33]。

　1920年代を境に学歴による賃金格差が顕著となり、継ぐべき家業や資産を持たない新中間層にとって、学歴の獲得こそが立身出世にとって必要不可欠の手段であったことが今まで多く指摘されてきたが[34]、まさしく俸給生活者が多数を占めた精道村において、子どもの将来に決定的な影響を与える学力や進学に強い関心が示され、上級学校への受験戦争が激化したのは、定説通りの現象であったといえる。職住分離を前提とする郊外生活では、近隣や親族のネットワークから隔離され、母と子が直接対峙する時空が家庭の中に創出されたこと、そして子どもの教育の成否が彼らの今後の社会的地位を左右するがゆえに、育児や教育の責任を大きく担うこととなった母親が、子どもへの関心の度合いを深めていったのだと、ひとまずは受験熱のこうした高まりを解釈できよう。

　しかし、ここで興味深いのは阪神間が私学教育の実験場でもあった点である。既存の教育様式へ過剰に枠づけられていく傾向が受験熱であるとするならば、これとは対照的に、既存の制度からの超克を目指し、独自の方針に基

づいた教育を実践する試みが開花したのも、この阪神間であった。実のところ、児童教育機関の充実は、郊外への住民の誘致にあたっての必須の条件であったことは確かで、特に小林一三は沿線の学校誘致を積極的に行ったとされている[35]。事実、阪神間は、外国人宣教師の多く集う神戸に近接するという地の利を生かしたキリスト教系の学校や、在住の資産家が私財を投じて学校を設立する例が多くあったのは言うまでもない[36]。

精道村では、1927年の三田谷治療教育院開設に先だって、大正期自由主義教育の「最後の、そして頂点的存在」とされた芦屋児童の村小学校が開学された。芦屋児童の村小学校は、はじめ御影児童の村小学校として1925年に創設されるが、翌1926年に芦屋に移転してきたもので、新教育運動の拠点のひとつ奈良女子高等師範学校で訓導を務めた桜井祐男が中心になって設立された学校である。児童の個性や自主性を重んじ、時間割や教科に縛られない教育を目指し、子どもの遊びや実生活と密着したユニークな学習を実践したことで知られている[37]。桜井の教育理念の根底には、「美」と「芸術」の追究があったとされるが、色鮮やかなペンキで彩色された木造二棟からなる頬白教室、雲雀教室での桜井の試みは、鉄筋コンクリートのマンモス校、精道村尋常高等小学校で繰り広げられた進学熱とは、対極のものであったともされている[38]。

しかし、ここで重要なのは、教育における多様な実践を許容した阪神間、精道村住民の自由度の高さであり、子どもへの関心の深さであろう。三田谷の育児啓蒙活動は、子どもへの教育的配慮を怠らず、様々な角度から子どもに関心を注ぎ、新しい育児のあり方を模索しようとする人々の存在抜きにしては、成立しなかったのではなかろうか。その意味で、精道村は三田谷にとって理想的な活動舞台であったといえよう。

さらにいうならば、精道村住民に見られる健康や教育を優先させる意識は、郊外に居住する俸給生活者という特殊な生活条件や就労形態に起因して、内発的、自律的に形成されただけではなく、外圧、すなわち子どもに照準を合わせ、新しい大人-子ども関係の再構築を通じて、最終的に人々の感受性や生活態度、価値観、国家観を改変させようとする同時代の言説や運動に触発され、錬成されたという点にも留意しなければならないと思われる。

(3) メディアイベントの活況

　詳細は別稿に譲るが、1920年代から1930年代にかけて、子どもは教育・教化の対象、保護・救済の対象、国民国家建設の要としてだけではなく、児童文化という固有領域の主体として、あるいは幼いながらも経済効果をもたらす消費の対象として、時には大人を導く啓蒙者として、その存在に多様な意味が付与されていった。特に、第一次大戦後、商工業が飛躍的な発展を極め経済が繁栄して民間活力が充実していた大阪市は、関東大震災で壊滅的なダメージを受けた東京に先んじて、子どもの生活文化の創出や児童問題に対する対応が多様に開花しており、人々の子どもへの関心を大いに啓発していたといえる。

　新しい顧客層としての子どもに着眼して、児童博覧会の開催や「大阪コドモ研究会」の発足による児童用品の開発販売を先導した大阪三越百貨店、三越の児童音楽隊を模倣し、「宝塚」という常設の演劇空間を建設し、女性・子どもに焦点を絞った娯楽文化を提供することを目論んだ阪急電鉄[39]、阪神間に動物園、遊園地や海水浴場、野球場などの遊興施設をいち早く開設し、家庭を中心にした余暇生活の新スタイルを築いた阪神電鉄[40]はその代表例であろう[41]。また、新聞社としての個性化をはかり子ども向けの新規サービスを提供することで購読者を獲得しようと熾烈な販売合戦を展開した、大阪朝日新聞社と大阪毎日新聞社の試みも見逃すわけにはいかないだろう。前者は児童文化事業に乗り出し、子どもにふさわしい活動写真や音楽、文学のモデルを提供し、後者は新聞事業としては世界初の児童保護事業に着手し、育児展の開催や健康相談、赤ちゃん健康審査会を主催して、子どもの保健衛生知識の普及に貢献していった[42]。

　三田谷の育児啓蒙活動も、大阪市で始まった児童愛護宣伝デー（のちに児童愛護週間）、生活改善博覧会や大阪市に巡回してきた児童衛生展覧会などの会場での講演会、大阪三越百貨店主催の児童相談[43]、大阪朝日新聞社の「アサヒ・コドモ会」[44]、大阪毎日新聞社の健康相談などの場を利用して展開された[45]。その意味で、三田谷は、子どもの健康と教育の獲得に並みなみならぬ情熱と意欲を持った都市民および郊外生活者の登場と、それらの人々の子どもへの

関心を多方面から喚起し誘導しようとする児童保護事業や児童文化を扱う民間サービスの活況の狭間で、はじめて存在意義が与えられたといえよう。なぜ三田谷は在野で活動を存続できたのか、社会的にすでに用意されつつあった受け皿との相関関係を探ることで、育児をめぐる時代の新しい意識を今後さらに鮮明にしていきたいと思う。

終章　子ども観の変容
―― 大人-子ども関係における子どもの価値の相対的な上昇

　本研究の目的は、日本において育児が近代化され、子どもに対する新しい心性が形成される過程を、それに関与した人物の言説と実践に即して具体的に解明することにあった。すなわち、日本の育児史においてひとつの重要な転換期であると指摘されてきた1920年代に注目し、この時期に、育児改革の意志を持ち積極的に啓蒙活動を試みた三田谷啓という人物の足跡と業績の再検証を行うことにより、三田谷を通じて体現された新しい育児概念の抽出、それを成立させた歴史社会的条件の分析、背景にある子ども観の変化を探求することを基礎的な課題とした。

　子どもの教育・保護に関する多様な領域で活躍したとされる三田谷の人物像や業績については従来、三田谷が精神薄弱児の教育訓練施設として現在運営されている三田谷治療教育院の創設者であったがゆえに、障害児教育実践家としての側面が重点的に照射されてきた以外には、例えば三田谷が後年活発に行った母性教化活動に焦点をあて、彼の母親教育構想を解明しようとする試みなど、三田谷の一面をとらえた各論研究が中心であった。したがって、三田谷が児童研究者として科学的な子ども研究の運動に参画し、大阪市の行政官として児童保護事業の展開に向けて児童相談所の設立に関与し、さらに日本児童協会を自ら設立して育児に関する専門雑誌や出版物の発行を試みていたことなど、その足跡については依然として断片的に知られるにとどまっていた。ところが、近年、三田谷の著作・論文の目録の作成や所蔵品の整理が精力的に進められるなか、改めて、三田谷を育児啓蒙活動家として理解し直すことで、先行研究の偏重を修正しようとする仮説が駒松仁子によって提示された。

　本研究は、その仮説を検証することを出発点とし、現在入手できる範囲での三田谷の足跡を示す資料、すなわち自伝および著作・論文の分析を通じ

て、まずは三田谷が育児についてどのような課題意識を持ち、何をどう変革しようと、誰を対象にどの地域で実践活動を試みてきたのか、基礎的な事実の確認に努めた。その結果、以下の３点が明らかとなった。第一に、三田谷は育児啓蒙活動家として先駆者であったこと、第二に近代的な育児の典型を提示したこと、第三に三田谷の掲げた育児理念と啓蒙活動の変容過程には、育児や子どもに対する時代の心性が特徴的に反映されていたことであった。では、その詳細を叙述してみよう。

　三田谷の自伝の検証を通じては、三田谷の育児への問題意識の所在や具体的な行為を直接的に裏づける事実は確認できなかったが、論文・著作の主題を時系列的に整理した結果、1910年代後半に執筆活動を開始した当初より、育児改革に対する明確な志向性を有していたことが判明した。三田谷の育児改革理念は、①児童学による育児の合理化・科学化、②心身ともに健康な子どもの育成による国力増強、③産育主体としての女性役割の規定と「母親改造」の三つに整理することができた。それらが醸成された背景には、三田谷の欧米列強に対する強い競争意識と日本人・日本国家の将来に対する危機感があったことは否めないが、その理念自体は、児童研究の対象や方法論の変化、社会ダーウィニズム論や生活改善運動の勃興、特殊教育や児童保護事業の方向転換など、同時代の先端的思潮の各要素が育児の問題の中に接合・吸収されたものであり、三田谷個人によって独創的に案出されたものとは言い難かった。ただし、このような時代的課題を育児理念の中に収斂させていくことで、日常的営為としての育児や大人と子どもの関係を改善すべき対象として、相対的に点検する必要性を訴え、養育者としての親の意識を啓発しようと試みた点では、先駆的であったといえる。

　三田谷が育児啓蒙家として先駆者たり得た条件として、学術研究や社会事業が育児の現状を問題視して介入していく状況下にあり、その取り組みを主導する立場に三田谷が就いたことにあった。子どもを科学研究の対象に据え、学際的な視野から子どもの異質性・固有性を探索する試みを始動させた児童研究は、三田谷がその研究活動に参与する1910年代中盤には、「児童学」という学問的体系を確立し終え、母体組織である日本児童学会を地方にも分化拡充させ、さらに児童教養研究所などの開設を通して児童相談の試みを開

始し、児童研究の成果を実用化させる回路を開こうとしていた段階にあった。三田谷は、地方部会の設置や児童相談業務の開始に加わっていたが、児童学を育児実践に有用な知識と技術を提供する基礎分野と位置付け、児童学を媒介に既存の育児を刷新しようという明確な目的意識を有していた点では、児童研究者として特異な存在であった。だが、こうした児童研究と育児実践を架橋する取り組みは、1940年に富士川游に代わり日本児童学会の幹事長職に就いた竹内薫兵、また会長として戦後「育児学」の確立に尽力した平井信義らに引き継がれていった。さらに、児童研究の専門家による両親の再教育運動を政財界との太いパイプを軸に日本全国に組織的に行った上村哲弥は、三田谷に遅れること8年の1928年に日本両親再教育協会を設立している。その意味で、三田谷の試みは確実に育児の新しい方向性を示したものであったといえよう。

　さらに、三田谷の育児改革への企図は児童研究の枠を超え、社会事業上での実践が期待された。近代工業都市として飛躍的な発展を遂げた大阪市では、人口過密・生活環境の劣化・公害・犯罪の激化など都市固有の問題の露呈に伴い、児童の健康の維持と増進が行政の必須要目として浮上し、全国でも高い比率にあった乳児死亡率の低減が社会事業の一環に据えられた。自治体レベルとしては画期的ともいえる児童保護事業に着手しようとして大阪市役所に招聘された三田谷は、乳児健康診断と母親に対する育児指導により乳児死亡率の低減に効果をあげた欧米での児童相談所の事例にならい、公立では最初の児童相談所の設置に関与した。ただし、児童相談所の運営は児童保護全般を担う事業拡張の末、閉所に追いこまれた。

　そこで三田谷は、先の学術・行政領域での経験を踏まえ、日本児童学会が推進しようとした研究実用化という課題をさらに前進させ、研究と実践を媒介する中継基地となる日本児童協会を大阪市に設立した。さらに育児について専門家が親を指導教化することで健康な子どもの育成を実現し、最終的には社会・国家の改革を目指していく事業機関の組織化を独自に行った。この日本児童協会の設立こそが、三田谷を育児啓蒙活動家たらしめたゆえんといえよう。

　育児啓蒙活動家としての三田谷の特徴は、一方的に自らの育児改革理念を

宣伝していくのではなく、国内外の子どもの教育や保護に関する同時代の学術情報や行政の最新動向などを先取し、出版物を通してそれらを「育児再考の素材」として幅広く親に提供すると共に、博覧会・講演会・児童相談などの開催を通じて親と直接・間接に触れる多様な機会を自由に設けることにより、育児という日常的営為に特権的な光をあて、健康な子どもの育成が国民国家建設の上で重要課題であり、学術知を基礎に規範化していく必要性があることを唱道（＝Advocacy）していった点にあった。そして、女性の有する生殖力や養育力に積極的な評価を与え、女性を国力増強の主体的存在と役割規定する一方で、その能力をさらに開花充実させるためには、男性の専門家の指導・支援下で科学化・合理化が必須であるという、親（特に母親）を対象とした再教育のスタイルを民間組織として確立した点にあったといえよう。

　さて、日本の育児史研究においては、科学的育児法の導入が育児の近代化の原動力となったと指摘されてきたが、その「科学的育児」の示唆するところのものについては、十分検討される機会がなく、外来の翻訳育児書や規則授乳法がその同義として単純に解釈されることが多かった。ところが、科学的・合理的育児法の推進者であった三田谷によれば、「科学的育児法」とは、伝統や因習を払拭する新規なもの、現存する育児法との差異を示す指標であったと同時に、児童学の実用化を意味しており、その実際は専門家が子どもを観察・測定・記録・分類する一個の対象として客体化するという方法論を、育児をする親にも踏襲させ、あたかも「研究者のように」子どもを理解するという新しい大人-子ども関係の構築を付加しようとするものであった。すなわち、「科学的育児法」とは米国での例に見るような特定の学説や理論を直接的に応用した厳密な方法論ではなく、三田谷のそれは、専門家が示す発見や解釈を尊重する姿勢、研究者の方法論を模倣することによって、子どもという対象への異なる認識枠組みを開示しようとするものであったといえよう。

　ただし、三田谷を事例とした場合、育児における「科学化」の徹底が図られた結果として、親、特に母親の養育責任がきわめて明瞭化されることとなった。先行研究によれば、1910年代以降「学校教育の補助者としての役割」

が母親に期待され、家庭を教育的な関心に基づいて合理的に編成し、子どもを意図的・組織的に「教育する意志」が浸透していき、しつけの内容が大きく改変したと指摘されたが、家庭内での母親の役割は、学校教育との相関関係により意義づけが改変しただけではなく、専門家と母親との役割分化、すなわち前者は子どもに関する新知識や理解の方法を提供し「科学的育児」を教導する役割を担い、後者は子を産む、あるいは将来的に産む予定の性であるがゆえに子どものより良い発育を促す精神作用や感化力を発揮すべき役割を担うものと二分されたのである。確かに、戦間期は母親に家庭内における養育の主体的責任を課すべきであるという母性論が社会的に高まりはじめた時期にあたるとされ、それは国家主義と連結して天皇崇拝論へと収斂していく動きがあり、1920年代後半より見られる三田谷の母性教化論への傾斜は、そうした同時代の思潮と無関係ではなかったといえる。しかしながら、育児において、「科学」に準拠することを前提としたうえで「母性」の重要性を強調したという点では、三田谷は、近代における育児のひとつの典型を提示したと評価してよいだろう。

　ところで、三田谷が、「科学」への依拠と「母性」の称揚を構成要素とする新しい育児規範を提唱し、大人が子どものより良き生育を促すために働きかける意義を強く訴えかけていった活動の推進力となったのは、日本人に対する対外的な劣等意識があったことは前述した通りであった。したがって、三田谷は、近代国家として欧米列強と比肩し得る有用な人材の育成という明確な課題意識を持って、「子ども」の存在のあり方を規定し、「心身の健康」を大きな価値目標としたのである。その意味で、三田谷の子ども観は、子どもを国家の礎とする「国家の子ども」観という1890年の『教育勅語』発布以降の日本に支配的であった子ども観と同様のものに過ぎなかった。

　しかしながら、三田谷の場合、「国家」と「子ども」は直接対峙する関係ではなく、専門家と呼ばれる科学者集団と親、特に母親が媒介となって、「国家の子ども」の育成を目指すという方向を日本児童協会によって明示した。すなわち、国家の意思を代弁し、育児が営まれる生活の場に直接介入して改変を迫るのは専門家であり、一方、子どもを国家の意向に添うように作り変える役割は母親が担い、母親が子どもに先んじて再教育の対象となるよ

う、専門家と母親を「育てる」—「育てられる」という主客の関係の俎上にのせた点で先駆的であったといえる。三田谷の育児論の斬新さは、このように育児論が母性修養論へとねじれていく過程にあり、専門家の指導に従い母親が理想の子どもを「作る」という発想が転倒して、どのような母親の下で理想的な子どもが「作られるか」、子どもの心身を直接的に操作・矯正するのではなく、子どもは極力そのままにして「自然」な成長に委ね、「作り変える」対象を母親にスライドさせる間接的な手法が採用されたことにある。

以上のような、三田谷の育児理念や啓蒙指針の変容過程において顕著となる、「母親を作り変える」ことによって「理想の子どもを作る」という発想の背景には、子どもの身体や健康は操作可能な客体であり、ある理想の型に再構成できるという認識、要するに子どもとは人為により自在に「作り変えられる存在である」という心性の発露を確認することができる。と同時に、そうした心性を基礎にして「より良い質」の子どもの育成が母級の命題とされた点で、明らかに、母子関係における子どもの相対的な価値の上昇を把握することもできる。つまり、育児啓蒙活動家としての三田谷の変遷には、時代の新しい子ども観が体現されているといえるのである。三田谷の育児論が、時代の心性を映し出す鏡のような機能をもっていたことは、その啓蒙対象や地域の選択からもうかがい知ることができよう。

本研究では、三田谷の育児啓蒙活動の対象として、阪神間の郊外生活者層に注目した。その理由は、従来、近代的育児法の受容者として都市の新中間層に焦点があてられ、彼らの家庭生活を特徴づける要因として、職住分離によって必然的に家事・育児が女性の領域として性別役割分化が進み、母親が育児に専念できる条件が整ったこと、しかも学歴の取得が立身出世と生活向上の有効な手段と認識され、子どもの進学競争が激化したことが半ば自明視されてきたが、その歴史的経緯が十分解明されてこなかったからである。しかしながら、1910年代に日本を代表する近代工業都市にまで発展した大阪市の場合は、顕在化する都市問題に対するひとつの解決策として、労働環境と居住空間の分割が政策的、商業的に推進されたのであり、それに伴い俸給生活者層の生活文化圏が都市近郊に人工的に建設されたことが判明した。つまり、職住分離ひとつとっても、それは自然発生的に進行して新中間層の家庭

生活や母親の養育意識を枠づけていったのではなく、都市と近郊を結ぶ交通網の整備や阪神間に見られたように「健康地」といった付加価値のついた住宅開発などと連動して作為的に実現されたもので、さらに阪神間では他地域に先行して生活基盤の近代化が進展していった結果、新興階級に見合う独自のモダンな生活が模索されていたのであった。

つまり、三田谷を例にとれば、「母親が変わることで理想の子どもを作る」という育児法は、子どもの教育や健康に関心が高く、育児という行為に積極的な意義を見出すことによって、新興階級に適合する育児様式を確立しようとする都市近郊の母親の登場と、そうした母親たちを理想的な「養育主体」として注目し、彼女たちの潜在的な欲求を触発し、それに合致する現実即応的な育児論を編成しようとした育児啓蒙活動家との相乗作用のもとで、「母性教化論」という方向へと展開していったといえよう。

三田谷の果たした育児史上の役割を、1920年代の阪神間を中心とする日本児童協会での活動に特定して考察するならば以下のようになる。三田谷は①児童研究という子どもに関する科学知の体系化と社会化への始動、②「健康児童」の育成を危急課題とする大阪市行政の児童保護事業への着手、③郊外に移住した新興階級の子どもへの関心の拡大深化、という歴史社会的条件のもと、「科学」への依拠と「母性」の称揚を構成要素とする近代的な育児規範を提示し、雑誌メディアや展覧会・講演会・児童相談などの新しい情報回路や既存の制度とは異なる自由な教育機会を駆使して、専門家の指導・援助に従い母親主体で国家の理想型に「子どもを作り変える」という子ども観の普及を試み、育児に対する心性を外的に編制する啓蒙活動のひとつのスタイルを民間から確立した先駆者であった。時代の深層に蠢く子ども観の変化の胎動をいち早く育児論の形式にのせ、学術研究や社会事業行政、教育制度とは部分的に関わりながらも、それとは別経路の独立拠点から民衆の養育意識の啓発を企て、大人と子どもの関係を再編成しようとした点で、三田谷は20世紀日本の子ども観の歴史においては無視できない存在であったといえよう。

最後に、本研究の限界と今後の課題を述べておきたい。

第一に、本研究では、育児啓蒙家としての三田谷像を描写するために、三

田谷の育児論や活動軌跡を究明することへの関心が先行したために、その後、三田谷が自伝の中で「天職」であると告白していた児童相談の事業化や母性教化活動、障害児教育実践へと課題意識が発展し、変化していく過程を問う視点が不十分であった。特に、精神薄弱児の施設収容・教育指導に尽力した後半生の業績については、先行研究では三田谷のヒューマニスティックな資質が過大評価されがちであったが、心身の健康に価値を置き、正常児・健康児の育成のために育児啓蒙活動を展開し、社会防衛的な見地から異常児童の保護と教育機会からの分化を表明していた三田谷が、自ら異常児童の保護・教育に着手した動機は、もっと別の側面にあるのではないかと推察できる。身体虚弱児や栄養不良児、神経質児童、学習遅滞児等も集めて健康教育・相談を実施していた、戦前の三田谷治療教育院の活動について、改めて精査することにより、三田谷の育児観・子ども観をより鮮明にし、三田谷研究に新たな視点を提示していく必要があると思われる。

　第二に、本研究では、三田谷の育児論を、時代の思潮から孤立し自己完結した理念として把握するのではなく、同時代に錯綜する多層的な言説の中で生成変化していく過程を細やかにすくおうと努力してきた。三田谷の育児理念や啓蒙活動の特異性は、時代の中で浮沈する新しい思潮の各要素を巧みに結合させ、育児改革へと体現させていった点であり、既存の学術領域の境界線上を自在に往還しながらも、その妥当性や背景を批判的に問うところまでは到達しない底の浅い率直さや、育児改革に対するあまりに真摯な情熱こそが、三田谷の魅力であったといえる。本研究では、その三田谷のきわめて広範にわたる関心と実践の領域に従って、学際的な検討を試みてきたわけだが、それは著者の力量をはるかに超えるものであった。特に、三田谷の育児改革の根幹にあった優生学的発想については、教科書的な理解の域を超えるものではなかったと反省している。

　近代の育児史において、優生学の登場が子ども観の変革に重要な意味を持つことが、欧米では、近年指摘されてきている。日本でも、大正自由主義教育の実践者に優生学的発想が濃厚であったことが、部分的には解明されはじめてきているが[1]、それは特定の教育思想や実践家の固有の関心事として処理するのではなく、子ども観の歴史全般の問題として、キリスト教の精神風土

を持たない日本でも、神という造物主になりかわって人間が人間自身を自在に作り変えていくという、世界観の転倒を伴う優生学的発想がどう普及浸透したか、育児言説レベルで総点検する必要があると思われる。その作業は、三田谷の育児論の歴史上における位置と意義を正確に見極めるにあたって不可欠であるばかりではなく、近代における日本の育児史の解明に新境地を開拓するものともいえよう。したがって、まずは、日本における優生学の歴史的展開過程を参照し、優生学的発想が三田谷の育児改革理念の中にどう接合され、育児啓蒙活動の方法論を形づくっていったのか、再度三田谷の著作・論文を検討していくことが不可欠の課題となろう。

　第三に、本研究において三田谷の啓蒙活動対象や地域を特定していく過程で、大正から昭和初期における大阪市とその近郊の阪神間が、近代的な育児観や子ども観を醸成させた格好の土壌となっていたことが判明した。

　三田谷の大阪赴任の経緯や大阪市立児童相談所の設立の背景を精査していくなか、関東大震災で壊滅的なダメージを受けた東京とは対照的に、「大大阪」として繁栄を極めた大阪市が、来るべき近未来に適応する新しい人間形成の方法を最初に確立し得た重要な地域であり、大阪市の教育行政や児童保護事業の展開の仕方は、戦後の政策モデルのひとつとなったのではないかと予測される。したがって、今後、児童問題に対する大阪市政の取り組みを内務省・厚生省の施策と比較しながら、さらに精密に検証していく必要があろう。

　また、私鉄や百貨店、新聞社など民間活力によって開花した児童文化を享受し得た、阪神間の郊外生活者の生活意識や教育観も同様に、戦後大衆化する中流階級のそれの原型となったと推察できる。本研究では、郊外生活者の精神生活についてなど質的分析に踏みこむことが十分できなかった。現在、比較的研究の進んでいる三越百貨店の子ども関連企画や阪神電鉄の「宝塚戦略」について子ども観の社会史の観点からの再分析を行い、また大阪朝日新聞社の文化事業のひとつ「アサヒ・コドモ会」や大阪毎日新聞社が重点的に行った社会事業については、一次資料の収集に努めている段階である。一方、それら民間のサービスによって、子どもへの関心を啓発された人々の具体的な家庭生活の実態や子どもに対する心性を推し量ることのできる私的文

書や図像資料、物品の発掘に向けて、大阪市立中央図書館や芦屋市教育委員会、芦屋市立図書館、芦屋市立美術博物館の協力を得ながら、さらに発展させていかなければならないだろう。今後、子どもというミクロな視点からの大阪市史、芦屋市史を再考していくことで、三田谷が生き生きと活躍した時代や三田谷の育児論を享受した人々の内面への理解を深め、近代の子ども観の社会史の一端をさらに描写していきたい。

　最後に第四の課題として、本研究の延長線上に日米の育児論の比較を通じた子ども観の相違を検討していくという大きな目標を付け加えておこう。

　「科学」への依拠と「母性」の称揚の二要素から構成される三田谷の育児論は、その「科学」の意味と「母性」礼賛の最終目的が天皇制強化に収斂していったという点をあえて埒外におくと、米国で1940年代以降に「母性の救世主」として絶大な人気を博したフロイト主義者スポックの育児論を、ある意味で先取りしていたという大胆な仮説を立てることもできる。そう仮定した場合、日米の育児観・子ども観の相違を示す典型例として、松田道雄とスポックという対比だけでなく、三田谷とスポックという対比も興味ある作業となってこよう。その際、三田谷の子ども観をさらに踏みこんで分析していく必要があることは言うまでもない。

　三田谷は、『児童の世紀』で著名なエレン・ケイの「子の親を選ぶ権利」という発想に近似した「子供は強く育てて貰ひ、賢く、さうして善良に教育して貰ふところの権利を有つて居る」[2]と主張し、育児が子どもに対する大人の義務としてではなく、子どもが大人に対して有する「権利」であることを明示した。つまり子どもという存在に親以上の価値を付与して、「子ども中心」に親子関係を再構築する意義を示唆し、親の地位、学歴、貧富、人種等に無関係に、どんな子どもも「親よりも強健に」「親よりも賢明に」「親よりも善良に」なることが、「子どもの権利」[3]であると提唱していた。そこには、「子宝思想」や「こやらい」に象徴されるような、子どもに対して比較的「寛容な」日本の親子関係を土台にして、人類が普遍的に経験してきた子育てという営みに「権利」概念を持ちこもうとする三田谷の意図が見え隠れしているともいえる。

　三田谷の育児論の根底にあった子ども観とは、子どもを国家の従属物とし

てとらえる国家主義的な要素のほかに、子どもを豊かな可能性を秘めた輝ける未来の象徴として、必ずや親世代の生きた時代より優れた社会を建設してくれるだろうという素朴で楽観主義的な進歩志向など、もっと複雑で多様な要素が含まれていると想定できる。時代の思潮と共振する才覚に優れていたかに見える三田谷の子ども観を深く掘り下げていくことで、日本の子ども観の歴史をさらに見極め、育児史の視点から米国との比較を試みていけるように精進していきたいと思う。

注

序章

1) 日本児童研究所モノグラフ NO14「育児書の内容分析」1969 p.1 波多野勤子
2) 細辻恵子 「育児書による比較社会化論の試み—スポックと松田道雄」『ソシオロジ』28 1983 pp.97-117、恒吉僚子『人間形成の日米比較—かくれたカリキュラム』中公新書 1992 pp.1-32
3) 最も代表的なものとして、北本正章『子ども観の社会史—近代イギリスの共同体・家族・子ども』序論 新曜社 1993 が挙げられる。その他、出版されているものを国別翻訳年度順に紹介すると、エリザベート・バタンデール 鈴木晶訳『母性という神話』筑摩書房 1991 (仏)、イヴォンヌ・クニビエール カトリーヌ・フーケ 中嶋公子・宮本由美ほか訳『母親の社会史』筑摩書房 1994 (仏)、モリー・ハリスン 藤森和子訳『こどもの歴史』法政大学出版局 1996 (英)、リンダ・A・ポロク 中地克子訳『忘れられた子どもたち』勁草書房 1988 (米)、シャーリ・L・サーラ 安次嶺佳子訳『「良い母親」という幻想』草思社 1998 (米)、イレーネ・ハルダッハ=ピンケほか編 木村育世 姫岡とし子ほか訳『ドイツ／子どもの社会史—1700-1900年の自伝による証言』勁草書房 1992 (独)、藤澤房俊『「クオーレ」の時代』ちくまライブラリー 1993 (伊) などがある。
4) Richardson, Diane *Women, Motherhood and Childrearing*, New York, St. Martin's Press 1993 p.30
5) Beekman, Daniel *The Mechanical Baby: A Popular History of the Theory and Practice of Child Raising,* Connecticut, Lawrence Hill & Company 1977 pp.109-112
6) Beekman, Daniel *ibid.* pp.135-153, Hardyment, Christina *Dream babies: Three Centuries of Good Advice on Child Care,* New York, Harper & Row Publishers 1983 pp.170-181
7) Richardson *op. cit.* 1993 pp.32-34
8) Watson, John *Psychological Care of Infant and Child,* London and New York,

Allen & Unwin 1928

9) Richardson *op. cit.* 1993 pp. 33-36
10) Wolfenstein, Martha "Fun Morality: An analysis of Recent American Child-Training Literature", in Margaret Mead and Martha Wolfenstein (eds) *Childhood in Contemporary Cultures,* Chicago, University of Chicago Press 1955 pp. 168-178
11) Cable, Mary *The Little Darlings: A History of Child Rearing in America,* New York, Charles Scribner's Sons 1972 p. 183
12) Richardson *op. cit.* 1993 pp. 33-36, pp. 184-185
13) Aldrich, Charles Anderson *Babies are Human Beings,* New York, Macmillan 1938
14) Hardyment, Christina *Dream babies: Three Centuries of Good Advice on Child Care,* New York, Harper & Row Publishers, 1983 p. 223
15) Beekman *op. cit.* 1977 pp. 154-171 Hardyment, Christina *ibid.* 1983 pp. 240-246
16) Lomax, Elizabeth M.R. and Kagan, Jerome and Rosenkrantz, Barbara G. *Science and Patterns of Child Care,* San Francisco, W. H.Freeman and Company 1978 pp. 36-44
17) Cleverley, John and Phillips, D. C. *Visions of Childhood: Influential Models from Locke to Spock,* New York, Teachers College, Columbia University 1976 → 1986 pp. 80-96
18) Cleverley, John et. al. *ibid.* 1976 → 1986 pp. 54-79
19) Lomax E. *op. cit.* pp. 45-113 Hardyment, 1983 pp. 229-235
20) Hardyment *op. cit.* 1983 pp. 236-238 Richardson, 1993 pp. 43-50
21) Wolfenstein, Martha *op. cit.* 1955 pp. 168-174
22) Hardyment *op. cit.* 1983 pp. 224-225, Richardson, 1993 pp. 172-186
23) Hardyment *op. cit.* 1983 p. 226
24) Geoffrey, Steeve H. "Freudianism and Child—rearing in Twenties" *American Quarterly* 20 1968 pp. 759-767, Sulman, A. Michael "The Humanization of the American Child: Benjamin Spock as a Popularizer of Psychoanalytic Thought" *Journal of the History of the Behavioral Sciences* vol. 9-3 (July) 1973, —— "The Utopia of Human Relations: The Conflict-Free Family in American Social

Thought 1930-1960" *Journal of the History of the Behavioral Sciences vol.* 24-4 pp. 343-362 1988, Bach, William G. "The Influence of Psychoanalytic Thought on Benjamin Spock's Baby and Child Care" *Journal of the History of the Behavioral Sciences* vol. 10-1 1974 pp. 91-94

25) Maier, Thomas *Dr. Spock: An American Life,* New York, San Diego, London Harcourt Brace & Company 1998 p. 153
26) Spock, Benjamin McLane *The Common Sense Book of Baby and Child Care,* New York, Duell, Sloan and Pearce 1946
27) Hardyment *op. cit.* 1983 pp. 229-231
28) Weiss, Nancy Pottishman "Mother, The invention of Necessity: Benjamin Spock's Baby and Child Care" Hiner, N. Ray and Hawes, M. Joseph, *Growing Up in America,* Urbana and Chicago, University of Illinois Press 1985 p. 291
29) Hardyment *op. cit.* 1983 p. 226
30) Hardyment *op. cit.* 1983 pp. 291-293
31) Richardson *op. cit.* 1993 pp. 40-42
32) Zuckerman, Michael "Dr. Spock: The Confidence Man" in Charles Rosenberg *The Family in History,* Philadelphia, Univesity of Pennsylvania Press 1974 pp. 179-207, Weiss, N.P. *op. cit.* 1985 p. 293
33) Weiss, N.P. *op. cit.* 1985 pp. 293-294
34) Spock, Benjamin and Morgan, Mary *Spock on Spock: A Memoir of Growing Up with the Century,* New York, Pantheon Books 1989 p. 135
35) Weiss, N.P. *op. cit.* 1985 p. 284
36) この他にも、スポックの革新性と、それが現代の子ども・育児・母性をめぐる状況にどのような問題を引き起こしていったか、紹介してみよう。例えば、スポックは育児書に詳しい目次と索引をつけ、問題解決に即刻役立つ情報の提供を試みた点で、育児書の「百科事典化」(encyclopaedic) を促進したといえる。スポックによれば、通常とは異なる事態が発生したとき、まず育児書を手に取りそれに見合う項目を見つけることさえできれば、この段階で母親は安心し、冷静に事態に対処できるのだという。ところで「赤ちゃんが泣く時」という索引を引くだけで20項目の原因と対処法がわか

るといった、育児書の情報化という新しい機能の成立に反して、かつて育児書の主眼であった倫理教育の欠落という傾向を見逃すわけにはいかない。スポック自身も「今日、育児書は、心理に関わる些細な問題の解決には役立っても、人間が追究すべき道徳や目標とする人間像など、いかに生きるべきかという、人生の主要な問題に答えることが、もはやできないのだ」と現代の育児書の限界を語る。このように育児書における思想の欠落は、かつては堕落した魂の象徴であった子どもの道徳性が、今や不明確（moral neutrality）で不問に付されていったことと無関係ではない。育児書の百科事典化は、現代において育児が、人間形成に関する系統立てた、一貫性のある思想のもとで展開される長期的な営みではなく、実利的な情報の断片から取捨選択して、瞬間瞬間に生起する問題に対応するだけの生存方式に矮小化した、その変化を物語っているといえよう。

　最後に気になるスポック家の子育てについてだが、スポックが育児書によって名声を博した結果、家庭の平穏は一挙に暗転する。フロイトやマルクスなどの新思想にいち早く興味を示すほどの知的好奇心に満ち、また実質的には育児書の共同執筆者であった妻のジェーンは、自らの貢献が全く社会的に評価されないのを苦に、次第に精神を病んでいく。夫であるスポックは、精神病の妻にかかる莫大な治療費を捻出するために、婦人雑誌の育児相談のコラムを連載し、テレビ・ラジオの育児番組の出演を余儀なくされたのだった。一方、「スポック家の子どもたちは、いつも幸せそうにしていなければならない」という外圧にさらされ続けた二人の息子は、実のところ「父親から一度も優しい言葉をかけてもらわなかった」トラウマを終生癒されなかったばかりか、彼らの子どもたちにまで問題が先送りされ、スポックの孫の一人は自殺してしまう。さらに面白いのは、スポックは自ら執筆した育児書の内容とは裏腹に、自分の母が傾倒していた20世紀初頭の厳格な育児法から解放されることはなく、「実際の子育てよりも、育児書を書くほうがずっと楽」であることを、晩年になって告白している。

37)　例えば Hays Sharon *The Cultural Contradictions of Motherhood,* New Haven, London, Yale University Press 1996, Thurer, Shari L. *The Myths of Motherhood: How Culture Reinvents the Good Mother,* Houghton Mifflin Company 1994（安次嶺佳子訳『「良い母親」という幻想』草思社 1998）, Marshall, Harriette "The Social Construction of Motherhood: An Analysis of Child Care and Parenting Manuals" in Ann Phoenix. Ann Woollett and Eva Lloyd *Motherhood: Meanings Practices and Ideologies,* Sage publications Inc. pp. 66-85 など。

38) 例えば Ehrenreich, Barbara and English Deirdre *For Her Own Good: 150 years of the experts' Advice to Women,* NewYork, London, Tront, Sydony, Auckland, Anchor Books Doubleday 1978, Mints, Steven and Kellogg, Susan *Domestic Revolutions: A Social History of American Family Life,* New York, London, Tront, Sydony, Singapore, The Free Press 1988, Weiss, Nancy Pottishman "The mother—child dyad revisited: Perceptions of mothers and children in twentieth century childrearing manuals" *Journal of Social Issues* vol. 34-2 1978 pp. 29-45 など。

39) 横山浩司『子育ての社会史』勁草書房 1986 pp. 242-248、小林亜子「育児雑誌の四半世紀」『現代のエスプリ』342 1996 pp. 123-136、熱田恵美子「育児書が語る子育て」『子ども学』福武書店 1997

40) 毛利は、大正末から昭和初期を育児書のわが国における最初の隆盛期ととらえ、小児医学者による授乳回数と量の規定や離乳食指導など乳児栄養法の確立が育児書を通じてなされたことに大きな変化を読みとる。毛利子来『現代日本小児保健史』ドメス出版 1972 pp. 172-174

41) 沢山も、大正期を育児書の出版ブームとするが、その根拠を玖珠捨男『日本小児科医史』に掲載された小児科専門書の出版数の増大（pp. 185-186）に置いている。

42) 横山は、大正期において子育ては「時代的主題」となったと指摘し、その根拠として①葛原茲『育児物語』(1917)、田中芳子『親ごころ子ごころ』(1925)、東京市社会教育課編『愛児の躾けと育て』(1924)、報知新聞社家庭部編『実験子供の躾け方』(1924) など生育日誌や育児経験談の出版化、②『我が子の躾方叢書』全7巻 (1920)、『母性読本』全16巻 (1925)、『子供研究講座』全10巻 (1928)、『我が子の育て方叢書』全10巻 (1935) など大系的育児叢書の刊行、③青木誠四郎、大伴茂、罍田静志など心理学者による育児書の執筆を挙げ、一般向けの心理学書を育児書の範疇に加えている。

43) 加藤は、日本の育児書発行部数の変遷を把握しようとしたが、その選定基準は国立国会図書館の分類「育児・衛生」に依拠したもので、例えば「衛生」の項に分類されている結婚・生殖・出産と一体となった育児手引書を割愛してしまっている。ただし、加藤により、題目に「育児」がつく出版物の登場は明治以降であり（パイヘンリー・

チャイア（智巴土氏）『育児小言』初編 1876、ボル・杉山由哲訳『育児須知』1881 など）、大正末期―昭和中期は育児書の出版点数が倍増すること（1907-1916／29冊 1917-1926／25冊 1927-1936／55冊 1937-1947／54冊）、第三に翻訳育児書の出版ブームは五つの時期に特定できることが判明した。加藤翠「わが国における育児書発行の変遷」『日本女子大学家政学部紀要』第40号 1993。なお、明治期の翻訳育児書に関しては小嶋が、その原典と翻訳書の内容の比較対照や執筆者・翻訳者の出自や経歴、翻訳の意図について分析を試みている。小嶋秀夫 「明治初期の翻訳育児書」『日本医史学雑誌』第35巻第1号 1989、小嶋秀夫 『子育ての伝統を訪ねて』新曜社 1989

44) 稲田ゆかり「近代的育児法成立期における母―1880年～1910年の育児書を手がかりに」『お茶の水女子大学女性文化研究センター年報』1990。稲田は育児書の定義を「育児の概念を乳幼児期の養育を中心とした行為に限定し、記述が『育児』の自意識を持ってなされているものを対象」とし、国立国会図書館目録「育児」に分類されている育児書を主たる研究対象としている。

45) 前掲 稲田 p.43。稲田の研究の意図は、「育児は母親の責務」という認識が歴史的にどう形成されたか、育児書の指針の変化から解読を試みることにあった。稲田が言及する「天職」としての「育児」という発想の到来は、木下の研究を基礎としている。木下によれば、1880年代後半にキリスト教系婦人論のなかで「育児は婦人の先天的義務でありしたがって婦人が家庭で子育てに専念するのは当然」という見識が形成され、1890年末には世論として定着していたとされる。木下比呂美 「明治期における育児天職論と女子教育」『教育学研究』49-3 1982 pp.255-264、木下「明治期における育児天職論の形成過程」『江南女子大学紀要』11 1982 pp.75-93

46) 前掲 稲田 pp.46-48

47) 前掲 稲田 p.45

48) 沢山は、1910年代から1920年代に登場した都市の新中間層について以下のように定義している。すなわち新中間層とは、資本主義社会の形成途上に資本家と労働者の中間に新しく登場した階層で、地縁・血縁を離れて都市に新しく核家族を形成した人々のことであるという。職住分離を旨とし、社会的労働の領域と家庭内労働が分離された結果、家事は妻の領域として性別役割分化が進み、しかも家事は消費的家計の遂行と子どもの教育に限定され、子どもの教育の担い手として父親ではなく母親が表面に

登場する。新中間層の比率は、全階層の6‐7％に過ぎず、東京市の有業人口の21％にあたるとの統計も出されており少数派に属すことは確かだが、学歴別年功賃金体系が取り入れられたこの時期に、教育による社会階層間の移動が可能となり、学歴の取得が立身出世と生活向上の有効な手段となった結果、新中間層では他の階層に先駆けて少産少子を選択し、進学競争に熱を上げたという。以上、沢山美果子 「教育家族の成立」中内敏夫ほか『叢書　産む・育てる・教える1〈教育〉―誕生と終焉』藤原書店 1990 pp.108-110 を中心に整理。

49) 沢山によれば、日本においてまず「母性」という言葉は1910年代に翻訳語として紹介され、急速に普及したものだという。「母性」に「愛」が結合して「母性愛」という造語が新たに生み出された結果、それは、「女性であれば本能として誰もが持つ母親役割からの逸脱の規制」として機能するようになっただけでなく、「科学的育児法」の導入によって「『本能の愛』は『合理の愛』に変わらなければならぬという意味で母親たちの子育てを統制した」と沢山は解釈する。すなわち「母性愛をもって我が子の科学的育児に専念するというただひとつの母子関係のあり方が正当モデル」とされ、「現実の多様な母子関係のあり方が否定された」というのである。以上、沢山美果子 「近代日本における『母性』の強調とその意味」人間文化研究会 『女性と文化―社会・母性・歴史』白馬出版 1979 pp.167-171、沢山美果子 「子育てにおける男と女」女性史総合研究会編 『日本女性生活史』第4巻　東京大学出版会 1990 pp.131-132

50) 沢山は、新中間層の母親が取り組んだとされる「科学的合理的育児法」の内実を正確には把握していない。例えば、1920年代のアメリカで一般的であった育児法①母乳のすすめ、②時間決め授乳、③早期離乳、④抱き癖・揺すり癖の禁止、⑤早期排泄訓練、⑥時間遵守が普及していたとするが、その根拠は提示していない。前掲　沢山 1979 p.172

51) 前掲　沢山 1990 pp.109-121 ほか同様の主張は、沢山「近代家族の成立と母子関係―第一次世界大戦前後の新中間層」人間文化研究会 『女性と文化II―新しい視点から考える』JCA出版 1981、同「近代的母親像の形成についての一考察」『歴史評論』第433号 1987 でも見られる。

52) 広田は、新中間層の心性を沢山の説く童心主義と学歴主義に加え、厳格主義があることを指摘し、彼らの教育への関心は人格中心か知識中心か、または子ども性の尊重

か否定かで相互に対立・矛盾する三つの方向を向いていたとする。広田照幸『日本人のしつけは衰退したかー「教育する家族」のゆくえ』講談社現代選書 1999 pp. 57-58

53) その意味で、1920年代の育児書は母親自身が「完璧な母親＝パーフェクトマザー」になるためのマニュアルとなったと広田は指摘する。前掲　広田 p. 64

54) 広田は、新中間層の親は〈子供期〉を「さまざまなことを学ぶべき人生特有の時期」と捉え、「他の誰でなく親こそが子供の教育の責任者であるという観念をもち、子供を濃密な教育的視線の下で養育」しようとしたと解釈し、こうした「教育する家族の姿」は以後、他の諸階層（農村・都市下層）に拡大普及したという。前掲　広田 pp. 50-55、pp. 64-70

55) 荒川志津代　「大正期の婦人雑誌の育児記事にみられる教育への関心ー『主婦の友』と『婦人世界』の場合」『東京成徳短期大学紀要』第24号 1991 pp. 143-148、荒川「女性雑誌にみる育児情報と子ども観(1)—要因分析による女性雑誌の分類」『児童研究』第73巻 1994 pp. 2-11

56) 荒川は「主婦の友」は「小学校卒業程度の学力で理解できるもの」で、読者層としては「最低レベル」の対象であったとするものの、1926年を転機として、学校関連、試験準備、教科学習、能力開発などの記事数が増大しているのは、制度としての教育の充実に対して家庭教育理念を追随させようとする編集方針、すなわち「メディアの仕かけ」があったと解釈している。前掲　荒川 1991 p. 147

57) 荒川志津代「婦人雑誌の育児記事と教育心理学」波多野誼余夫・山下恒夫編　『教育心理学の社会史　あの戦争をはさんで』有斐閣 1987 pp. 188-209

58) この場合、教育心理学者が掲げた育児目標である、「国の子」とは「立派に君国のために働ける子」を意味し、「社会の子」とは「学校や社会に適応できる子ども」という意味で、荒川は把握している。

59) 小沢牧子「育児評論と啓蒙家」波多野誼余夫・山下恒夫編　『教育心理学の社会史　あの戦争をはさんで』有斐閣 1987 pp. 162-187

60) 小沢は、教育心理学集団の主流の位置にあった山下俊郎の著作を比較した結果、時代の求める望ましい子ども像を具現化するという意味で育児目標は変化するものの、育児規範に根拠を与える教育心理学は、戦前では「子どもの心について正しい知識を持って正しく導くため」、戦時下でも「充分に科学的方法によって本当に国家のお役に

立つ国民を作るため」、戦後民主主義下は「子供の成長が健全なみちを辿ってゆけるように、どういう歩みをするのが順当であるかについて正しい知識をもつ」と構造的には一貫していると指摘している。

61) 横山は、高井俊夫の『育児の常識』(1947)の一節「日本人の大きな欠点のひとつは科学を知らないことである」「科学を生活に取り入れる量が多ければ多いほど」「生活は幅をもち」「科学的行動がとられ」「真の文化人としての生活」が行われるという主張を紹介し、戦後の「科学的」育児への転換が「虚偽的」なものであった典型例を示している。前掲　横山 pp.234-236

62) 前掲　横山 p.237

63) 先に紹介した稲田は、育児の近代化を成立させた一要素として、心理学・教育学・児童学研究の進展により、子どもの「年齢区分」や発達の「順序」、健康の「基準」に準拠して育児をすることが母親の責務となり、子どもの発育の成果が「保育者としての良否」や「母性愛の程度」として評価の対象とされたことを問題視し、育児書における「数値的指標」の設定が変化の要因と見なす。「数値的指標」に依拠する育児が「科学的」育児法のひとつといえるか、今後検討してみたい。

64) 大日向雅美は、『母性の研究』(1988)において、戦後日本でボゥルビーの母性剥奪理論が母性神話形成に大きな役割を担ったことは認めるが、ある特定の学説が容認され社会的影響力をもったのは背景にある育児様式の変化に原因があったとして、学説自体が育児の変化に及ぼす力を過小評価している。

一方、小沢はボゥルビーの理論が高度成長期の母子保健政策（厚生省・3歳児検診）に積極的に援用された事例を解明し、「3歳児神話」のように人々の養育意識が編成された背後にある政治的操作とマスメディアの影響力を把握しようと試みているが、残念ながら戦前についての同様の事例があるかどうかについては探索を行っていない。

65) 内務省編纂『児童の衛生』同文舘 1921

66) 前掲　毛利 pp.125-126

67) 『日本児童協会時報』第二巻 1921 pp.375-376

68) 毛利は、大正末期から昭和初期にかけて見られる育児の科学化に貢献した育児書として、三田谷の『乳児の精神査定及幼児取扱法』(1916)や『乳児の保護』『育児の心得』(1923)を挙げるほか、三田谷が関わった児童教養相談所の児童相談や日本児童協

会の活動は、当時行政・民間の双方を通じて精力的に進められた育児法の啓蒙普及運動のひとつであったと示唆している。

69) 沢山は、『子供の育て方』(大阪毎日新聞社編 1929)に掲載された三田谷の「児童教養かぞえ歌」の冒頭句「人並み以上に子を育て」に注目し、「共同体の人づくり目的と資本主義社会の競争原理が入り混じった奇妙に変形した競争原理」であると解釈している。前掲　沢山 1990 p.108

70) 横山は、三田谷の『育児の心得』(1923)に表現された「我が子」への愛着と期待、「本能」ではなく「合理的な母の愛」を強調する議論を大正期の代表的な育児論と位置づけている。前掲　横山　pp.216-221

第1章

1) 三田谷啓『復刻版山路超えて』伝記叢書12　大空社 1987　解説 pp.1-2（三田谷啓『山路超えて』日曜世界社 1931／『山路超えて』日本児童協会 1951　増補改訂版／『続編』1958 所収）

2) 代表的な研究としては、柴崎正行「わが国近代における障害幼児の処遇に関する研究—三田谷啓における児童保護思想の展開(1)」『精神薄弱者施設史研究』創刊号 1979 pp.130-143、庄司完「三田谷啓の治療教育の研究(1)—『治療教育』の検討」『障害者問題史研究紀要』第34号 1991 pp.1-19、精神薄弱児問題史研究会編『人物で綴る障害者教育史　日本編』日本文化科学社 1980、津曲裕次『人物で綴る精神薄弱教育史』日本文化科学社 1980 pp.198-199、津曲裕司　清水寛ほか『障害者教育史』川島書店 1985、平野雅人「三田谷啓の『治療教育』思想形成に関する歴史的研究—統一的児童保護機関としての三田谷治療教育院」『障害者問題史研究紀要』第38号 1997 pp.57-64がある。それら先行研究では一様に、障害児教育の意義や方法論が十分に確立されていなかった大正・昭和初期において、その重要性を強く認識していた三田谷が、ドイツ留学の機会をとらえてまで、障害児の医学的治療と教育訓練を接合させる治療教育学を修得し、さらに障害児の学習収容施設の設立を単独で行い治療教育実践を試みたことを高く評価している。しかし、こうした障害児教育実践家としての三田谷像は、自伝で三田谷自身が語る自己像に依拠している。

3) 前掲『山路超えて』解説 p.2

4) 岡田英巳子　津曲裕次「ドイツ Heilpadagogik 研究の我国への導入過程について」『心身障害学研究』第9巻　第1号　1985　pp.31-38、岡田英巳子『ドイツ治療教育学の歴史研究―治療教育理論の狭義化と補助教育の体系化』勁草書房　1993

5) 村田恵子「三田谷啓執筆論稿について―雑誌『児童研究』『育児雑誌』の分析」『広島大学教育学部紀要』第45号　1996　pp.213-224、村田「三田谷啓における母親教育の構想」教育史学会紀要『日本の教育史学』第40集　1997　pp.182-205、村田「日本児童協会による母親教育事業の展開」教育史学会自由研究発表レジュメ　於北海道大学　1999年10月3日より整理。

6) 駒松仁子　津曲裕次「三田谷啓　著作目録(1)―1908（M.41）年～1921（T.10）年)」『障害者問題史研究紀要』第38号　1997　p.79

7) 日曜世界社より出版。

8) 日本児童協会より出版。

9) 日本児童協会より出版された『この父と母を語る』の附録として所収。『この父と母を語る』は、序文で大塚節治が紹介しているように、三田谷が母性教育のために発行していた月刊誌『母と子』のうちから「感激多きものを選んで、一本として発刊」されたもので、さらに賀川豊彦が絶賛する通り「児童教育に熱心な人の事例を集め」られており、例えば歌舞伎役者尾上菊五郎の父母、種苗王、滝井治三郎の祖母、同志社大学総長牧野虎次の父母ら著名人の育児録だけでなく、「救癩にささげた若い女性（小川正子さん)」「両手両足のない中村久子さんの精進」「祈るシベリアの肌凍る女囚獄で（益山泉さん)」など苦闘の人生を送った女性の激烈な体験談も紹介されている。なお、『この父と母を語る』には、パール・バックも三田谷治療教育院三十周年を記念する祝辞を贈っており、「このやうな身体障害児や、精神薄弱児に対する配慮（貢献）は、特に闘争と残酷さに満ちた、この時代にあつて、すべての人々に、大きな、文化的な影響を与へるものと、思うのであります」等と三田谷の功績を評価している。

10) 『三十周年記念集』は、学寮の統計、児童相談、母性教育、小学校、農園および職業指導、回顧と希望、実験及び経験の七つの章で、三田谷治療教育院の足跡を紹介している。三田谷治療教育院発行。

11) 1931年版自伝　p.21, 39, 42, 45

12) 同上　p.2

13) 三田谷の生家のあった兵庫県有馬郡塩瀬村字名塩は、現在の西宮市北西部にあたり、「六甲山の陰側、酒屋へ三里豆腐屋へ二里と云はれるやうな」辺境の地であったという。同上 p.1

14) 1950年版自伝 p.4、1958年版自伝 p.132 では、月刊雑誌『少年世界』を購読し、投書もたびたび試みていたとされる。

15) 医学を志したのは、大阪で最初医院の玄関番や薬局の助手として勤めていたからで、その後、法律家 紀志嘉実の下で書生として働きながら東雲学校に通い、医学校受験準備をしたという。1931年版自伝 pp.7-17。なお、紀志嘉実は三田谷の後見役の一人とされ、堺市で衆議院議員に立候補したり（前掲 p.35）、千葉に移転し東京日本橋上槇町で法律事務所を構えるなど、有力者であったと考えられる（前掲 p.37）。

16) 三田谷は出身校を大阪医学校と記述しているが、三田谷入学当時の正式名称は大阪府立医学校である。そして同校は、1902年に東京帝大出身の結核病理学・細菌学者佐多愛彦が32歳で校長に就任し、その翌年の1903年には、大阪府立高等医学校に改称され、さらに1915年には府立大阪医科大学に昇格。最終的には1919年の大学令の改正後に公立大学第1号の設置認可を受け、大阪医科大学となる。なお、この大阪医科大学は現在の大阪大学医学部の前身である（以上、大阪大学五十年史編集実行委員会『大阪大学五十年史　部局史』「第6章医学部および医学部附属病院」1983 pp.220-337、同『大阪大学50年通史』1985 pp.15-80 参照）。

17) 三田谷は、江戸堀北通の協会で牧師を務めていた宮川経輝の導きにより基督教に開眼したという。また宮川を通じて基督教求道者として社会的影響力の強かった海老名弾正や小崎弘道らとも親交があったようである。ただし、三田谷自身が洗礼を受けたという記録は今のところ発見されていない（1931年版自伝 pp.24-28）。

18) 1905年の医学校の卒業試験間際に「父危篤」となったとされる。三田谷の幼少期は勉学の機会を与えてくれなかったと怨恨を持って回想される父が、「危篤時」には「長男の修学をせめてもの楽しみにして居た」父親として描写されている（前掲 pp.31-34）。

19) 1905年12月の上京は知己を頼った計画的なものであったとも想像できる。というのも、医学校受験以来、後見役であった法律家 紀志嘉実もすでに上京して事務所を構えており、宮川経輝牧師も海老名弾正らと本郷協会を拠点に基督教普及活動を行ってい

たからである。後に三田谷は海老名が主幹していた基督教系婦人啓蒙雑誌『新女界』に論文を寄稿している。

20) 富士川游との出会いは、三田谷の「同級で且親友」であった浜井照人の紹介であったとされる。さらに富士川を通じて呉秀三の仕事に関与するようになったと記されている（前掲 p.37）。

21) 次節で詳しく紹介するが、治療教育学は1910年前後にドイツから日本に本格的に紹介された学術分野で、教育と医学の接合による異常児童研究は、富士川・呉らが深く関与した当時の児童研究の中心的課題であった。

22) 三田谷によれば、徴兵検査に「甲種合格」の場合、普通兵なら北海道旭川で軍務に服することが義務づけられていたが、食事・被服・弾薬等の経費約100円を自己負担すれば、一年志願兵として在京でき、いくらか軍務は軽減されたという。なお、この100円は、K教授の依頼で生理衛生学の教科書を執筆し調達したらしい（前掲 pp.39-40）。

23) 三田谷は独逸協会附属のドイツ語の夜学に通い、留学の好機を狙い、1911年5月に渡独し、すでにゲッチンゲン医科大学でドクトルの学位を得た村上幸多の薦めで同大学を留学先とし、当地で高い実績をあげていた九州大学出身の住田正雄を通じて、内科のヒルシュより血液研究のテーマを与えられ、わずか1年という短期間でドクトル試験に合格したことが、自伝では記されている（前掲 p.38, pp.48-53）。三田谷がなぜドイツ留学を志し、それを果たすことができたのか、学資や滞在費はどう工面したか、ゲッチンゲン大学・ミュンヘン大学で誰に師事し具体的に何を学んだのか、本当にドクトルの学位を取得したのか、などの究明が今後の課題である。

24) 1911年5月より1914年2月までの3年弱の留学期間中、ゲッチンゲン医科大学から同文科大学へ、またミュンヘン医科・文科大学と次々に所属を変え、「児童心理」や「治療教育」の研究をしたという。ここで、唯一の学術的貢献と自負するのは、ミュンヘン大学の精神病学者クレペリンの弟子イセリーンの指導を受け、ビネー・シモンの智力検査を郊外の精神病院で試行したことである（前掲 pp.54-55）。

25) 1914年2月からのロンドン滞在は明確な目的があったわけではなく、ロンドンのドイツ新聞社社長に演説の機会をつくるよう直談判し、商業組合やドイツ人協会で講演をして旅行費用を捻出したという。さらに欧州各地での巡回講演の予定を組んだ矢先に、第一次大戦が勃発し、同年8月にやむなく帰国の途についたという（前掲 pp.56

26) 児童研究では、当時、児童学会会長であった法医学者、片山国義や三田定則、児童心理学者・元良勇次郎、髙島平三郎らと親交があったという（前掲 p.48,51）。

27) 1915年に児童学会内に開設された児童教養相談所の主任に、また1917年に設立された児童教養相談所でも児童相談を担当した（前掲 p.58）。

28) 佐多愛彦府立大阪医科大学学長の代理として、三田谷と「同窓の親友」有馬頼吉が赴任を勧めに上京してきた際、「それまで他府県に行くことを好まなかつた（富士川＝筆者補足）先生が『大阪なら面白い、行つて見るがよからう。二年間監踏みのつもりで……』と言はれ、1ヶ月の後」の1918年4月16日付で大阪市役所に医員として就任し、同日付で衛生課防疫係兼保健係も兼務した。さらに1919年3月29日には救済課も兼務する。1919年7月に大阪市貧窮対策社会事業の一環として、日本で最初の公立の児童相談所が開設されるが、三田谷が社会部（救済課が市政改革で昇格）児童課長になったのは、その翌年1920年4月である（前掲 p.58）。

29) 前掲 pp.59-60

30) 1921年11月に実施された「児童愛護宣伝デー」は、三田谷がロンドン滞在中に偶然目にした社会事業推進のための年中行事「花の日」を参考に自ら立案企画したものと記されている（前掲 pp.60-61）が、児童愛護の精神を一般に喧伝し、付帯事業として衛生思想や育児知識の啓蒙のため、講演会の実施や身体検査・育児相談などを行う試みは、例えば1920年10月24日-11月22日に開催された内務省主催の児童衛生展覧会（お茶の水教育博物館）での「児童衛生週間」や1921年3月21日-4月末日まで大阪府衛生会主催、大阪毎日新聞社後援の児童衛生博覧会（東区本町橋詰商品陳列所）、1921年日本幼稚園協会主催の「乳児保護宣伝デー」などですでに行われていた。それらのモデルのひとつとなったのは、1914年にシカゴで開催された「子ども週間」（全国乳児週間）が挙げられる（内務省『児童の衛生』1921 p.123、生江孝之『社会事業綱要』1923 pp.262-263）ように、「児童愛護宣伝デー」のアイデアは、三田谷以外にもいろいろなところから入手されていたと考えられる。

31) 大阪市役所初代児童課長をわずか1年7ヶ月で辞職し、1921年12月大阪医科大学に復学し医学博士号取得を目指して、精神病学者・和田豊種、病理学者・村田宮吉の指導で再度血液研究に取り組んだのは、「先輩の意見に従」ったためと記されている（前

掲 pp.62-63 学位論文「血液ニ及ボスアルコールノ影響ニツキテ」)。なお、従来帝国大学でしか認可されていなかった博士の推薦制は、1920年7月の学位令改正に伴い廃止され、提出論文による請求制となり、博士号取得は公立大学でも可能となった。そうした大阪医科大学の先進的な改革は、先に紹介した学長佐多愛彦の政治力によるところが大きい（新修大阪市史編纂委員会『新修大阪市史』第六巻1994 pp.783-787)。

32) 前掲 pp.64-65。後述するように、中山児童教養研究所の創設者中山太一　中山太陽堂社長は浄土真宗の信者で、当時、本願寺宗会副議長として親鸞精神普及活動の推進も行っていた。

33) 前掲 pp.66-67

34) 三田谷は大阪医科大学で医学博士号を取得後、「墳墓の地」と定めた東京へ上京することを企図したらしいが、関東大震災で「東京は灰になつた」ため断念したという。一方、大阪市役所在任中より住居は阪神間精道村（現在芦屋市）にあったとされ、1920年には児童学会の精道村支部を発会させている。ただし、三田谷治療教育院は、その当時の住居とは別の場所に建設しようとしていたらしい（前掲 pp.67-69)。

35) 治療院設立の実現も紀志嘉実の尽力によるところが大きかったとされる（前掲 p.69)。

36) 「母と涙の二等分」というフレーズは三田谷が好んで使うもので、1931年版自伝序文でも「わたくしの使命は母と子に事へて、医学と教育の恩恵をわけ与えることである。わたくしは微力ではあるがこの仕事のためにこの生涯をさゝげてゆくのである。(…)子故に泣いている親の友となり、せめて涙の二等分をして見たい、これがわたくしの永い間の念願である」と述べている。

37) 以上　前掲 pp.72-80

38) 日中親善を目的とする中国での社会事業の計画や南満州での講演会活動、三田谷治療教育院での酪農の取り組みや農園学寮の設置などが付加されている。

39) 1950年版自伝では「顧れば医学校をでてこの年まで（宿願の治療教育院の創立は）丁度20年の準備期を要したのである」(pp.26-27)、1956年回顧録では「治療教育を一生の仕事にしようとは医学校を出て東京に赴いた当時決心したのであった」(p.21)、「思えば医学校卒業後東京にすみ、さらにドイツに四年の留学をしたのも、全く治療教育院の創立を志したためであった」(p.24)と記述されている。

40) 「彼は医学校をでるなり今の学園(三田谷治療教育院)をつくるために一生懸命になつた。馬車を引く馬の姿であつた。この間の彼の生活は、本人がふりかへつてみると、一本の丸木橋否なむしろ一本の針金をわたつてきたほどの危ない芸当であつた。それが二十年の後に、やつと目的の仕事にかかりえたのである。見かえればわがたどりきし細き道はろけきかもよときにとだえて」(p.130)

41) 以上の記述は、1950年版 pp.2-3

42) 『育児の心得』序 同文館 1923

43) 『子供の育て方』大阪毎日新聞社 1921 pp.163-164

44) 前掲 『育児の心得』p.9

45) 「児童の養護」『新女界』1916 p.14

46) 日本の児童研究史については、松島豊「日本における児童研究運動の成立とその問題性—日本児童学会を中心とする児童研究運動の概観(1944年まで)」(東京大学教育学専門講座教育史専攻修士論文 1982)が、日本の児童研究の足跡をきわめて忠実な形で再現している。松島によれば、児童研究は出発点から戦前までにおいて、①児童研究運動形成の試みと挫折の時期(1890-1898)、②啓蒙普及活動開始の時期(1898-1902)、③研究運動組織形成の時期(1902-1907)、④研究運動方針確立の時期(1907-1912)、④研究運動拡大の時期(1912-1926)、⑤研究運動縮小の時期(1926-1944)の段階で展開していくという。本研究は、松島の地道で精密な資料分析に負うところが大きいが、教育学科出身の松島が教育・心理学の学説史および児童保護事業史を踏まえ、それら既存の諸学問が交差する中間領域として児童研究を把握し、研究運動形態の変化を描写するのに対し、本研究では子どもを科学的探査の対象とする自立した固有の領域として児童研究を規定し、科学的子ども研究の視点・方法論・社会化の過程に注目して再考を試みた。

47) 『児童研究』第一巻第1号巻頭 1898で「本所は奮ひて諸者先輩の志を継ぎ、我国教育界の機運をして欧米と駢馳して恥づる所なく能く自国の児童に就きて実際の経験観察を重ね之を欧米のものと比較して其異同を明らめ以て国家教育の基礎を置くべき確実なる根拠を得しめんことを期し」と児童研究の主旨が表明されている。

48) 児童研究は、前出の創刊号「発刊の辞」において、「各自が専門とするところの学に新光明を与ふべき」ものと歓迎されていた。また同号の論説記事「児童研究の必要」

では、「原始的」あるいは、「自然の位置に於て成人と動物との中間に位する」子ども が「成人」に成長発達していく過程を精査することは、「人間の心理」に対する本質的 な理解をもたらすのみならず、「人類と動物」という自然界の分類秩序や「文明時代の 児童と野蛮人」という文明化への道程を解明する際、「子ども」を媒介とすることで比 較考察の視野が拡大すると期待されている。さらにこの論説は、児童研究が自然科学 のみならず、哲学、倫理学といった人文科学の発展にも大きく貢献するだろうと続く。

49) 日本の児童研究は心理学研究者として米国における児童研究運動の創始者スタンレー・ホールに直接師事した元良勇次郎（1858-1912）や高島平三郎（1865-1946）などの教育学者ら21名が、1890年（明治23年）に設立した日本教育研究会によって出発する。が、それは十分に活動の成果をあげないまま２年後には自然消滅し、かわって1895年（明治28年）、大日本教育会（後の帝国教育会）の研究組合として児童研究組合が発足する。児童研究組合は「専門の児童研究会の設けられし嚆矢」とされるが、またしても研究活動は中絶に終わる。

50) 児童研究が研究対象とする児童期の範囲は、例えば「広き意義にて出生後、若しくは出生以前より成人に至る全時期に於ける人類」（塚原政次「児童研究の困難を論ず」『児童研究』第二巻第２号 p.21）、「胚子期、胎児期、幼児期、少年期および青年期」（高島平三郎「精神進化論」『児童研究』第二巻第９号 p. 2）といったように幅広く取られていた。なお松岡によれば、米国の児童研究は、infancy（－２、３才）を対象とするものと childhood（－８才）、pubescence（－12、13才）、adolescence（－20才代）までの学齢児童・生徒を対象としたものとに大きく分けられ、研究の目的、方法、研究に従事した人のグループ、研究の組織化の有無などに明白な違いがあり、児童研究運動となったのは、「究極的には学校教育の改革を目指すことを目的とした」後者の児童研究であったという。松岡信義「アメリカの児童研究運動（Child Study Movement）―その思想と性格」『教育学研究』第四十九巻第４号 1982 pp. 11-13。日本の児童研究は米国のように二分して進展していったのかどうか、今後さらに追究する必要があるが、少なくとも児童研究で示された児童概念は、出生前から青年期までの包括的なものであったといえる。

51) 「科学的な子どもの研究を標榜し、それをもって教育改革の槓杆とする主張を推し進めた1880年代から20世紀最初の十年間に行われた教育運動」であった（前掲　松岡

pp. 13)。米国の児童研究運動の思想と方法論については松岡の分析のほか、児童研究運動の主導者 G. Stanley Hall の理念や実践を紹介している、Lomax, Elizabeth, M. R. and Kagan, Jerome and Rosenkrantz, Barbara, G. *Science and Patterns of Child Care,* San Francisco, W. H. Freeman and Company 1978 pp. 31-36, Hardyment, Christina *Dream babies: Three Centuries of Good Advice on Child Care,* New York, Harper & Row Publishers 1983 pp. 105-106 において確認した。なお、日本の児童研究の初期の研究課題や領域、方法論については、松島も前掲 pp. 84-98 で触れている。

52) 富士川による児童研究の変革とは、日本の児童研究の道程を回顧した「日本児童学会沿革」(『児童研究』第四十一巻第2号 pp. 36-38) では、「児童の身体及び精神に関する科学的研究を目的として設立されたる日本児童研究会は、明治四十年七月、其組織に革新を加へ、従来は専ら心理学的、教育学的の研究を中心としたるも今後は身体的の方面より、更に一大研究をなし、児童心理学、教育心理学の他に、教育病理学、教育治療学、教育衛生学、学校衛生学、小児科学等の諸方面より攻究するため、心理学者、医学者、教育家及び児童保育者の協力を得ることとなり、之と共に幹事及び評議員の増員移動があつた」と叙述されている。なお富士川は、教育と医学の接合の意義を、「教育家は、叡智的、道徳的及び身体的教育につき其力を尽し、医学は身体的及び精神的健康の保持及び改善につきて、其心を労するものにして、其国民の存在に就て努力することは、両者同一でなければ教育病理学の攻究の如きは言ふも更なり。所謂児童研究に於ても、教育家と医家とは常に協力して其業に従事せざるべからず」と主張している (『児童研究』第七巻第7号 pp. 12-13)。

53) 「異常児童」研究は20世紀初頭にドイツで勃興したもので、例えば三田谷はライプチヒ大学のストリュウムペルの定義に従い、「覚官、神経系統及び精神生活の方面に於て異常を存せる児童を科学的に研究する」「教育病理学 die Pädagogische Pathologie」と、「診断された精神の異常児童を教育的に治療するものを称して」「教育治療学 die Pädagogische Therapie」から構成されていると紹介している (三田谷啓「教育治療学」『小学校』第二十巻第1号 pp. 25-26)。異常児童研究の発展は、知能検査法の研究と不可分で、その結果、児童を「尋常」と「異常」とに二分する傾向は進展し、多様な子ども概念が産出され、子ども観の変化を促した。例えば石川貞吉の「精神及び身体低格児の保護」によれば、異常児童の典型であった「低格者」は、「精神的低格児

童」と「身体的低格児童」に大きく区分され、さらに「精神的低格児童」は「精神薄弱児」「癲癇児」「神経質」「その他の精神発育異常児」に、「身体的低格児童」は「重聴児」「盲児」「啞聾児」「不具児」「栄養不良児」「貧血児」に分類される。そして、これら「低格児」は、「愈々身神の発育を害して悩むべきの病者となり、啻に人の財を糜するのみならず、或るものは乞食、不良少年、窃盗となり、直接社会に害毒を流す、凡そ人類階級中此低格者の如く社会及国家に道徳上及経済上の累となすものはあらず」と犯罪予備軍として扱う発想が強くなり、異常児童の早期発見と隔離による「保護」の必要性が強く認識された（『児童研究』第十八巻第2号 1914 pp.39-40）。また、異常児童の隔離・個別処遇の必要性は学校教育現場でも必須とされ、例えば、衛生学者として学校教育行政に多大な影響力をもった三島通良は「学童生徒精神情態検査の必要」において「低能児」「意志薄弱」「不良児童」「白痴」は「到底健全なる児童と一列の下に教育し能はざる者あり、此等は特殊の学校即ち補助学校、白痴院、又は感化院において特別の教育に依り特別の教育を施さざるべからず」としている（『児童研究』第十巻第11号 1907 pp.10-11）。

54）『児童研究』第十五巻第10号 1912 pp.333-334
55）会員制を敷いていた日本児童研究会（1902年設立。1912年日本児童学会へ改称）は、1910年の時点で会員数1329人であったが、1914年以降「地方部会」が結成されていき、会員数の拡大を図る積極策がとられていった（前掲 松島 pp.102-110）。京阪神は、他地域と比較して、早い段階で地方部会の結成が進められた地域で、1914年東京児童学会が設立されるのに先立ち、大阪児童学会が設置される。同年6月の第1回常会は大阪市東区第一高等学校で開催されており、その時点での会員数116人、参加者66人という規模であったという。続いて、1915年神戸児童学会が、1919年10月には甲陽児童学会が、さらに1920年精道児童学会が順次設立されていった。地方部会の会員層は、その地方の高等学校、師範学校、中学校等の校長や教授、教諭を中心として、地方の教育行政幹部も加わる半官半民的色彩の強いものであり、主な活動としては、児童研究講演会の開催や、後に述べるような児童教養研究所の付設、玩具意匠懸賞募集などであった（前掲 松島 pp.293-304のほか、日本児童学会の地方部会の創設年月日、地域、発会式の詳細については、柴崎正行・安齋智子「明治期の『児童研究』誌にみられる発達観の変遷(2)」日本保育学会発表 1999 於青山学院大学での配布資料4を参

照)。三田谷は児童学会の神戸 (1915年1月)、東北 (1915年4月)、沼隈 (広島・1915年6月)、尾道 (広島・1915年9月)、西備 (広島・1915年9月)、足柄下 (1917年5月)、鎌倉 (1917年11月)、甲陽 (1918年10月) での地方部会の発会式で、富士川游、髙島平三郎、片山国嘉、倉橋惣三らと共に講演を行い児童研究の普及に努めている。この地方部会での取り組みが、日本児童協会の活動にどういう形で継承されたのか、『児童研究』誌上で報告されている地方部会の運営記録の検討と三田谷文庫で大阪児童学会、精道児童学会、甲陽児童学会など関西の活動記録を示す資料の発掘に着手したい。

56) 1915年に児童教養相談所が、日本児童学会内の本郷西片町十番地で開所されるが、「異常児童ト然ラザルモノヲ問ハズ」「1．其教育及ビ養護ノ方針、2．職業ノ選択、3．其他実際上ノ要領」について、一般からの相談を受けつけ、相談主任は三田谷啓であったが、相談料が高すぎて利用者が少なく、まもなく閉鎖された。続いて1917年に、再び児童教養研究所 (翌1918年児童研究所と改称) を、東京府荏原郡目黒村にて北垣守が私財を投じて開設し、理事長に就任する。副所長には巖谷季雄 (小波) が、名誉顧問に菊地大麓が、理事に三田谷が就き、研究部、実行部、出版部、行演部、衛生部、製造及販売部の組織で運営されていた。研究部の事業はさらに二分されており、身体部門の責任者に三田谷が、精神部門の責任者に久保良英が就いていた。この児童教養相談所、児童教養研究所の設立の主旨や活動主体、組織運営、発行された機関誌について、安田生命社会事業団『日本の児童相談』川島書店 1969 pp.72-91、松本園子「解説『児童教養講習録』の背景と性格」日本児童問題文献選集36『児童教養講習録』日本図書センター 1985 pp.8-9、村田恵子「北垣児童教養研究所について―機関誌『児童』『子寳』を中心として」『広島大学教育学部紀要』第46号 1997 pp.205-208に触れられている。ここで興味深いのは、児童教養研究所には地方の会員が研究の便宜を得ることができるように「児童協会」というものが設立され、会員を対象にした児童相談や講演会の開催、機関誌の発行が試みられていた点である。第2章で紹介するように、三田谷が設立した日本児童協会は、この児童教養研究所の児童協会を母体としているとも考えられるため、ここでの活動理念について『児童研究所紀要』、『児童教養講習録』(いずれも三田谷文庫所蔵) から分析してみたい。また、米国の児童研究運動の支持母体のひとつとなった全米母親会議 (National Congress of Mothers)

や児童協会（Child Association）との関連性も示唆されるため、米国の児童研究史を参照したい。

57）「憂ふべき日本の将来」『児童研究』第十九巻第2号 1915 p.36

58）「児童教育に就いて」『新女界』第七巻第8号 1915 p.9

59）同上『新女界』p.10

60）「児童の教養を中心とせよ」『児童研究』第十九巻第4号 1915 p.104

61）「児童教養の誤用」『児童研究』第二十巻第9号 1916 p.254

62）「児童研究」『児童研究』第二十巻第10号 1917 p.328

63）『子供の育て方』大阪毎日新聞社 1921 pp.178-179

64）「太郎の生立」『婦人衛生雑誌』305、306、308、309、311号 1915

65）『児童の教養』婦人文庫刊行会 1916 序文。本書は、「第一編 健康児童（児童の身体及び精神）、第二編 児童の衛生 第三編 児童の教育 第四編 児童の疾病」から構成されているが、特に第一編は「1．児童の身体と成人の身体、2．児童身体の発育、3．体重及び身長、4．男女発育の差、5．児童発育期における特徴（…）19．健康児童精神の標徴」と健康体の発育指標が明記され、また第四編で「12．児童疾病早期発見法」が附録されている。

66）ここで使われている「神身」という言葉は、三田谷自身が記したのか、婦人文庫刊行会の編集者によるものか、当時どの程度「神身」という概念が流通していたか、同時期の育児書や健康について論じた文献などを中心に確認を急ぎたい。

67）当時流行していた社会的ダーウィニズム論については、鈴木善次『日本の優生学―その思想と運動の軌跡』三共出版 1983、鵜浦浩「近代日本における社会ダーウィニズムの受容と展開」『岩波講座 進化』岩波書店 1991 pp.119-152を中心に、汲田克夫『近代保健思想史序説』医療図書出版社 1974、高木雅文 「『大正デモクラシー』期における『優性論』の展開と教育―教育雑誌の内容分析の視角から」『名古屋大学教育学部紀要（教育学科）』第36巻 1989 pp.167-177、滝澤利行「近代日本健康思想の成立」『近代日本養生論 衛生論集成 別巻』第2部文献解題 1993、小野芳朗『〈清潔〉の近代 「衛生唱歌」から「抗菌グッズ」へ』講談社選書メチエ 1997、黒田勇『ラジオ体操の誕生』青弓社 1999 等を参照した。

68）『外へ外へ』洛陽堂 1915

注　169

69) 前掲　鈴木『日本の優生学』pp. 32-34、pp. 51-61、pp. 73-81、91-97
70) 「子女の養護」『婦人衛生雑誌』317号 p. 12
71) 『子どもを賢くする為に』実業之日本社　1924　序
72) 生活改善運動については、中嶋邦　「大正期における『生活改善運動』」『史艸』15　1974 pp. 54-83、小林嘉宏　「大正期における社会教育政策の新展開―生活改善運動を中心に」『講座　日本教育史3』第一法規　1984 pp. 308-331、柏木博「家事の改善をめざして―両大戦間の日本の家事」『家事の政治学』青土社　1995 pp. 170-192、前掲　黒田『ラジオ体操の誕生』pp. 175-177 を参照した。
73) 「日本人種改造問題」『婦人衛生雑誌』301号　1915 pp. 19-20
74) 「こどもの世紀、をんなの世紀」『児童研究』第二十三巻第9号　1920 p. 243
75) 「女子の身体」『婦人衛生雑誌』228号　1908 p. 17
76) 「工場法案と児童」『児童研究』第十三巻第7、8、9号　1910。国家による労働規制の着手は1880年代後半より目論まれていたが、実際に可決・制定されたのは1911年の第27帝国議会で、その実施は1916年まで持ち越された。工場法案には、年少労働者の年齢制限、労働時間制限、夜間労働の禁止、休日と休憩の確保、危険業務の禁止などの条件が盛り込まれていたが、「常時十五人以上ノ職工ヲ使用スル」工場のみへの適用であり、小規模工場で働かざるをえない貧窮階層の子どもには、何ら有効な処置ではなかった。
77) 「工場法案と児童」『児童研究』第十三巻第9号　p. 334
78) 児童研究の立場から児童保護の方法を論じたものとしては、倉橋惣三「社会的児童問題」(『児童研究』第十四巻第7号　pp. 217-218、第8号　1911・1・2 pp. 247-250)、小河滋次郎「児童保護ノ法制関係ニ就テ」(『児童研究』第十五巻第11号-第十六巻第3号 pp. 337-344、pp. 385-388 1912・6-10、高島平三郎「児童保護問題に就て」(『児童研究』第二十五巻第4号　1921・12 pp. 9-12 pp. 57-60 pp. 94-95 pp. 95-100)、富士川游「少年裁判所」(『児童研究』第二十六巻第1号　1922・9 pp. 1-3) などがある。例えば、倉橋は「児童愛護」は「児童の為の社会的当然の事」とするものの、児童労働問題に対処するための具体的な見解は一切述べていない。小河にしても、児童を「弱者中の弱者」と規定し、「文明ノ進歩ニ伴フ激甚ナル生存競争ノ迫害ニ対抗スルノ能力ヲ具備セシメンガ為ニハ所謂児童保護ノ方法ニ一層周到親密ナル注意ヲ加フル

ノ必要アル」とあくまでも競争社会に適応する能力を身につけさせるための児童保護の重要性を訴えており、それを単に「一般救貧制度ノ領域ニ属スル要目」、すなわち貧窮対策のひとつに位置づけようという程度の意識でしかなかった。つまり、保護すべき対象として「児童」の存在が認識されはじめているものの、それをどのように実現するかについての思索は、この時点では不十分であったといえる。例えば、高島は「不良性の者の中には低能者もあれば精神病や神経症の素因を有して居る者もある」のに感化院などは個別に治療教育する設備が不十分なことを問題視しており、富士川は「教育病理学等の進歩により所謂不良少年の本能が明らかになり、その大多数が精神薄弱及び精神低格者であると認められた」以上、少年裁判所は刑法的処置ではなく、「分化」「教育」的処遇を進めるべきだと主張しているが、どのような保護方法が適切なのか、それ以上の踏み込んだ考察はなされていない。

79)「工場法案と児童」『児童研究』第十三巻第 8 号 p.285

80) 日本の児童保護意識の動向と事業展開については、暉峻義等「乳幼児死亡の社会的原因に関する考察」『婦人問題資料集成 第六巻 保健・福祉編』ドメス出版 1978 p.142、池田敬正『日本社会福祉史』法律文化社 1986 p.577、加登田恵子「大正期における『児童問題』と『児童保護』」吉田久一編 『社会福祉の日本的特質』川島書店 1986 pp.328-359、一番ヶ瀬康子「解説 児童保護の成立・展開と調査活動」社会福祉調査研究会編 『戦前期社会事業調査資料集成』第五巻 勁草書房 1990 pp.2-15、吉田久一 「児童保護の成立」『吉田久一著作集 3 改訂増補版 現代社会事業史研究』1990 川島書店 pp.59-74 等を参照した。

81)「女子と国家との関係」『婦人衛生雑誌』第316号 1916 p.16

82)「国家と婦人」『新女界』第八巻第10号 p.38

83)「我国婦人体力の改善」『婦人衛生雑誌』313号 1915 p.40

84)「児童の教養(九)乳児の健康増進法」『新女界』第九巻第 3 号 1916 p.55

85)「児童の養護 (三)」『新女界』第八巻第 7 号 1916 p.30

86) 東京専門学校、東京帝大法学部専科卒、監獄学者・社会事業家。法学博士。内務省警保局時代にドイツ型の監獄学の日本での受容に貢献したほか、司法省獄務課長として監獄法の成立に寄与したことは有名だが、少年非行問題にも意を注ぎ1900年の感化法公布・感化院設立にも尽力するなど、犯罪予防のための児童保護問題にも大きな関

心を示した。東京帝大講師や清国政府の獄務改革の指導など幅広く活躍したのち官を辞し、大阪に赴任した。なお、三田谷との直接的な接点を示す史料としては、大阪赴任に際して1918年3月29日に神田多賀羅亭で開かれた三田谷の送別会の出席者名簿に、小河の名前を確認することができる。

87) 滋賀県師範学校卒。小学校訓導を経て母校の訓導となる。1900年、創刊2年目の『児童研究』に「小学校期における男女心性の比較研究」を執筆応募し、特選を得ていた。

88) 大戦をはさむ1914年と1919年の大阪市の工業生産額を比較すると、1919年には農業の3倍を上回る5倍となり、総生産額に占める比重も44.4%から56.8%に上昇し、また1920年の主要工業地帯への生産の集中を示す額は東京の8億3100万円を抜いて大阪は9億9500万円と第1位となっている。小山仁示　芝村篤樹『大阪府の百年』山川出版社　1991 pp.98-104、杉原薫　玉井金五編『大正・大阪・スラム—もうひとつの日本近代史』新評論　1986 p.1

89) ちなみに、1925年4月に東成・西成両郡が大阪市に編入された結果、大阪市は人口200万人の東京を上回る世界第6位の211万人の人口を有する大都市となっていた。それは、大阪府の人口の約70%を占めるほどであったという（前掲小山　芝村 pp.103-104）。

90) 大阪朝日新聞 1919年3月17日付。また、1935年に刊行された『大阪市域拡張史』では、第一次大戦終了時の大阪市接続町村の状態について、「下水道の設けなく、降雨一度到れば腐水汚物を混じ街上に氾濫」「道路狭溢不潔にして屈曲多く、大都市郊外の交通路としての用をなさず」「消防夫の手不足は給水設備の不完全と相俟つて火災等の場合は恐るべき災害となり」「其処此処の『スラム』には不逞無頼の徒、棲息徘徊」と記されている。

91) 前掲　小山　芝村 pp.167-169

92) 大阪市水道局『大阪市水道80年史』大阪市役所　1982

93) 小田康徳『都市公害の形成—近代大阪の成長と生活環境』1987

94) 前掲　小山　芝村 pp.169-171

95) 前掲　小山　芝村 p.105

96) 東京高等商業学校卒、交通政策・都市計画学者。法学博士、貴族院議員。1923年に

は第7代大阪市長に就任し三期10年余りを務める。我が国都市政策の草創期にパイオニアとして、官民一体となって大阪市を「大大阪」と呼ばれる繁栄の時代に導き、高い令名を獲得した。昭和天皇も大阪の発展ぶりに高い関心を示したとされ、皇太子時代を含め4回視察している。

97) 奇しくもこの二人は、村島の『ドン底生活』に序文を寄せている。従来一部の慈善家が細々と取り組んでいたにすぎない社会事業を、国家と一般人の責務であると主張した小河は、この書を「済貧事業に従事する者にとりては、指南軍なり。又、社会問題を研究する者にとりては、必読の教科書なり」と推奨した。また、関は「我国論の赴く所を窺ふに、戦後経営の重要であることは何人も認めて居る所であるが、其問題とするところは殆ど軍備、財政に関するものにあらざれば産業保護の問題である（…）併し吾々は上を向いて煙突の数を数へると同時に下を見て、下層労働者の生活実態を観察せねばならない。生産問題の根底には分配消費の問題が横たはつてゐる」と、時代の課題にいち早く応えようとする意欲を表明している。

98) 米騒動に関する基礎的知識は、前掲『大阪市史』pp.510-520 及び前掲　小山　芝村 pp.111-122 より得た。

99) 『大阪毎日新聞』8月2日付夕刊

100) 前掲　小山　芝村 pp.122-124

101) 慈善・救済・救護にとどまらず積極的に市民の社会福祉をはかるために創設された救済係は、4ヶ月後の1918年11月には救済課に昇格、さらに1920年には社会部に昇格して、庶務課・事業課・職業課・児童課の四課を統括し、低階層の生活環境の改善のための社会施設の設置に取り組んだ（前掲『大阪市史』pp.180-182、pp.197-201）。

102) 関一の都市政策については、関一研究会編『関一日記―大正・昭和初期の大阪市政』東京大学出版会　1986、芝村篤樹『関一―都市思想のパイオニア』松籟社　1989 を参照した。

103) 大阪市の社会事業の歴史に関する基礎的知識は、山口正「歴史からみた大阪の社会事業」『社会事業研究』第二十八巻第6号付録　大阪府社会事業連盟、玉井金五「日本資本主義と〈都市〉社会政策―大阪市社会事業を中心に」前掲　杉原 pp.249-298、前掲　小山　芝村 pp.127-129、前掲『大阪市史』pp.197-203 から得た。

104) ここで試みられた社会事業の目的として注目したいのは、地域社会の動揺の原因で

ある困窮の緩和をはかることとともに、行政が市民生活へ直接介入し管理を徹底することによって、民衆の社会秩序への適応が目指された点である。例えば今宮など市内三ヶ所に開所された共同宿泊所では、「市内及び其の付近にある下級職工、労働者等のために低廉にして清楚なる宿舎を提供し、以て<u>彼等の生活の改善と思想の向上に資することを目的</u>」にしており、図書館が設置され、また月1回、精神修養、貯金奨励、衛生思想等をテーマにした講話会が開催されるなど「人格の陶冶」が大きな課題とされた。勤労を奨励し、風俗を改善するために生活の模範を定着させようという試みは、市営住宅や市民館の活動とも共通している（大阪市役所社会部『大阪市社会事業概要』大阪市役所 1923）。

105） 大阪市役所蔵資料より

106） 大阪市立児童相談所『大阪市立児童相談所紀要』第一巻 1922 pp. 7-8（大阪市立図書館蔵）『大阪朝日新聞』の1919年1月8日付朝刊でも、児童相談所設立の趣旨を紹介した記事の中で「大阪市が児童の死亡率極めて多き為め一面に於て育児法の相談に与り以て死亡数の減少を計らんとするもの」と紹介されている。

107） なかでも最も犠牲を強いられたのは、スラムに住む労働者階級の子どもたちであった。市内各所にスラムが形成されたが、1917年2月20日から1ヶ月間にわたって『大阪毎日新聞』に大阪市を中心とするスラム地区のルポルタージュ『ドン底生活』を連載した村島帰之によれば、「市内では何といつても、今宮、木津、西浜を控えた難波警察署部内が貧民の本場で、下寺町を控えた天王寺部署が之に次ぎ、以下曽根崎、九条、玉造、北、朝日橋、南、東、西という順序（…）」がスラム化していたという。村島は、大阪は「天下の工業中心地」「富の都」であるだけに、「貧富の懸隔も従つて甚しく、生活戦の敗残者の数も亦夥しい」と述べ、自活力も扶養者もない極貧者が市内では戸数2,544、人口9,058人、郡部では戸数2,705、人口9,927人を数えるとした。村島のように、都市で貧困にあえぐスラム地区の下層労働者の生活実態を照射し、その救済を社会に要請しようとする試みは、1910年代後半より顕著となり、例えばキリスト教社会運動家として神戸のスラムで生活困窮者と起居を共にした賀川豊彦の『貧民心理の研究』、経済学者河上肇が『大阪朝日新聞』に連載した『貧乏物語』などがその代表といえる。スラム地区のある特定の人々の住環境、収入・支出構造、労働形態の詳細に関する分析によれば、過酷な生活条件下にあったスラム住民の家計収入において、

児童労働の果たす役割は非常に大きかったとされ、その過半を子どもに依存している階層すらあったという。代表的なスラム、市内下寺町の八十軒長屋の場合、11-15歳の児童の有業化率は50％を占め、1919年の釜ケ崎木賃宿（47軒）の宿泊児童中、6-15歳の児童555名のうち、400名すなわち72％は学校にも通わず屑拾いをして日々過ごしていたという。また、貧困家庭児童の教育・救済を目的に1911年篤志家によって設立され、1922年に公立となった徳風小学校に通う児童の多くは職業に就いていた。1914年7月に行われた徳風小学校児童の職業調査によれば、マッチ会社に働く者が152名と圧倒的多数を占めており、第一次大戦の一時期、世界一のマッチ供給国として、兵庫県に次ぐ生産地であった大阪を支えていたのは、この大阪スラムに居住する子どもたちであった。大阪で主に生産されていた黄燐マッチは、人体に有毒であるという理由で1922年に製造販売が禁止されるが、それまで「黄燐燐寸工場の如き有毒瓦斯に充ち、是を呼吸するときは、歯を侵し骨を腐らすが如き有害なる場所に於ては職工の衛生は寸時も等閑に附すべからざるなり」、「吾人は黄燐燐寸工場に於て、燐毒の為衰弱して労働に堪へず業を廃したる児童あるを聞けり、一職工が黄燐の為に焼傷して其毒忽ち全身に廻りたることを聞けり、而して黄燐工場に於て歯根の腐蝕して顎に穴ある職工を見る事少からざるなり」という凄まじい現場に、子どもたちは置かれていたのである。マッチ職工の賃金は、1917年頃で「箱詰は小箱百八十個に軸木を詰めて一銭三厘」で、「普通の腕の十三四の娘では一日十七八銭」の稼ぎで、ようやく下等米一升が買えるほどの額であった。

108) 佐藤正彦『日本の母子衛生―統計調査文献改題』メディカル出版 1974「主なる人口動態統計」より整理

109) わが国の総人口は、明治初期から1920年頃までが年平均人口増加率1.0％で比較的穏やかに増加し、1920年から1935年頃までは年平均人口増加率1.4％と、歴史上最も伸び率が高かった。すなわち、明治初期の3500万人から50年後の1920年には5600万人まで増加したことになる。一方、死亡率は、1900年代において人口千人あたり20-21であったのに対し、1918年には27.3と統計上最悪の結果をピークに、1919年は23.3、1920年は25.4、以後長期的な低下傾向が続き、1921年には22.7、1926年は19.1、1930年には18.2と確実に低下していく。さらに、出生率は、1895-1930年代までは、増減を繰り返しながら人口千人あたり30を超える高率で推移した。ちなみに、1910年は34.8、

1920年は36.2と最も高く、1930年には32.4となる。以上のことから、1920年は人口増加が著しいうえに、死亡率、出生率も高い年であったといえる（財団法人 矢野恒太記念会編『日本国勢図会 長期統計版 数字でみる日本の百年』国勢社 pp. 37-70）。

110) 1929年4月1日より1週間、大阪乳幼児保護協会が主催した「乳幼児愛護週間」で配布された小冊子『乳幼児の保護』朝日新聞社会事業団 1929 pp.3-7の資料をもとに作成した。

111) 宗教家、キリスト教社会事業家。青山学院で神学を修めた後、アメリカ人宣教師の通訳として渡米し、ボストン大学で社会学・宗教学を学ぶ。帰国後の1904年に神戸市外事係長に就き、1908年には内務省・大阪市・神戸市・大阪毎日新聞社の嘱託として、再度欧米の社会事業の視察や都市行政の調査を行い、1909年からは海外での取り組みを日本の社会事業に移入するうえでの指導的役割を果たしていった。留岡幸助、牧野虎次らキリスト教社会事業家と親交が篤かった三田谷と生江に接点があったことは十分想定でき、米国の連邦児童局の設置や児童年、児童愛護週間、母親相談所（乳児診療所）などの実情に詳しかった生江が、三田谷の児童保護理念と実践にどのような影響を与えたか、事実関係をさらに調査したい。

112) 生江孝之『社会事業綱要』第二編第5章 児童保護事業「児童保護に関する最近の思潮」1923 pp. 213-215『社会福祉古典叢書4生江孝之全集』鳳書院所収

113) 同上 生江 pp. 217-218、pp. 256-258

114) 欧米諸外国では減少傾向に向かう乳児死亡率に対し、日本では逆に上昇する傾向にあったことを懸念し、これに対応しようとする動きは、1916年の政府による大規模な実態調査から本格化するといえる。同年に内務省に保健衛生調査会が設置されるのを皮切りに、以後、東京・大阪など労働者階級の乳児死亡の実態に関する民間の調査が進められていくが、それらの成果をもとに、地域や階級、生活実態との相関から乳児死亡の実情が数値として少しずつ把握され、その原因の究明と救済が行政の大きな課題となっていった。1920年に保健衛生調査会が建議した「児童及妊産婦保健増進に関する件」では、都市の貧困な産婦を収容する産院の開設や、育児相談所、育児用牛乳供給所、児童遊園、公設産婆の設置、児童週間、児童衛生展覧会の開催など、その後の妊産婦・乳児保護事業の方向を打ち出している。つまり、1920年頃までに、乳児死亡率低減が社会事業の課題として位置づけられる条件が整い、何らかの対策が模索さ

れたゆえに、乳児死亡率は減少傾向へと向かったとも考えられよう。

115) 大阪市役所蔵資料より
116) 前掲『紀要』第一巻 pp.8-9。同様の主旨は、以下の健康の定義でも端的に表明されている。「今や世界の大勢は将来事業の最大資本は人間なりていふことに一致し、今日の如く人命を軽んずるは、啻に精神上の問題たるに留らず、又以て直に物質上の問題たるべきなりと、独逸国立乳幼児死亡予防会長ランクスタイン博士が叫んだ如く、人命の大切なるは今更云ふ迄もなき事である。扨て児童は第二の国民となるべく、生育しつゝあるが人生何といつても身体の健全なる程よい事がないのである。巨万の富を有するも其身は常に病弱、不健康であれば、此人生は苦痛の一生と化するのである。然れば児童は乳児期、幼児期、学齢期と段々生長する間、常に健康であらせたい事である。児童は此人生の行路の第一歩発程時代である。此期に於て、健全なる体躯の組成をなし置く事は、其の将来に向かつての最も重要なる用意であらねばならぬ。故に当部に於ては常に其発育状況と健康状態に留意し、相談者として保育の方法を定めしむるのである」前掲『紀要』第一巻 pp.12-13
117) 大阪市立児童相談所『児童保護叢書第一編　乳児の保育と其注意』発行年不祥 p.2（三田谷文庫所蔵）
118) 『大阪市立児童相談所要覧』「一、沿革の大要」1921・7 p.1（大阪市立中央図書館蔵）、前掲『紀要』第一巻「一、沿革組織及事業の概要」pp.1-7
119) 大阪市の取り組んだ社会事業の名称・所在地・創立年月日については「市営社会事業一覧」前掲　玉井 pp.276-277 を参照。
120) 「庶務規定」前掲『要覧』pp.3-5
121) 戸崎は、大阪市立児童相談所に関する大阪市議会の会議録の調査に基づき、その必要性に対する疑問や相談件数増加の要請があったと示唆している。戸崎敬子「大阪市立児童相談所と付設『学園』の成立と展開」『特殊教育学研究』1992 p.39、p.42
122) 前掲『要覧』p.1
123) 大阪市役所社会部『大正12年大阪市社会事業年報』1924 p.31（大阪市立図書館蔵）
124) 戸崎は、各年度ごとの「健康相談」「教育相談」の内容の内訳、「児童相談所相談種別取扱件数の推移」からその変化の要因を分析している（前掲　戸崎 p.39）。

125) 三田谷「児童相談の現状と将来」阪神児童相談所 1925 pp.3-4から引用してみよう。「児童相談所の経営方法や発達の模様を見ると凡そどこでも同じやうな傾向を示していることを認めるので、第一は公立、私立共に相談を受ける者の数が少ないと言ふことである。そこで理事者はそれを従業者に責める。従業者は数を増すことに努力を強ひられるから勢ひ宣伝を併せて行はなければならぬ。そこで事業と宣伝との二途を進まなければならぬ。(…)それでも理事者の求むる所謂『数』なるものに達せない。実際統計上の数字を増やすことのみに腐心すれば、相談の実を失ふことは止むなきことである。そこで従業者は理事者の言を容れて数を増せば、相談の実を失ふ、相談の実を挙げんとすれば数足らずして理事者の希望に背くことを免れぬ。」

126) 1922年には日赤大阪病院の育児無料相談所、愛国婦人会大阪市部児童相談所、大阪母親相談所が相次いで開所している。また、三田谷は大阪市役所児童課長の職を退いてのち、1923年7月には新築されたばかりの精道村役場で阪神児童相談所を、また大阪市内の三越百貨店内で大阪コドモ研究会児童相談所を、11月には阪神児童相談所大阪出張所を開設し児童相談を行い、さらに翌1924年1月からは大阪駅前の堂島ビルに設立された中山児童教養研究所においても児童相談を行っている。

127) 1923年1月から1924年5月まで大阪市役所社会部で作成された新聞のスクラップ『児童問題記事』には、大阪市立児童相談所の利用の多さを伝える報道「大阪新報1／19」「都新報8／19」「大阪都新聞10／27」(いずれも1923年)と、廃止を非難する報道「大阪都新聞3／2」「大阪都新聞4／25」の記事の切りぬきがなされている(大阪市役所社会部『大正12年度児童問題記事』(大阪市立図書館蔵))。

128) 前掲　生江 p.259

129) 三田谷『山路超えて』1931 p.59

第2章

1)　①日本児童協会が関与した内務省・大阪市ほか各種団体主催の講演会・研究会の一例

主催者名	名目	日時	場所	講師
内務省	児童衛生博覧会付帯事業　講演会	1921.4/2, 9, 23		稲葉・緒方・原田達三・水口耕次・大久保・矢野ほか
	育児講習会	1921.9/26	市民館	矢野・三田谷
神戸市社会課	児童問題講演会	1921.9/18 －10/6	神戸市内小中学校13ヶ所	

大阪児童学会・大阪市保育会・日本児童協会・大阪コドモ研究会・コドモ用品研究会	児童愛護宣伝デー・児童愛護講演会	1921.11/6	大阪市内小中学校・幼稚園15ヶ所	三田谷・鈴木治太郎・志賀志邦人・大西孝美・山桝儀重・緒方・矢野・三野など45名
大阪市	児童保護教化研究会	1922.4/17	大阪市役所	市保育会・日本児童協会関係者
大阪市	大阪コドモ宣伝デー講演会	1922.5/6, 7,8	市民館	三田谷・三野・志賀・入間田
大阪市	市民館創立1周年記念 乳児保護講演会	1922.11/1	市民館	志賀・三野・長浜・木下・三田谷・高洲・片瀬
大阪社会事業連盟	児童保護講座	1926.10/15－火・金	大阪堂島ビル中山文化研究所講堂	三野・大久保・高田・富士川・石原・小関ほか

②三田谷が関わった児童学会地方部会主催の例会・総会

地方部会名	日時	場所	講師
大阪児童学会総会	1920.5/16		和田豊種・福末之助・三田谷
〃	1921.6/11	東区汎愛幼稚園	稲葉・長谷川卯三郎・片瀬・古瀬安俊・山田司・上々手
〃	1922.5/20	江戸堀幼稚園	入間田・膳・矢野・大久保
〃	1923.5/18	御津幼稚園	
〃	1924.5/17	大手前高等女学校	和田・三田谷・福富徳次郎・大久保・三沢・亀島
〃	1925.5/23	江戸堀幼稚園	和田・三田谷・小関・尾関栄・高田慎吾
大阪児童学会例会	1920.7/24	市立児童所講堂	鵜川富男・中野生清
〃	1920.12/4	東区南久太郎町浪華小学校	三田谷・浅野成俊・小関光尚
〃	1921.2/5	東区本町相愛女学校講堂	三田谷・和田
〃	1922.1/29	西区市岡高等女学校講堂	三田谷・村上
〃	1922.5/20	江戸堀幼稚園	
〃	1925.1/29	中山文化研究所	富士川・髙島
大阪児童学会主催講演会	1920.10/14	東区今橋3丁目幼稚園	髙島・富士川
大阪児童学会主催講習会	1921.5/23－27	東区第一高等小学校	小関・三田谷・野上・桑野・久住・海老名
甲陽児童学会例会	1920.7/3	武庫郡住吉甲南小学校講堂	和田
〃	1920.10/15	武庫郡住吉小学校	髙島・富士川・菊地
〃	1920.12/12	御影師範学校講堂	浜口理吉郎・菊地・塚田喜太郎
〃	1921.2/15	御影町立小学校	望月国子
〃	1921.4/17	御影町立第二小学校講堂	緒方十右衛門
〃	1921.6/13	甲南小学校	野上
〃	1921.10/18	住吉小学校	富士川・堀卓治郎
〃	1921.11/23	住吉小学校	髙島
〃	1922.4/22	住吉小学校	横川四十八

神戸児童学会講演会	1920.10/15	神戸市海運倶楽部	高島・富士川
精道児童学会発会式	1920.11/28	精道小学校	三田谷・有馬
精道児童学会	1923.6/29	精道小学校	三田谷
玉出児童研究会の組織	1921.7/26	玉出町第一小学校講堂	三田谷・矢野
玉出児童研究会発会式	1921.10/19	玉出町開花幼稚園	片瀬・三田谷

　③三田谷が講師として招かれた、民間主催の研究会・講習会の一例（詳細は省く）
　大阪父の会・母の会主催児童問題講演会・三越呉服店主催大阪コドモ研究会・ライオン巡回家庭衛生講習会・芦田家庭婦人会例会・西宮婦人会・帝塚山家庭会・堺子供研究会・なのりそ会

2) 『日本児童協会時報』『育児雑誌』の原本の判型は四六倍判で1号あたり、平均28ページから32ページで編集され、一貫して以下の項目で分類されている。すなわち、日本児童協会の主張を掲げた〈社説〉、児童問題の対応に向けた〈講話〉、他誌の記事の一部または要点を抜粋して収めた〈抄録〉、およびそれに新刊を加えた〈紹介〉、巻末に国内外の児童保護・教育に関する法案の成立状況や事業の動向、生活困窮者層に関する社会調査の計画や結果、阪神地区・東京で開催された児童の衛生・教育に関する展覧会・講演会・研究会の案内や事後報告が掲載された〈彙報〉、そして会員紹介欄である〈新入会員〉〈広告〉である。

　これらに加えて、第二巻から第五巻までは、家庭で取り組まれる育児や教育上の注意を記した〈家庭〉が組み込まれている。さらに第六巻から第九巻までは、上記の〈家庭〉に代わって、より専門的な学術研究の成果やそれを基礎とした社会的実践を紹介した〈叢談〉が加わる。

　『日本児童協会時報』『育児雑誌』の記事全体に占める他誌の抜粋・要約記事の割合とその推移を示してみると、創刊年である第一巻は、総記事数81本のうち31本が抜粋・要約記事である。以下、最も誌面のページ数が多い第五巻は126本のうち90本、最も抜粋記事の多い第六巻は208本のうち188本、最も少ない第九巻は159本のうち39本となっている。なお、その割合は、第一巻から順に、38.3％、71.4％、90.4％、24.5％と推移している。

3)　日本の女性雑誌の歴史分析を行った坂本佳鶴恵によれば、大正中期は変革期にあたり、女性雑誌が「少数の教養ある階級の自己表現・コミュニケーション手段」から、「中等教育の普及を背景に、多数の女性に対して『主婦』という性＝家庭役割と結びついた生活イメージを普及させ、情報を与える」ものへと性格が変化していくという。三田谷が発行した『日本児童協会時報』は、購読者の性別は特定できないが、まさしく女性雑誌の分岐点に位置しており、ある特定の思想や政治的主張を少数の知的階層に訴える性格と大衆の日常生活に密着した情報を幅広く提供する性格の両方を有しているものといえる。坂本佳鶴恵「女性雑誌の歴史分析」『お茶の水女子大学人文科学紀要』第53巻 2000 pp.225-264

4)「育児は家庭の私事に非ず」第一巻第3号社説 p.65
5)「嬰児こそ人の親」第一巻第5号社説 p.127
6)「児童保護の一要点」第一巻第6号社説 p.159
7)「発刊の辞」第一巻第1号社説 p.1
8)「親心を科学的に」第一巻第2号 p.33
9) 同上
10)「発刊の辞」第一巻第1号 p.1
11) 例えば第二巻第9号社説「現時児童保護の急施事項」(pp.257-258)では、第七回全国社会事業大会以後も特別委員によって継続審議中であった児童保護事業案についての決議が詳細に紹介されている。
12)「新しい年と新しい望み」第五巻第1号社説 p.1、「児童保護事業の統一」第四巻第2号社説 p.33、「恩下賜金と国民の覚悟」第五巻第6号社説 p.33、「児童保護事業体系案」第八巻第12号社説 p.284、「御大典と記念事業」第九巻第2号社説 p.31 などである。
13)「人の教育」第六巻第10号社説 p.285。第八巻以前で徳育論が説かれたのは、ここだけである。
14)「隣りを愛する心」第八巻第2号社説 p.31
15)「生活の訓練と品性の教育」第八巻第3号社説 p.57
16)「善を積むの心」第八巻第9号社説 p.226
17)「弱きものを救ふこゝろ」第八巻第10号社説 p.254
18)「母の典型」第九巻第9号社説 p.239
19)「我を与ふる心」第九巻第10号社説 pp.269、「母性愛」第九巻第11号社説 p.299
20)「母親の育児プログラム」第九巻第1号社説 p.1
21) 井岡忠雄「乳児の死亡に就いて」第一巻第5号 p.132
22) 大久保直穆「医学上より観たる亜米利加」第一巻第1号 p.9
23) 井岡　前掲 p.132
24) 長浜宗佶「生活改造と都市に於ける子供の保護に就いて」第一巻第1号 p.13
25) 巌谷小波「賢い子より強い子」第一巻第6号 p.169
26) 矢野雄「育児法の理想」第一巻第2号 pp.38-41
27) 第一巻で①②③に分類される記事は、以下の通りである。(なお号・ページ数は『日本児童協会時報』『育児雑誌』引用文献に掲載)①久保良英「最近心理学の傾向」、楢崎浅太郎「低能児・普通児の生理的心理的特徴の比較」、和田豊種「児童の神経質」、武田慎次郎「不良少年は病人である」、新井多喜司「児童の睡眠に見られる研究」、大久保直穆「腺病質に就いて」、和田豊種「一寸法師になる病気とその療法」／②大村宗嗣「市内児童の娯楽の研究」、立花小学校「民間療法と回虫駆除の成績」、小塩高恒「都市生活と不良児の発生」、岡部彌太郎「全市の児童より低能児を見出す調査」、高田

慎吾「児童保護に関する国家の任務」、山岡万之助「少年法の根本精神」、生江孝之「米国児童保護協議会の状況」、畠田繁太郎「在校中の体格の異動と生月別と成績の関係」、矢野雄「小児紛類の流行とその原因」、牧田宗太郎「私の観てきた英国の学校」、森川正雄「最近幼児教育の趨勢」、野上俊夫「植民地教育を論じて最近教育の思潮に及ぶ」、小島幸治「英独における教育の改造」、稲葉幹一「少年期の職業教育」／③高洲謙一郎「小児離乳前期の食物」、柳瀬実次郎「秋期に於ける小児衛生」、宮下左右輔「児童に適度の玩具を与へよ」、唐沢光徳「哺乳児の疾病及び予防法」、吉村良雄「畳に就いての注意と小児期の鼻」、片瀬淡「妊娠期及び授乳期に於けるカルシウムの欠乏とその影響」、磐瀬雄一「妊娠中の心得」、斎藤清吉「不良少年少女の発生とその救済」、富士川游「所謂不良少年は健康者と同一に取扱つてはならぬ」、藤伍代索「玩具選択の基準」、上野陽一「金銭教育の必要とその効果」、長浜宗佶「生活改造と都市に於ける子供の改造に就て」、髙島平三郎「児童と家庭」、寺田精一「子供の為に不幸な家庭」、三田谷啓「子どもの育て方」

28) 久保良英「最近心理学の傾向」第一巻第1号 pp. 10-12
29) 楢崎浅太郎「低能児・普通児の生理的心理的特徴の比較」第一巻第5号 pp. 145-147
30) 和田豊種「一寸法師になる病気とその療法」第一巻第1号 pp. 23-24
31) 長浜宗佶「生活改造と都市に於ける子供の改造に就て」第一巻第1号 pp. 13-18, 第2号 pp. 42-43
32) 高島平三郎「児童と家庭」第一巻第1号 p. 23
33) 三田谷啓「子どもの育て方」第一巻第2号 pp. 46-49
34) 児童保護の新しいあり方については、各方面からの議論が掲載されている。第二巻の代表的なものとしては、高島平三郎「文化運動と児童保護(上)(下)」第2号 pp. 8-10, 第3号 pp. 38-41、山田正三「少年保護制度の必要」第2号 pp. 34-38、沢柳政太郎「社会事業と貧児教育」第9号 p. 284、生江孝之（内務省嘱託）「児童保護運動に就て」第11号 pp. 322-325、緒方政次郎「教育家と連絡を保ちたい」第11号 p. 331、上村行彰「衛生組合法が改正されて巡回看護婦を」第11号 p. 332、高田慎吾「先づ生活問題の解決を」第11号 p. 335 がある。
35) 「親心の社会観」第二巻第5号社説 p. 129、「一人が一人を」第二巻第8号社説 p. 225
36) 児童衛生博覧会出品作品の紹介記事「親の不注意から起こる子供の怪我と防止法」第二巻第7号 p. 208、児童相談所での実例をまとめた、稲葉幹一「親達が子供を悪くした実例」第二巻第9号 p. 274、第10号 p. 306、第11号 p. 345、「育児悲劇」第二巻第9号 pp. 281-282、第10号 p. 313 ほか、挿話欄にも「母親の欲心から子供を不正直に」した例など多数が掲載されている。
37) 子どもは大人の師となる美点を有しているとする膳まき子「子供を貴きものとして

育てよ」第二巻第6号 pp.173-175、「赤ん坊審査会」の主催者西山哲治の訴える「赤ん坊の肉体美」第二巻第6号 p.187、子どもの遊戯や言動の自由さ、快活さを謳いあげる和田秀一「子供の世界(上)(下)」第二巻第7号 pp.203-205、第8号 pp.234-236、子どもを持つことは母親に至上の喜びと満足を与えるものだ説く下田次郎「妊娠中及び出産時に於ける母としての感想」第二巻第8号 p.250、子どものおかげで親は性欲の罪悪から解放されると言う黒瀬才二「子供のお陰にて」第二巻第10号 pp.300-301などである。

38) 懸賞論文「幼稚園時代のこどもの育て方」の審査には、野上京大教授、三田谷大阪市児童課長、山桝大阪視学があたり、1等当選作は畑田比奈子「躾け方の要点」が、2等には池内房吉「知能啓発の方法」、鈴木四郎「子供に勉強を押し付けるな」、3等には米盛米雄「子供の人格を発展せしめよ」、土肥原三千太「子孫繁栄の分別」、阪本重一郎「子供の知識の芽生」が選ばれている。これらの「良い親」の意見は、「児童愛護宣伝デー」当日の11月6日発売の[時報]第二巻第11号の pp.360-369 に全文掲載されている。

39) 三田谷は「良い親」の見本を人々にわかりやすく伝えるために、先に紹介した講演録のレコード発売や「児童教養かぞへうた」など作成し、誰もが簡単に口ずさめる模範の普及に努めた。

40) 野上俊夫「幼児教育の真髄」第三巻第1号 pp.2-5

41) 大久保直穆は「育児と生活改善」で、「最近欧州では育児方を改良して人種改良、即ち人種をして更に優秀ならしむるという様な所まで進みかけてゐる。動植物の如きも人工的にこの種を改良し得るのだから、人種改良も決して不可能なことではない筈である」(第三巻第1号 p.7)と注意深い配偶者の選択が人種改良の第一歩だと説いている。他にも同様の主張は、山内繁雄「どうしたら良い子供が出来るか」第三巻第1号 p.27、島田民治「優良な子供を得るには＝先づ結婚制度の改善を要す」第三巻第2号 pp.56-57に見られる。1922年はロンドンで第5回産児制限及び新マルサス主義大会が開催され、第三巻にもその動向が報告されているが、避妊は犯罪ではないという見解が斎藤孝一郎「産児制限と現行法律との関係」第三巻第6号 p.187からも提出されている。

42) 木下東作「弱い子供を強くする法」第三巻第3号 pp.68-71、小野磐彦「子供に真実の愛」第三巻第7号 pp.221-222、大久保直穆「体格の改良及び能率の増進」第三巻第7号 p.223、近藤留蔵「子供の能率増進に就て」第三巻第8号 pp.235-238などがある。また、第三巻の広告には、カルシウムを補給することのできる栄養剤や飲料が多数紹介されており、体格向上という主旨にも合致していると思われる。

43) 小林澄兄「家庭教育に就ての批判」第四巻第2号 pp.59-60、佐野寅一「幼児及び学齢児童の保育に就いて」第四巻第6号 pp.163-168、「自然と児童」第四巻第8号 社説 p.225

44) 三田谷啓「家庭に於ける子供の観察法(上)(下)」第四巻第11号 pp. 336-340、第12号 pp. 354-363。三田谷は、子供の生活を向上させるうえで「家庭に於て子供を上手に観察する」ことはきわめて大切だとし、「観察」とは「物を見てさうしてその物の性質を能く見極めること」だと定義づけている。さらに、「観察の利益」とは、「禍を未然に防ぐ」「現在の有様に照してさうして最も適当の方法を講ずることが出来ると云ふ事」にあるとした。そして観察の対象は、子供それ自身の身体方面（発育・健康状態）と精神方面（知恵・意志・感情）、子供の周囲の人、衣食住の条件にまで及び、方法としては道具を用いる方法（体温計・体重計・身長計・肺活量計）と、用いない方法に分かれ、「正確」「迅速」「精密」に行うべきだとする。子どもに対して適切に観察することができるための準備教育の必要性を女子教育に求めている点に注意したい。

45) 新刊紹介欄には、高島平三郎『胎児嬰児の教養』、長尾美知『若き母親の為めに乳児の保育と其看護』といった子育てに関する実用的な参考書以外に、例えば青木誠四郎『教育的児童心理学』、久保良英『精神分析法』、小原国芳『自由教育論』、檜崎浅太郎『一般素質検査法の試み』、大串菊太郎『体格栄養判定準表並原理』、杉田直樹『低能児及び不良児の医学的考察』、同『生殖と遺伝の原理』、高洲謙一郎『小児の急性伝染病』、生江孝之『児童と社会』、元田作之進『社会病理の研究』、野口雨情『童謡と児童の教育』など高度に専門的な出版物が多く含まれていた。

46) 子どもは、健康相談・身体測定・知能検査・精神判定・適性検査などによって、「正常」と「異常」に大きく振り分けられ、例えば虚弱児童・栄養不良児・結核児童に対しては、給食や牛乳供給による栄養補給と鍛錬、健康回復するための隔離施設への送致という方法が、また低能児・劣等児・不良少年は将来の犯罪予備軍となる危険性が高いため、特殊学級や感化院での矯正・治療という方法が、さらに神経質・腺病質・臆病の子どもには個々に対処する「取り扱い」法などが示されている。一方、「正常」の部類に入る子どもは、子供・コドモ・小児・児童の呼称のほかに、胎児・嬰児・哺乳児・赤ん坊・幼児・新入学児童・学齢児童・都市の子ども・優秀児・少年少女・男女・処女などに分類され、出生前については受胎調節の是非が、乳児については栄養指導と事故の予防が、幼児には乳児教育の質や方法が、学校年齢以上の子どもについては、学科指導、性教育、労働教育、職業選択の方法、玩具・童謡童話・学校劇の効用や選択基準、体育や学校競技の意義について多様な意見が提出されており、子どもへの関心の高まりをうかがわせる内容となっている。

47) 乗杉嘉寿「児童愛護に就いて」第三巻第5号 p.135

48) 野上俊夫「幼児教育の真髄」第三巻第1号 p.3

49) 代表的なものとしては、関嘉一「母乳栄養と乳児の鉛毒」、井上束「母親の乳房から母性の魂が通ふ」、五十嵐雄二「乳の研究」、為藤五郎「子供私有観に就て」、藤井利誉「日本の母親が子供を育てる態度」、宮田修「時代が要求する新らしい母型」、杉田直樹「コドモの個性は家庭で育つ」、五味義武「新入学児童の母親にのぞむ」、河野清丸「家

庭に於ける予習復習の指導」が挙げられる（号・ページ数は本文以下の引用にて記す）。

50) 関嘉一「母乳栄養と乳児の鉛毒」第五巻第 3 号 p. 52
51) 井上束「母親の乳房から母性の魂が通ふ」第五巻第 4 号 p. 189
52) 五十嵐雄二「乳の研究」第 5 号 pp. 244-245
53) 為藤五郎「子供私有観に就て」第五巻第10号 p. 307
54) 藤井利誉「日本の母親が子供を育てる態度」第五巻第 5 号 p. 154
55) 宮田修「時代が要求する新らしい母型」第五巻第 7 号 pp. 204-205
56) 宮田　前掲 p. 205
57) 杉田直樹「コドモの個性は家庭で育つ」第五巻第 7 号 p. 202
58) 五味義武「新入学児童の母親にのぞむ」第五巻第 4 号 pp. 121-122
59) 河野清丸「家庭に於ける予習復習の指導」第五巻第 4 号 pp. 114-115
60) 大阪府では、この年1924年の 7 月に学校関係者に対し「府立中等学校入学試験準備教育廃止」の訓令を発した。入試のための準備勉強によって引き起こされる弊害とは、①正規の授業時間が変更、増減されること、②児童の心身に過度の疲労を招くこと、③小学校・中学校の教員が家庭教師の内職に就くこと、④児童・父兄が小学校校長・教員に金品などの贈り物をすることに要約される。また、受験熱を緩和するための解決策として、学科試験を廃止しメンタルテストを導入する、中等学校の定員数の増大、試験日の統一による併願の抑制などが採られた。
61) 第 1 章でも詳しく触れたが、第五巻の発行年にあたる1924年の 1 月に中山太陽堂創業20周年を記念して、中山文化研究所が開設され、そのなかの児童教養研究所所長に三田谷が就任した。この中山児童教養研究所が一般公募した「児童愛護モットー集」には 6 万余句の応募があったとされ、この他 2 等に「心をのばせ脊をのばせ」「子は大事国の柱となる二葉」がある。
62) 「児童を歌へる文学」は、日本児童協会が「児童愛護精神普及」をねらって企画したものだが、このような子育てや児童保護に関する経験談や教訓を一般から募る試みはこの時期盛んだったと見え、東京市社会教育課が募集した「愛児の躾けと育て」などが有名である。
63) 第六巻の教育関連の記事は、教育行政・制度の問題点の指摘と改善策の提示、芸術教育、軍事教育といった学科教育以外を重視する立場からの意見が多く、富士川游「学校教育の重要問題(上)(下)」第六巻第 1 号 pp. 10-12、第 5 号 pp. 150-154、高島平三郎「子供の真似と教育」第六巻第 3 号 pp. 76-78、市川源三「中学校及び高等女学校入学難」第六巻第 3 号 pp. 83-87、沢柳政太郎「義務教育年限延長と内容改善」第六巻第 4 号 pp. 112-113、遠藤隆吉「軍事教育は中等学校自ら進んで成せ」第六巻第 4 号 pp. 116-117、大谷恒郎「芸術教育法」第六巻第 4 号 pp. 120-121、森川正雄「学齢前幼児教育研究の必要」第六巻第 4 号 p. 122、三浦糾「教育行政に就て」第六巻第

5号 pp. 151-153、伊藤長七「入学試験の改善」第六巻第5号 pp. 153-154がある。一方、欧米の教育事情に関する報告も多く、米国のヘレン・パーカースト女史の実践するダルトン・プラン、英国のハワード・プラン、オニールの学校運営など新自由教育に関する情報や、フランス・オランダ・スウェーデン・ドイツ・デンマークでの例が紹介されている。

64) 西洋人に劣るとされた日本人の身体を強健にする方法として、かつては衛生知識の普及による衣食住の条件の変革が試みられ、学校教育の現場では教室の構造や採光・換気の改善と伝染病の早期発見と予防に重点が置かれた。それら外的条件の整備が一定の成果をあげたところで、身体への教育的配慮という課題が浮上し、体育論議を盛んに生み出していったと考えられる。さらに、北村直躬「体育運動とその指導」(第六巻第10号 pp. 101-103) が、体育運動の目的を①「軍備の一助として国民の体力及び戦闘技術の鍛錬」、②「医療矯正及び健康増進」、③「人格完成を標的とする心身の陶冶修養」と述べているように、国家に貢献する心身育成の手段として体育の必要性が唱えられたことに注目したい。

65) 代表例を三つ挙げよう。大阪商業会議所会頭・稲畑勝太郎の愛育方針は「天分を発揮せしめる」(第六巻第7号 p.96) ことにあり、「父兄の児童に対する態度につき吾輩の常に感ずる処は、我国父兄の多くは児童の天賦才能の如何を問はず徒らに空想的の期待をなす傾きがあつて、之れは甚だ間違つた事である」と述べている。また、大阪市会議員 長谷川清治は「国家有用の材を造りたい」(第六巻第11号 p.325) と言いつつ、「その教養は干渉に陥らず、放任に流れず、行ひ方針に違ふときは誠を尽して之を導くといふことを常に念としてゐる」とし、三宅やす子は「子供の教育について」(第六巻第8号 p.228) で「凡ての時に私は子供のよいお友達です。一生のよいお友達です。どんな時でも、怒らずにいつも、彼等の事をおもつてやるものは、世界中に私ただ一人だといふ事が大きな自信となり、はげみとなり、尽きない慈愛ではぐゝんでゆく勇気を与へます。子供も私のよいお友達であつてくれます」とむしろ、子ども中心の親子関係の構築を理想としていた。

66) 子どもの「個性」や「天分」「適性」を測るのに有効に機能したのが知能検査・メンタルテストである。第六巻では、それらの意義と方法・効用を詳しく解説した記事、今村新吉「メンタルテストの話」第3号 p.72、第5号 p.142、第6号 p.168 および、沼田作「知能検査法」第9号 p.265、第10号 p.302、第11号 p.332、第12号 p.362 が掲載されている。

67) 西本三十二「人間を作るための教育」第九巻第1号 pp. 6-9

68) 「家庭に於ける宗教教育の実際」第九巻第1号 p.27、第2号 p.57、第3号 p.87、第5号 p.147

69) 長谷川かな子（東京）第九巻第1号 p.27

70) 井尻博子（大阪）第九巻第1号 p.27

71) 矢野雄・りう子　第九巻第2号 p.57
72) 戸野みちゑ　第九巻第2号 p.57
73) 西本三十二「人間を作るための教育」第九巻第1号 pp.6-7
74) 北沢種一「ペスタロッチ主義に還れ」第九巻第8号 pp.229-230
75) 「受験の悩み」第九巻第3号　社説 p.61、「入学試験制度」第九巻第4号　社説 p.91
76) 「阪神間モダニズム」展実行委員会『阪神間モダニズム』淡交社 1997 pp.106-109、鈴木博之『日本の近代10　都市へ』1999 pp.251-252、p.256
77) 日本児童学会の活動も1920年代後半からは沈滞傾向が進み、地方部会の停止や会員数の激減により学会財政が厳しい状態に陥るが、そのなかで富士川は中山の支援を取りつけ研究を持続させることができたという。(松島豊「日本における児童研究運動の成立とその問題性―日本児童学会を中心とする児童研究運動の概観(-1944年まで)」東京大学大学院教育学専門課程修士論文 1982 pp.376-381)。なお1926年からは、東京中山文化研究所で日本児童学会の総会・例会が開催されるようになり、機関誌『児童研究』の編集事務も同研究所内に移される (赤松金芳「日本児童学会の発展の沿革」『児童研究』第五十巻第3号1965年3月 pp.2-4、『児童研究』第三十巻第4号 p.138)。
78) 前掲　松島 pp.376-382
79) 中山は「優良にして廉価なる商品の製造は科学的経営法による大量生産法に俟たなければならない」と確信し、1918年工場内に「能率課」を特設し「能率増進」に努め、「我国現下の経済難局の打開は一に懸つて共存共栄の理想信念の下に国内資源と国内労力の活用による産業改善、生活改善を基調とした科学的管理の実行にあり」として、大阪商工会議所議員の任に就き「能率増進運動」の第一線で活躍したことで有名でもある(「中山太陽堂　店主中山太一氏」恒次寿『大阪財界変遷史』国勢協会 pp.290-291)。
80) 松島の指摘によれば、富士川と中山の接点は宗教にあり、浄土真宗の信者で戦後には本願寺宗会副議長として親鸞精神普及徹底活動を推進した中山と、1916年に親鸞聖人讃仰会を創立し、1918年に雑誌『法爾』を創刊した富士川との間には、思想的に近い関係にあったのではないかと推測している (前掲　松島 p.381)。
81) 中山は、「<u>文化生活の第一条たる内的には精神生活の信念確立、外的には科学知識の理解応用</u>を基調として、一層善美なる国家と社会を実現せしめて以て我が国文化に一大貢献を齎さんが為」に中山文化研究所を設立し、「東西相呼応して、<u>精神文化と科学文化の結合</u>により最も完全なる日本文化の完成を期した、思想、文学、音楽、美術、教育、家庭、能率、保健衛生、口腔衛生の各項に亘つて各其実施機関を設け多数の専門家を聘して所長顧問とし撓まぬ研究渝らぬ努力を以て現在文化の向上促進」を目指した(『中山文化研究所紀要　第一冊』1929年広告欄)。

82) ①女性文化研究所、②整容美粧研究所、③口腔衛生研究所、④児童教養研究所
83) 「学校並に家庭の児童教養上に有力なる顧問となり又相談相手ともなり児童の心身の健全なる教育と稟賦の性能の円熟なる発展」を目的とし、「児童教養の普及及び宣伝に努め児童生活の充実向上を計る」児童教養講座、「児童の教養選職の相談に応ず」児童相談部、「児童生活の充実向上を計る」児童の為の講座、「児童の健康診断をなす」児童健康診断部、「児童教養の目的を達せんが為め児童の身体精神及之に関する事項を研究する」児童文化研究部の五部門であった。
84) 皇国崇拝の論調は、第九巻第12号 社説「御大典と国民の覚悟」p. 329 や三田谷啓「御大典と少年少女」第12号などに顕著で、「皆さん国を挙げて千載一遇の大典を祝ふとき人間の一生に一大革命を起こすつもりで此際此時先づ第一に感恩の精神を持つことを誓ふではありませんか。感恩の精神が起れば不平もなく不満もなく、美はしい喜ばしい、そうして努力し、奮闘する生活が出来るのです。そこに忠君愛国の精神が生れて来るのです」といった扇情的な文句が『育児雑誌』にも登場してくる。
85) 原武史『「民都」大阪対「帝都」東京 思想としての関西私鉄』講談社選書メチエ 1998 pp. 27-30
86) 同上 原 pp. 124-158
87) 同上 原 pp. 188-196
88) 西本三十二の「人間を作るための教育」第九巻第1号 p. 9
89) 小原国芳「家庭に於ける宗教教育の実際」第九巻第5号 p. 147
90) 八波則吉「家庭に於ける宗教教育の実際」第九巻第5号 p. 147
91) 「母の典型」第九巻第9号社説 p. 329
92) 「古今東西名婦鑑」第九巻第6号〈文豪ユーゴの母〉p. 174、同 第九巻第8号〈賢母ガーフィールド〉p. 234
93) 「母性愛」第九巻第11号 社説 p. 299
94) 同上
95) 野上俊夫「恋愛と慈愛」第九巻第4号 pp. 101-103
96) 「母と子を歌へる文学」第九巻第7号 p. 176、第九巻第8号 p. 206、第九巻第9号 p. 236、第九巻第10号 p. 266、第九巻第11号 p. 296、第九巻第12号 p. 326
97) 菊地俊諦「児童の発見」第九巻第1号 p. 14
98) 武政太郎「現代心理学と教育の交渉」第九巻第2号 pp. 42-43
99) 田中寛一「児童を知れ」第九巻第4号 pp. 106-107
100) 杉田直樹「教育病理学の実用化」第九巻第4号 p. 105
101) 武政 前掲 p. 43
102) 杉田 前掲 p. 104
103) 村田恵子「日本児童協会による母親教育事業の展開」教育史学会自由研究発表レジュメ 於北海道大学 1999・10・3 p. 14

104) 大日本雄弁会講談社　緒言
105) 婦女界社　はしがき
106) 婦女界社　はしがき
107) 主な研究としては以下のものが挙げられる。秋枝蕭子「良妻賢母主義教育」の逸脱と回収―大正・昭和初期を中心に」奥田暁子編『日本女性史再考　Ｖ鬩ぎあう男と女　近代』藤原書店 1995 pp.451-480、太田孝子「賢母と模範家庭の社会史」中内敏夫・長島信弘他『社会規範―タブーと褒賞』藤原書店 1995、加納実紀代『「母性」の誕生と天皇制』原ひろ子・舘かおる編『母性から次世代育成力へ』新曜社 1991、木村涼子「婦人雑誌にみる新しい女性像の登場とその変容―大正デモクラシーから敗戦まで」『教育学研究』第56巻第4号 1998、同「婦人雑誌の情報空間と大衆読者層の成立―近代日本における主婦役割の形成との関連で」『思想』812号、グループ「母性」解読講座編『「母性」を解読する』有斐閣選書 1991、小山静子『良妻賢母という思想』勁草書房 1991、牟田和恵『戦略としての家族』新曜社 1996、中嶌邦「女子教育の体制化―良妻賢母主義教育の成立とその評価」『講座　日本史』第一法規 1984、脇田晴子編『母性を問う　歴史的変遷(下)』人文書院 1985、山本敏子「日本における〈近代家族〉の誕生―明治期ジャーナリズムにおける『一家団欒』像の形成を手掛りに」日本の教育史学『教育史学会紀要』第34号 1991 pp.82-96、米田佐代子「母性主義の歴史的意義」女性史総合研究会編『日本女性史　第五巻』東大出版会 1982、特に小山静子『家庭の生成と女性の国民化』2000 pp.29-65では先行研究の成果が総括されている。
108) 大阪乳幼児保護協会「乳幼児保護指針（大阪に於ける乳幼児保護の基本的調査）」〈最近乳幼児保護の方針〉p.112 発行年不明　三田谷治療教育院所蔵
109) 大阪乳幼児保護協会「乳幼児保護に於ける社会的施設の最低標準　付小児保健所設置計画」(一)母性教育　1927・10 p.116
110) 大阪乳幼児保護協会「乳幼児保護指針（大阪に於ける乳幼児保護の基本的調査）」〈最近乳幼児保護の方針〉p.113 発行年不明　三田谷治療教育院所蔵
111) 毛利子来『現代日本小児保健史』ドメス出版 1972 p.144

第3章

1) 小山仁司　芝村篤樹『大阪府の百年』山川出版社 1991 pp.111-112「米価の狂騰」
2) 杉原薫・玉井金五『大正・大阪・スラム　もうひとつの日本近代史』新評論 1986 p.17 序-4 表「今宮付近の貧家の主婦による内職（いずれも炊事・育児の傍ら）」の実例を参照
3) ①1920年から1928年まで、すなわち『日本児童協会時報』創刊から『育児雑誌』九巻までで、新入会員の住所・氏名が紹介されていたのは次の号である。
　　　『時報』第一巻第3、4、5、6号
　　　　　　第二巻第1、2、3、4、5、6、7、8、9、10、11号

　　　　第三巻第1、2、3、4、6、11、12号
　　　　第四巻第3、4、5、7、10号
　　　　第五巻第2、4、6、7、8、9、10号
　　　　第六巻第1号
4）「第二節精道村の成立と発展　二交通通信機関の発達」前掲『芦屋市史本編』pp. 609-623
5）前掲『芦屋市史　本篇』p. 629　表48「精道村の戸数」、p. 630　表49「精道村の人口」より作成。
6）「近郊からの大阪市への通勤・通学者数（昭和5年10月現在）」前掲『大阪府の百年』p. 157。精道村が大阪市への通勤圏として良好な住宅地域として発展していたという指摘は、新修大阪市史編纂委員会編『新修　大阪市史　第10巻　歴史地図・解説』に添付された「図7昭和初期の大阪—第二次市域拡張後」及び、解説 p. 40 においてもなされている。
7）前掲『芦屋市史　資料篇2』p. 669
8）前掲『芦屋市史　資料篇2』p. 669
9）英国の「田園都市構想」に関する基礎的知識は、以下の文献から得た。①エヴネザー・ハワード　長素連訳　『明日の田園都市』鹿島研究出版会 1973、②安田孝『郊外住宅の形成　大阪—田園都市の夢と現実』INAX 1992、③渡辺俊一『「都市計画」の誕生』柏書房 1996、④阪本勝比呂「郊外住宅地の形成」阪神間モダニズム展実行委員会編　『阪神間モダニズム　六甲山麓に花開いた文化　明治末期—昭和15年の軌跡』第一章 pp. 26-54 淡交社 1997、⑤鈴木博之「『阪神』という土地—大阪（近代における三都論3）」『日本の近代10都市へ』中央公論社 1999 pp. 216-256
10）内務省有志によって1907年に『田園都市と日本人』が刊行された。なお、内務官僚井上友一の依頼で生江孝之は英国に視察に出向いたとされる。前掲『阪神間モダニズム』pp. 49-51
11）前掲『阪神間モダニズム』pp. 51-53
12）関一の都市計画については、芝村篤樹『関一—都市思想のパイオニア』松籟社 1989、小山仁示　芝村篤樹『大阪府の百年』山川出版社 1991 pp. 173-174、渡辺俊一『「都市計画」の誕生』柏書房 1996 を参照した。
13）前掲　安田 pp. 16-18、前掲『阪神間モダニズム』pp. 49-54、前掲鈴木 pp. 230-237
14）前掲　渡辺 pp. 66-82
15）小林一三は、1907年34歳で三井銀行退職後、箕面有馬電気軌道の設立に請われ取締役として就任し、創立当初より沿線の土地開発を進めることによって旅客収入を得ることを計画し、1910年の開業時より開発された池田室町住宅は、日本の私鉄経営土地の先駆けとなった。また、終点である箕面、宝塚には娯楽施設を設け、観光客の誘致に取り組み、婦女子を対象にした博覧会の開催、宝塚新温泉、宝塚歌劇場の開設、箕

面動物園の開園、さらには始点の大阪梅田駅構内に日本初のターミナル百貨店の経営を試みるなど、すべて小林の発案とされる。小林の事業理念は、都市周辺に新興する勤勉で漸進的な中流階層をターゲットにした「家庭本位」あるいは「大衆本位」の生活文化の構築にあったとされ、それを津金澤は「宝塚戦略」と称している。津金澤聰廣『宝塚戦略—小林一三の生活文化論』講談社現代新書 1991。ほかにも、小林の生活文化戦略については、吉見俊哉「大正期におけるメディア・イベントの形成と中産階級のユートピアとしての郊外」(杉山光信編『近代日本におけるユートピア運動とジャーナリズム」所収)『東京大学新聞研究所紀要』第41号　東京大学新聞研究所 1990、川崎賢子『宝塚』講談社選書メチエ 1998 などに詳しい。

16)　箕面有馬電気軌道住宅案内「如何なる土地を選ぶべきか、如何なる家屋を選ぶべきか」1909

17)　阪神電気鉄道の歴史については、主として阪神電鉄株式会社　臨時社史編纂室編『輸送奉仕の50年』1955 を参照した。

18)　開業当日の様子は、1905年4月12日付『神戸又新日報』「本日開通の阪神電気鉄道」が詳しく伝えている(芦屋市史編集専門委員『新修芦屋市史　資料篇2』1986 pp. 637-638所収)。

19)　その論題は「都市と田園附市外生活の幸福」(佐多愛彦)、「空気の善悪と市外居住の可否」(柳琢蔵)、「愉快にして衛生的なる住居」(坪井速水)、「虚弱者は須らく市外居住を断行せよ」(清野勇)、「田園生活は保健の最良法なり」(河野徹志)、「阪神付近の健康地」(長谷川清治)、「市外居住に就て特に大阪市民の一顧を望む」(緒方正清)に見る通り、阪神間がいかに健康に適した居住環境かを医学的な根拠を挙げて主張するものであった。前掲『阪神電鉄社史』pp. 111-112

20)　阪神電鉄『市外居住のすすめ』に掲載された長谷川清治、佐多愛彦の論文は、前掲『新修芦屋市史　資料編2』pp. 681-684に収録されている。

21)　黒田勇『ラジオ体操の誕生』青弓社 1999 pp. 56-58

22)　スピードアップを狙った運営状況については、前掲『阪神電鉄社史』p. 53、pp. 120-121

23)　運賃制度については、前掲『阪神電鉄社史』pp. 53-55

24)　阪神電鉄による沿線開発の経緯については、前掲『阪神電鉄社史』pp. 113-119、pp. 209-218のほかに、前掲『阪神間モダニズム』第5章「新時代の娯楽」に詳細な分析がされている。合田茂伸「鳴尾から甲子園へ」同 pp. 220-221、橋爪紳也「沿線開発とアミュズメントパーク」同 pp. 222-226、田井玲子「六甲山をめぐるスポーツと娯楽」同 pp. 227-229、和田秀寿「阪神間の海辺・海水浴」同 pp. 230-232

25)　棚田真輔『居留外国人による神戸スポーツ草創史』道和書院 1976年

26)　1920年に阪急芦屋川停留所が開設されて以来、精道村の住宅化はますます進み、1922年から村の財政規模は拡大していったという。「村財政の変遷」前掲『芦屋市史

本篇』pp. 655-665
27) 前掲『阪神電鉄社史』pp. 123-129
28) 前掲『新修芦屋市史　本篇』pp. 632-645　精道村の居住環境が、いかに高い次元で整備されようとしていたかを示す格好の例として、1929年より開発がはじまった高級住宅地六麓荘がある。六甲山の麓を切り開いて造られることとなった六麓荘では、上下水道・都市ガスの完備、街路の完全舗装、電力・電話線の地下埋設、遊園地・子ども用運動場の設置、最寄りの駅からの乗合自動車の運行など、理想的な居住環境の条件をすべて兼ね備えた住宅の実現がはかられたという。前掲『阪神間モダニズム』では、その実態を多くの写真や住民の伝記的調査によって余すことなく伝えている。
29) 前掲　『阪神間モダニズム』第三章ライフスタイル　pp. 105-110
30) 前掲『芦屋市史　本篇』p. 668　表62「明治・大正期の精道村小学校職員児童数」、p. 671　表64「昭和年間の児童・生徒数」より作成。
31) 前掲『芦屋市史　本篇』pp. 668-671。また、度重なる校舎の新築・増改築は村費を圧迫し、例えば1924年の校舎新築にあたっては、村費267,992円のうち、約55％にあたる146,971円が教育費として使われたとされている。前掲『芦屋市史　本篇』p. 669　表63「村費・教育費の比較」
32) 前掲『阪神間モダニズム』p. 145
33) 大阪・神戸の中等学校入学試験競争が熾烈を極めていたことは、兵庫県史編集委員会　『兵庫県百年史』兵庫県　1967 p. 793、及び新修大阪市史編纂委員会編『新修　大阪市史　第16巻』大阪市役所　1994 pp. 741-746に詳しい。
34) 木村元　「1920年代中学校入学選択の実態に関する一考察―1923年兵庫県中等学校入学者選抜試験に関する調査に注目して」『四国女子大学紀要』第11巻第2号　1992 pp. 213-226、竹内洋『立身出世主義　近代日本のロマンと欲望』NHKライブラリー　1997
35) 阪神電鉄が郊外住宅の条件を定めてその魅力を紹介した月刊誌『郊外生活』の創刊号（1914）では、理想の生活条件の7番目に「児童教育機関の具備せること」が挙げられている。
36) 1875年に開学された神戸女学院（当初は女学校）をはじめとして、1889年には関西学院、1919年には甲南中学校（武庫郡本山村）、1920年には甲南高等女学校（武庫郡本山村）、1920年には辰間学院甲陽中学校（武庫郡今津村）、1923年には住吉聖心女学院（武庫郡住吉村）、1927年には灘中学校（武庫郡魚崎村）が開学する。ちなみに、灘中学校は、地元である灘の名酒『白鶴』で有名な醸造元・嘉納治兵衛、嘉納治右衛門、山邑太佐衛門が創設者である。
37) 大正自由主義教育ならびに芦屋児童の村小学校に関する基礎知識は、中野光『大正自由主義教育の研究』黎明書房　1968と高野源治「桜井祐男と芦屋児童の村小学校の教育」中野光　髙橋源治　川口幸弘『児童の村小学校』黎明書房　1980 pp. 154-219より

得た。
38) 芦屋児童の村小学校の外観写真は前掲『阪神間モダニズム』p.148 に添付。
39) 子どもを消費の対象とした三越呉服店の商業戦略については、神野由紀『趣味の誕生—百貨店がつくったテイスト』勁草書房 1994、山口昌男「近代におけるカルチャーセンターの祖型—文化装置としての百貨店の発生 (二)」『「敗者」の精神史』岩波書店 1995 pp.43-98 に詳しいが、特に大阪三越呉服店の催し物や地域文化への啓蒙活動については、津金澤聰廣「百貨店のイベントと都市文化」山本武利・西沢保篇『百貨店文化史 [日本の消費革命]』世界思想社 1999 pp.130-154 に触れられている。1913年大阪三越内に発足した「大阪こども研究会」の講演・出版活動や大阪三越で開催された第6回児童博覧会 (1914)、第8回児童博 (1918) は、大阪の子ども文化の形成に大きく関与したと見られるため、今後精査していきたい。
40) 小林一三が女性・子どもに新しい娯楽文化を提供するために、どのような戦略を駆使したかについては、川崎賢子『宝塚—消費社会のスペクタクル』講談社選書メチエ 1998 に詳しいが、小林が構築しようとした新中間層の家庭文化とその根底にあった女性観・子ども観について、さらなる分析が必要と思われる。
41) 阪神電鉄が提示した余暇生活のスタイルについては、阪急電鉄の小林一三ほど強力なリーダーシップや思想が見えにくいことから、十分な考察がなされてきていないが、沿線での海水浴場や遊園地、野球場の設営の背景には、大阪市民の健康に対する強迫観念を昇華させるひとつの装置として有効であったと考えられる。阪神の経営戦略がどのように展開されたかについても調査していく必要があると思われる。
42) 大阪朝日新聞社と大阪毎日新聞社の熾烈な販売合戦や子どものための事業展開については、津金澤聰廣「大阪毎日新聞社の「事業活動」と地域生活・文化」、畠山兆子「大阪朝日新聞社における子どものための文化事業」、ともに津金澤聰廣編著『近代日本のメディア・イベント』同文館 1996 pp.217-248、pp.271-296 に触れられているが、それら新聞社事業が子どもの保護・教育の歴史にとってどのような意義を持ったかについてさらに踏みこんだ考察をしていきたい。
43) 三田谷の講演活動・児童相談については、把握できる範囲で日時・会場を第2章 pp.90-91、93-95 の注で整理を試みた。
44) 前掲　畠山 pp.276-278
45) 毎日新聞社会事業団『毎日新聞大阪社会事業　五十年史』毎日新聞社 pp.74-94

終章

1) 高木雅文「『大正デモクラシー』期における『優性論』の展開と教育—教育雑誌の内容分析の視角から」『名古屋大学教育学部紀要 (教育学科)』第36巻 1989 pp.167-177、高木「1900年代—1920年代の日本における『低能児・優秀児』教育の思想—乙竹岩造の教育観・能力観の分析を通して」『名古屋大学教育学部紀要 (教育学科)』第37

巻 1900 pp.115-125、高木「1920-30年代における優生学的能力観―永井潜および日本民族衛生学会（協会）の見解を中心に」『名古屋大学教育学部紀要（教育学科）』第38巻 1991 pp.161-171、高木「『大正デモクラシー』と優生学　『自由教育』論者の能力観の一側面」森田尚人　藤田英典ほか編『教育学年報1 教育研究の現在』世織書房 1992 pp.303-330

2）　三田谷啓「社会事業の根蒂としての児童保護問題」『社会事業研究』第十一巻第8号 1923 p.701

3）　三田谷啓「子どもを育てる方針」『育児の心得』同文館 1923 pp.1-2 ほか

引用・参照文献

＊本研究では、以下に挙げる文献を引用・参照した。
人名はここでは旧字体とした。現代人で旧字を通称している人はそのまま。本・雑誌の題名も旧字体。

1　三田谷啓　著作・論文

	〈年〉	〈題目〉	〈誌名・出版社〉	〈巻〉	〈号〉	〈頁〉
三田谷啓	1908a	「女子の身體(1)」	婦人衛生雑誌		228	pp.15-17
———	1908b	「女子の身體(2)」	婦人衛生雑誌		229	pp.30-31
———	1909	「女子の身體(3)」	婦人衛生雑誌		233	pp.33-35
———	1910a	「工場法案と児童」	児童研究	13	7	pp.244-245
———	1910b	「工場法案と児童」	児童研究	13	8	pp.284-286
———	1910c	「工場法案と児童」	児童研究	13	9	pp.333-334
———	1913a	「ハンブルヒに於ける児童に関する慈善事業の一斑」	児童研究	17	3	pp.97-99
———	1913b	「ハンブルヒに於ける児童に関する慈善事業の一斑」	児童研究	17	4	pp.139-141
———	1914	「日本人種改良問題」	婦人衛生雑誌		760	pp.17-21
———	1915	「ハンブルヒに於ける児童に関する慈善事業の一斑」	国家医学会雑誌		341	pp.1-14
———	1915a	「児童学瑣談(四)―獨逸学校児童の身体」	児童研究	19	1	p.23
———	1915b	「憂ふべき日本の将来」	児童研究	19	2	p.36
———	1915c	「児童学瑣談(五)―児童歯牙の話」	児童研究	19	2	p.46
———	1915d	「児童学瑣談(八)―児童期の分類」	児童研究	19	2	p.60
———	1915e	「児童学瑣談(九)―声帯（発生器）発育の順序」	児童研究	19	2	p.60
———	1915f	「児童の教養を中心とせよ」	児童研究	19	4	p.104
———	1915g	「太郎の生立」	婦人衛生雑誌		305	pp.33-39
———	1915h	「太郎の生立」	婦人衛生雑誌		306	pp.47-50
———	1915i	「太郎の生立」	婦人衛生雑誌		308	pp.32-34
———	1915j	「太郎の生立」	婦人衛生雑誌		309	pp.36-38

──────	1915k	「太郎の生立」	婦人衛生雑誌	311	pp.23-25
──────	1915l	「我国婦人體力の改善」	婦人衛生雑誌	313	pp.40-43
──────	1915m	「モニスムとは何ぞや」	人性	11	1	pp.14-17
──────	1915n	「モニスムとは何ぞや」	人性	11	3	pp.96-100
──────	1915o	「奇童の一例」	神経学雑誌	14	9	pp.32-35
──────	1915p	「戦時に於ける国民心理（殊仏蘭西国民心理）」	人性	11	7	pp.280-283
──────	1915q	「戦時に於ける生殖生活」	人性	11	8	pp.317-319
──────	1915r	「戦時に於ける生殖生活」	人性	11	9	pp.362-364
──────	1915s	「戦時に於ける生殖生活」	人性	11	10	pp.406-409
──────	1915t	「戦時に於ける生殖生活」	人性	11	11	pp.443-444
──────	1915u	「アルコールト変質」	国家医学会雑誌	347	pp.654-656
──────	1915v	『外へ、外へ』	洛陽堂		
──────	1916a	『児童の教養』	婦人文庫刊行会		
──────	1916b	「児童の養護（一）」	新女界	8	4	pp.14-19
──────	1916c	「児童の養護（二）」	新女界	8	5	pp.49-57
──────	1916d	「児童の養護（三）」	新女界	8	7	pp.30-33
──────	1916e	「児童の養護（四）」	新女界	8	8	pp.30-34
──────	1916f	「児童の養護（五）」	新女界	8	9	pp.18-21
──────	1916g	「児童の養護（六）」	新女界	8	10	pp.33-37
──────	1916h	「児童の養護（七）」	新女界	8	12	pp.16-19
──────	1916i	「児童の養護」	婦人衛生雑誌	314	pp.18-23
──────	1916j	「児童の養護」	婦人衛生雑誌	315	pp.22-26
──────	1916k	「女子と国家との関係」	婦人衛生雑誌	316	pp.16-18
──────	1916l	「子女の養護」	婦人衛生雑誌	317	pp.12-15
──────	1916m	「アルコールト変質」	国家医学会雑誌	349	pp.168-171
──────	1916n	「アルコールト変質」	国家医学会雑誌	351	pp.261-264
──────	1916o	「アルコールト変質」	国家医学会雑誌	352	pp.533-536
──────	1917a	「児童の教養（八）」	新女界	9	2	pp.12-15
──────	1917b	「児童の教養（九）」	新女界	9	3	pp.49-55
──────	1917c	「児童の教養（十）」	新女界	9	4	pp.60-64
──────	1917d	「児童の教養（十一）」	新女界	9	5	pp.23-27
──────	1917e	「児童の教養（十二）」	新女界	9	5	pp.47-48
──────	1917f	「児童の教養（十三）」	新女界	9	7	pp.39-40
──────	1917g	「児童の教養（十四）」	新女界	9	8	pp.23-26
──────	1917h	「児童の教養（十五）」	新女界	9	9	pp.44-46

———	1917i	「児童の教養(十六)」	新女界	9	10	pp.18-21
———	1917j	「児童の教養(十七)」	新女界	9	11	pp.35-37
———	1917k	「児童の教養(十八)」	新女界	9	12	pp.37-40
———	1917l	「児童教養の誤用」	児童研究	20	9	p.254
———	1917m	「児童研究」	児童研究	20	10	p.254
———	1918a	「児童の教養(十九)」	新女界	10	2	pp.24-26
———	1918b	「児童の賢愚と身體の関係」	児童研究	22	1	p.7
———	1918c	「児童相談所に関する報告要領」	大阪市役所			
———	1919a	「児童学瑣談(一)」	児童研究	23	1	pp.19-20
———	1919b	「児童学瑣談(二)」	児童研究	23	2	pp.53-55
———	1919c	「児童学瑣談(三)」	児童研究	23	3	pp.75-77
———	1919d	「児童学瑣談(四)」	児童研究	23	4	pp.128-129
———	1919e	「児童の頭顱測定成績」	神経学雑誌	18	6	pp.23-29
———	1920a	「子どもの世紀、をんなの世紀」	児童研究	23	9	pp.243-244
———	1920b	「こどもの育て方」	日本児童協会時報	1	1	p.46
———	1921	『子供の育て方』	大阪毎日新聞社			
———	1923a	「家庭に於ける子どもの観察法(上)」	日本児童協会時報	4	11	pp.336-340
———	1923b	「家庭に於ける子どもの観察法(下)」	日本児童協会時報	4	12	pp.354-363
———	1923c	『育児の心得』	同文館			
———	1923d	『乳児の保護』	同文館			
	1924	『子供を賢くする為に』	実業の日本社			
	1924	『賢い妻と偉い母』	日本児童協会			
	1927	『児童の教養』	イデア書院			
	1928	「御大典と少年少女」	育児雑誌	9	12	pp.330-334
———	1929	『母のための展覧会』	日本児童協会			
———	1930	『子のための展覧会』	日本児童協会			
———	1931a	『母のため子のため』	大日本雄弁会講談社			
———	1931b	『我子の愛育法』	婦女界			
	1931c	『山路超えて』	日曜世界社→			
———	→1987	伝記叢書12『復刻版山路超えて』	大空社			
———	1933	『母の責任』	日本児童協会			

	1934	『母性のゆくべき道』	日本児童協会
———	1935	『母たるの道』	日本児童協会
———	1937	『輝く母性愛』	日本児童協会
———	1938	『愛児の実際的導き方』	大日本雄弁会講談社
———	1940	『理解ある母』	同文館
———	1942	『若き女性の問題』	同文館
———	1947	『愛児の正しい躾方』	金尾文淵堂
	1950	『増補改訂版 山路超えて』	日本児童協会→
———→1987		伝記叢書12『復刻版 山路超えて』	大空社
———	1956	『社会福祉法人 三田谷治療教育院 創立三十年記念集』	三田谷治療教育院
	1958	『この父と母を語る』→伝記叢	日本児童協会→
———→1987		書12『復刻版 山路超えて』	大空社

2 『日本児童協会時報』(1920〜1923)『育児雑誌』(1924〜1928)『母と子』(1929)

〈著者〉	〈年〉	〈題目〉	〈巻〉	〈号〉	〈頁〉
社説	1920	「発刊の辞」	1	1	p.1
久保良英	1920	「最近児童心理学の傾向」	1	1	pp.10-12
稲葉幹一	1920	「少年期の職業教育」	1	1	pp.19-22
高島平三郎	1920	「児童と家庭」	1	1	p.23
和田豊種	1920	「一寸法師になる病気とその療法」	1	1	pp.23-24
牧田宗太郎	1920	「私の観てきた英国の学校」	1	1	pp.25-28
大久保直穆	1920	「医学上より観たる亜米利加」	1	1	pp.4-9
社説	1920	「親心を科学的に」	1	2	p.33
高洲謙一郎	1920	「小児離乳前期の食物」	1	2	p.34
矢野雄	1920	「育児の理想法」	1	2	pp.38-41
長濱宗佶	1920	「生活改造と都市に於ける子供の保護に就いて」	1	2	pp.42-45
小島幸治	1920	「英独における教育の改造」	1	2	pp.59-60
新井多喜司	1920	「児童の睡眠に関する研究」	1	2	p.60
社説	1920	「育児は家庭の私事に非ず」	1	3	p.65
和田豊種	1920	「児童の神経質」	1	3	pp.66-69
柳瀬實次郎	1920	「秋期に於ける小児衛生」	1	3	p.72

高田慎吾	1920	「児童保護に関する国家の任務」	1	3	pp.73-75
片瀬淡	1920	「妊娠期及び授乳期に於けるカルシウムの欠乏とその影響」	1	3	pp.76-80
武田慎次郎	1920	「不良少年は病人である」	1	3	pp.82-83
矢野雄	1920	「小児紛類の流行とその原因」	1	3	p.90
生江孝之	1920	「米国児童保護協議会の状況」	1	3	p.92
斎藤清吉	1920	「不良少年少女の発生とその救済」	1	3	p.93
宮下左右輔	1920	「児童に適度の玩具を与へよ」	1	4	pp.101-102
大村宗嗣	1920	「市内児童の娯楽の研究」	1	4	pp.109-112
畠田繁太郎	1920	「在校中の体格の異動と生月別と成績の関係」	1	4	pp.113-114
吉村良雄	1920	「畳に就いての注意と小児期の鼻」	1	4	p.119
岡崎彌太郎	1920	「全市の学校児童人口より低能児を見出す調査」	1	4	p.120
立花小学校	1920	「民間療法と回虫駆除の成績」	1	4	p.121
富士川游	1920	「所謂不良少年は健康者と同一に取り扱つてはならぬ」	1	4	p.121
大久保直穆	1920	「腺病質に就いて」	1	4	pp.98-100
社説	1920	「嬰児こそ人の親」	1	5	p.127
野上俊夫	1920	「植民地教育を論じて最近の思潮に及ぶ」	1	5	pp.128-131
井岡忠雄	1920	「乳児の死亡に就いて」	1	5	pp.132-133
楢崎浅太郎	1920	「低能児・普通児の生理的心理的特徴の比較」	1	5	pp.145-147
山岡萬之助	1920	「少年法案の根本精神」	1	5	p.152
寺田精一	1920	「子供の為に不幸な家庭」	1	5	p.153
社説	1920	「児童保護の一要点」	1	6	p.159
森川正雄	1920	「最近幼児教育の趨勢」	1	6	pp.164-169
巌谷小波	1920	「賢い子より強い子」	1	6	pp.169-170
盤瀬雄一	1920	「妊娠中の心得」	1	6	pp.171-173
唐沢光徳	1920	「哺乳児の疾病及び予防法」	1	6	p.173
藤伍代索	1920	「玩具選択の標準」	1	6	p.178
上野陽一	1920	「金銭教育の必要とその効果」	1	6	p.179
小塩高垣	1920	「都市生活と不良児の発生」	1	6	pp.180-181
山田正三	1921	「少年保護制度の必要」	2	2	pp.34-38
高島平三郎	1921	「文化運動と児童保護(上)」	2	2	pp.8-10
高島平三郎	1921	「文化運動と児童保護(下)」	2	3	pp.38-41
社説	1921	「親心の社会観」	2	5	p.129
膳まき子	1921	「子供を貴きものとして育てよ」	2	6	pp.173-175
西山哲治	1921	「赤ん坊の肉体美」	2	6	p.187

和田秀一	1921	「子供の世界を(上)」	2	7	pp.203-205
大阪府衛生会	1921	児童衛生展覧会出品の中より「親の不注意から起こる子供の怪我と防止法」	2	7	p.208
社説	1921	「一人が一人を」	2	8	p.225
和田秀一	1921	「子供の世界を(下)」	2	8	pp.234-236
下田次郎	1921	「妊娠中及び出産時に於ける母親としての感想」	2	8	p.250
社説	1921	「現時児童保護の急施事項」	2	9	pp.257-258
稲葉幹一	1921	「親達が子供を悪くした実例」	2	9	p.274
一記者	1921	「育児悲劇子守りの嬰児殺し、人語を解せざる少年」	2	9	pp.281-282
沢柳政太郎	1921	「社会事業と貧児教育」	2	9	p.284
黒瀬才二	1921	「子供のお陰にて」	2	10	pp.300-301
稲葉幹一	1921	「親達が子供を悪くした実例」	2	10	p.306
一記者	1921	「育児悲劇 愛児殺し」	2	10	p.313
上村行彰	1921	「衛生組合法が改正されて巡回看護婦を」	2	11	p.302
生江孝之	1921	「児童保護運動に就て」	2	11	pp.322-325
緒方政次郎	1921	「教育家と連絡を保ちたい」	2	11	p.331
高田慎吾	1921	「先づ生活問題の解決を」	2	11	p.335
稲葉幹一	1921	「親達が子供を悪くした実例」	2	11	p.345
畑田比奈子	1921	「幼稚園時代のこどもの育て方 躾け方の要点」(一等当選)	2	11	pp.361-362
池内房吉	1921	「幼稚園時代のこどもの育て方 子供の人格を発展せしめよ」(二等当選)	2	11	pp.362-363
鈴木四郎	1921	「幼稚園時代のこどもの育て方 子供に勉強を押し付けるな」(二等当選)	2	11	pp.363-364
土肥原三千太	1921	「幼稚園時代のこどもの育て方 子孫繁栄の分別」(三等当選)	2	11	pp.364-365
阪本重一郎	1921	「幼稚園時代のこどもの育て方 子供の知識の芽生」(三等当選)	2	11	pp.365-366
野上俊夫	1922	「幼児教育の真髄」	3	1	pp.2-5
山内繁雄	1922	「どうしたら良い子供が出来るか」	3	1	p.27
大久保直穆	1922	「育児と生活法の改善」	3	1	pp.6-9
島田民治	1922	「優良なる子供を得るには＝先づ結婚制度の改善を要す」	3	2	pp.56-57
木下東作	1922	「弱い子供を強くする方法」	3	3	pp.68-71
乗杉嘉寿	1922	「児童保護に就いて」	3	5	pp.134-135

斎藤孝一郎	1922	「産児制限と現行法律との関係」	3	6	p.187
小野磐彦	1922	「子供に真実の愛」	3	7	pp.221-222
大久保直穆	1922	「体格の改良及び能率の増進」	3	7	p.223
近藤留蔵	1922	「子供の能率増進に就て」	3	8	p.235
社説	1923	「児童保護事業の統一」	4	2	p.33
小林澄兄	1923	「学校教育に就ての批判」	4	2	pp.59-60
佐野寅一	1923	「幼児及び学齢児童の保育に就て」	4	6	pp.162-168
社説	1923	「自然と児童」	4	8	p.225
社説	1924	「新しい年と新しい望み」	5	1	p.1
社説	1924	「恩下賜金と国民の覚悟」	5	2	p.33
関嘉一	1924	「母乳栄養と乳児の鉛毒」	5	3	p.52
河野清丸	1924	「家庭に於ける予習復習の指導」	5	4	pp.114-116
五味義武	1924	「新入学児童の母親にのぞむ」	5	4	pp.121-122
井上束	1924	「母親の乳房から母性の魂が通ふ」	5	4	pp.188-189
藤井利誉	1924	「日本の母親が子供を育てる態度」	5	5	pp.153-154
杉田直樹	1924	「コドモの個性は家庭で育つ」	5	7	pp.202-203
宮田修	1924	「時代が要求する新しい母型」	5	7	pp.204-205
五十嵐雄二	1924	「乳の研究」	5	10	pp.244-248
為藤五郎	1924	「子供私有観に就て」	5	10	pp.307-309
富士川游	1925	「学校教育の重要問題(上)」	6	1	pp.10-12
今村新吉	1925	「メンタルテストの話(一)」	6	3	pp.72-75
高島平三郎	1925	「子供の真似と教育」	6	3	pp.76-78
市川源三	1925	「中学校及び高等女学校入学難」	6	3	pp.83-87
沢柳政太郎	1925	「義務教育年限延長と内容改善」	6	4	pp.112-113
遠藤隆吉	1925	「軍事教育は中等学校自ら進んで成せ」	6	4	pp.116-117
大久保恒郎	1925	「芸術教育法」	6	4	pp.120-121
森川正雄	1925	「学齢前幼児教育研究の必要」	6	4	p.122
今村新吉	1925	「メンタルテストの話(二)」	6	5	pp.142-146
富士川游	1925	「学校教育の重要問題(下)」	6	5	pp.150-154
三浦糾	1925	「教育行政に就て」	6	5	pp.151-153
伊藤長七	1925	「入学試験の改善」	6	5	pp.153-154
今村新吉	1925	「メンタルテストの話(三)」	6	6	pp.168-172
稲畑勝太郎	1925	「私の愛育方針　天分を発揮せしめる」	6	7	p.96
三宅やす子	1925	「私の愛育方針　子供の教育について」	6	8	p.228
沼田作	1925	「知能検査法」	6	9	pp.265-269
北村直射	1925	「体育運動とその指導」	6	10	pp.101-103

社説	1925	「人の教育」	6	10	p.285
沼田作	1925	「知能検査法(一)」	6	10	pp.302-306
長谷川清治	1925	「私の愛育方針　国家有用の材を造りたい」	6	11	p.325
沼田作	1925	「知能検査法(二)」	6	11	pp.332-336
沼田作	1925	「知能検査法(三)」	6	12	pp.362-366
社説	1927	「隣を愛する心」	8	2	p.31
社説	1927	「生活の訓練と品性の教育」	8	3	p.57
社説	1927	「善を積むの心」	8	9	p.226
社説	1927	「弱きものを救うこゝろ」	8	10	p.254
社説	1927	「児童保護事業体系案」	8	12	p.284
社説	1928	「母の育児プログラム」	9	1	p.1
菊池俊諦	1928	「児童の発見」	9	1	pp.12-14
西本三十二	1928	「人間を作るための教育」	9	1	pp.6-9
社説	1928	「御大典と記念事業」	9	2	p.31
武政太郎	1928	「現代心理学と教育の交渉」	9	2	pp.42-43
社説	1928	「受験の悩み」	9	3	p.61
北沢種一	1928	「家庭に於ける宗教教育の実際」	9	3	p.87
野上俊夫	1928	「恋愛と慈愛」	9	4	pp.101-103
杉田直樹	1928	「教育病理学の実用化」	9	4	pp.104-105
田中寶一	1928	「児童を知れ」	9	4	pp.106-107
社説	1928	「入学試験制度」	9	4	p.91
小原国芳	1928	「家庭に於ける宗教教育の実際(四)」	9	5	p.147
八波則吉	1928	「家庭に於ける宗教教育の実際(四)」	9	5	p.147
	1928	「母と子を歌へる文学(三)」	9	7	p.236
北沢種一	1928	「ペスタロッチ主義に還れ」	9	8	pp.229-230
	1928	「古今東西名婦の鑑(三)賢母ガーフィールド」	9	8	p.234
社説	1928	「母の典型」	9	9	p.329
社説	1928	「我を与ふる心」	9	10	p.269
社説	1928	「母性愛」	9	11	p.299
	1929	『母と子』「改題の辞」			

3　邦文文献

芦屋市教育委員会編　1979　『芦屋の生活文化史―民俗と史跡をたずねて』芦屋市役所

芦屋市史編集専門委員編	1971	『新修　芦屋市史　本篇』芦屋市役所
────	1986	『新修　芦屋市史　資料篇2』芦屋市役所
芦屋市文化振興財団	1997	『あしや子ども風土記　芦屋の地名をさぐる』芦屋市立美術博物館
────	1999	『あしや子ども風土記　写真で見る芦屋の今むかし』芦屋市立美術博物館
芦屋市役所		大正3年、大正12年、昭和7年　精道村土地利用図（芦屋市役所所蔵）
秋枝蕭子	1995	「良妻賢母主義教育」の逸脱と回収－大正・昭和初期を中心に」奥田暁子編『日本女性史再考　V鬩ぎあう男と女　近代』藤原書店 pp.451-480
アダムズ・B・マーク編著　佐藤雅彦訳	1998	『比較「優性学」史　独・仏・伯・露における「良き血筋を作る術」の展開』現代書館
天野郁夫	1992	『学歴の社会史－教育と日本の近代』新潮選書
荒川志津代	1987	「婦人雑誌の育児記事と教育心理学」波多野誼余夫・山下恒夫編『教育心理学の社会史　あの戦争をはさんで』有斐閣 pp.188-209
────	1991	「大正期の婦人雑誌の育児記事にみられる教育への関心－『主婦の友』と『婦人世界』の場合」『東京成徳短期大学紀要』第24号 pp.143-148
────	1994	「女性雑誌にみる育児情報と子ども観(1)－要因分析による女性雑誌の分類」『児童研究』第73巻 pp.2-11
アリエス・フィリップ　杉山光信・美恵子訳	1980	『〈子供〉の誕生　アンシャン・レジーム期の子供と家庭生活』みすず書房
飯田宮子	1996	「高島平三郎の心理学研究(1)－雑誌『児童研究』を通してみる明治後期における日本心理学の概観」『東京立正女子短期大学紀要』第23号 pp.88-151
池田敬正	1986	『日本社会福祉史』法律文化社
石井房枝	1998	「高島平三郎の小児研究とその時代」心理科学研究会歴史研究部会編『日本心理学史の研究』法制出版 pp.217-251
石川謙	1945	『我が国における児童観の発達』一古堂書店
石川貞吉	1914→1979	「精神及び身体低格児の保護」『児童研究』第18巻第2、

		3、4、5号 pp.39-48、pp.89-88、pp.134-143、pp.167-176 日本児童学会→『復刻版　児童研究』第一書房
石川松太郎・直江広治	1977	『日本子どもの歴史』第一法規
一番ケ瀬康子	1983	「生江孝之の生涯と業績」『社会福祉古典叢書4　生江孝之集』解説　鳳書院 pp.399-450
───────	1985	「復刻版『二十世紀は児童の世界（大村仁太郎）児童の世紀（原田実）』解説」児童問題研究会監修『日本児童問題文献選集27』日本図書センター pp.3-13
───────	1986	「復刻版『〈内務省地方局〉児童保護の最低標準・〈内務省衛生局〉妊産婦及児童ノ健康増進施設ニ関スル概況・〈中央社会事業協会〉児童保護』解説」児童問題史研究会監修『現代日本児童問題文献選集1』所収　日本図書センター pp.3-15
───────	1990	「解説　児童保護の成立・展開と調査活動」社会福祉調査研究会編『戦前期社会事業調査資料集成』第5巻　勁草書房 pp.2-15
稲田ゆかり	1990	「近代育児法成立期における母親役割論―1880年-1910年の育児書を手がかりに」『お茶の水女子大学女性文化研究センター年報』第4号 pp.43-61
乾孝	1977	『新版　児童心理学』新評論
入江克巳・松本健治	1995	「日本近代における発育・発達観―三島通良と高島平三郎の位相」『学校保健研究』第37巻第2号 pp.141-149
鵜浦浩	1991	「近代日本における社会ダーウィニズムの受容と展開」『岩波講座　進化』岩波書店 pp.119-152
小河滋次郎	1912→1979	「児童保護ノ法制関係ニ就テ」『児童研究』第15巻第11、12号　第16巻1、2、3号 pp.337-344、pp.385-388、pp.9-12、pp.56-60、pp.95-100 日本児童学会→『復刻版　児童研究』第一書房
大藤ゆき	1944	『児やらい』三国書房
大泉溥	1984	「児童心理学の歴史と問題―児童観の変革と発達研究の展開」心理科学研究会編『改定新版　児童心理学試論』三和書房
───────	1997	『教育と保護の心理学　明治大正期』別冊解題I　クレス出版

大霞会内務省史編集委員会	1971	『内務省史』第三巻　大霞会
大久保直穆ほか編著	不明	『乳幼児保護指針（大阪に於ける乳幼児保護の基本的調査）』大阪乳幼児保護協会
大阪市教育委員会編	1976	『大阪府教育百年史』未来社
大阪市水道局	1982	『大阪市水道八十年史』大阪市役所
大阪市保健部	1927	『育児の心得』
大阪市役所社会部	1923	『大阪市社会事業概要』
――――	1924	『大正十二年　大阪市社会事業年報』
――――	1924	新聞記事スクラップ「大正十二年児童問題記事」（大阪市立中央図書館蔵）
――――	1932	昭和7年8月　大阪市社会施設分布図（大阪市立中央図書館蔵）
大阪市立児童相談所	1921	『大正10年　大阪市立児童相談所要覧』
――――	1922	『大阪市立児童相談所紀要　第一巻』
――――	不明	『児童保護叢書　第一編　乳児の保育と其注意』（三田谷文庫所蔵）
大阪社会福祉協議会	1958	『大阪府社会事業史』
大阪大学五十年史編集実行委員会	1983	『大阪大学五十年史　部局史』「第6章　医学部および医学部付属病院」pp.220-237
――――	1985	『大阪大学五十年史　通史』pp.15-80
大阪乳幼児保護協会	不明	『乳幼児保護指針（大阪に於ける乳幼児保護の基本的調査）』（三田谷文庫所蔵）
大阪乳幼児保護協会	1927	「乳幼児保護に於ける社会的施設の最低標準　付小児保健所設置計画」
――――	1928	『第二回大阪乳幼児保護週間』
太田孝子	1995	「賢母と模範家庭の社会史」中内敏夫・長島信弘他『社会規範―タブーと褒賞』藤原書店 pp.213-245
太田素子	1994	『江戸の親子』中公新書
大阪の社会福祉を拓いた人たち編集委員会編	1997	『大阪の社会福祉を拓いた人たち』エルピス社 pp.55-95、pp.239-251
大日向雅美	1988	『母性の研究』川島書店

岡田英巳子　津曲裕次	1985	「ドイツ Heilp adagogik 研究の我国への導入過程について」『心身障害学研究』第9巻　第1号　pp.31-38	
岡田英巳子	1993	『ドイツ治療教育学の歴史研究―治療教育理論の狭義化と補助教育の体系化』勁草書房	
小沢牧子	1987	「育児評論と啓蒙家」波多野誼余夫・山下恒夫編『教育心理学の社会史　あの戦争をはさんで』有斐閣 pp.162-187	
小野芳朗	1997	『〈清潔〉の近代「衛生唱歌」から「抗菌グッズ」へ』講談社選書メチエ pp.90-241	
小山静子	1991	『良妻賢母という規範』勁草書房	
────	2000	『家庭の生成と女性の国民化』勁草書房	
柏木博	1995	「家事の改善をめざして―両大戦間の日本の家事」『家事の政治学』青土社 pp.170-192	
加登田恵子	1985	「わが国における児童学の誕生と高島平三郎」高島平三郎『教育に応用したる児童研究』解説　日本図書センター pp.3-17	
────	1986	「大正期における『児童問題』と『児童保護』」吉田久一編『社会福祉の日本的特質』川島書店 pp.328-359	
加藤翠	1975	「我が国における明治期以降の育児書の変遷」『小児保健研究』第134巻 No3 pp.144-147	
────	1982a	『育児と文化　風俗』(財)母子衛生研究会	
	1982b	「我が国における翻訳育児書についての一調査」『日本女子大学紀要（家政学部）』第29号 pp.51-57	
	1992	「わが国における児童学の科学および教育体系への導入の推移と問題」『児童研究』第77巻 pp.2-5	
	1993	「我が国における育児書発行の変遷」『日本女子大学紀要（家政学部）』第40号 pp.1-7	
角野幸博	2000	『郊外の20世紀―テーマを追い求めた住宅地』学芸出版社	
金子省子	1986	「授乳論にあらわれた母親像の変遷」『愛媛大学教育学部紀要（教育科学）』第32巻 pp.361-378	
────	1992	「日本両親再教育協会について―日本の親教育の系譜に関する研究」『愛媛大学教育学部紀要（教育科学）』第38巻第2号 pp.221-231	
加納実紀代	1991	「『母性』の誕生と天皇制」原ひろ子・舘かおる編『母性から次世代育成力へ』新曜社 pp.89-94	
鎌田久子ほか	1990	『日本人の子産み・子育て―いまむかし』勁草書房	

上笙一郎	1991	『日本子育て物語―育児の社会史』筑摩書房
――――	1998	「児童史研究のために」上笙一郎編『日本〈子どもの歴史〉叢書』別巻　久山社
唐沢富太郎	1968	『明治百年の児童史』講談社
川喜田愛朗	1977	『近代医学の史的基盤(下)』岩波書店　pp.920-1113
川崎賢子	1998	『宝塚』講談社選書メチエ
河原和枝	1998	『「赤い鳥」と「童心」の理想』中公新書
木内陽一	1993	「明治末年における「児童研究」の様態に関する一考察―高島平三郎と松本孝次郎を中心に」『鳴門教育大学紀要（教育科学編）』第8巻　pp.21-35
木曽順子	1986	「日本橋釜ケ崎スラムにおける労働力＝生活過程」杉原薫・玉井金吾編著『大正・大阪・スラム　もうひとつの近代史』新評論　第二章　pp.59-94
北本正章	1993	『子ども観の社会史―近代イギリスの共同体・家族・子ども』新曜社
木下比呂美	1982a	「明治期における育児天職論と女子教育」『教育学研究』第49巻第3号　pp.255-264
――――	1982b	「明治期における育児天職論の形成過程」『江南女子大学紀要11』pp.75-93
――――	1991	「新学校と赤ちゃんコンクール」原ひろ子ほか編『叢書〈産む・育てる・教える〉2　家族―自立と転生』藤原書店　pp.108-110
木村涼子	1898	「婦人雑誌にみる新しい女性像の登場とその変容―大正デモクラシーから敗戦まで」『教育学研究』第56巻第4号
――――	1992	「婦人雑誌の情報空間と女性大衆読者の成立―近代日本における主婦役割の形成との関連で」『思想』第812号　岩波書店　pp.231-252
木村元	1992	「1920年代中学校入学選択の実態に関する一考察―1923年兵庫県中等学校入学者選抜試験に関する調査に注目して」『四国女子大学紀要』第11巻第2号　pp.213-226
クニビレール・イヴォンヌ、フーケ・カトリーヌ	1994	『母親の社会史』中嶋公子　宮本由美訳　筑摩書房
久保田加菜	1996	「大正期東京教育博物館における特別展覧会―専門分化と大衆化」『生涯学習・社会教育研究』第20号　pp.41-50
倉橋惣三	1911→1979	「社会的児童問題」『児童研究』第14巻第7、8号　pp.

		217-218、pp.247-250日本児童研究会→『復刻版　児童研究』第一書房
黒田勇	1999	『ラジオ体操の誕生』青弓社
グループ『母性』解読講座編	1991	『「母性」を解読する』有斐閣選書
河野誠哉	1997	「『測定』の認識論的基盤—明治・大正期の学校身体検査を題材に」『東京大学教育学研究科紀要』第37巻 pp.113-122
小嶋秀夫	1982	「現代の児童観と教育の思想」三村孝弘　田畑治編『現代の児童観と教育』福村出版
———	1989a	「明治初期の翻訳育児書」『日本医史学雑誌』第35巻第1号
———	1989b	『子育ての伝統を訪ねて』新曜社
———	1991	「子どもの発達とその社会的・文化的・歴史的条件」小島秀夫編『新・児童心理学講座　第14巻　発達と社会・文化・歴史』金子書房 pp.4-36
小林嘉宏	1984	「大正期における社会教育政策の新展開—生活改善運動を中心に」『講座　日本教育史3』第一法規 pp.308-331
小林亜子	1996	「育児雑誌の四半世紀」『現代のエスプリ〈子育て不安・子育て支援特集〉』第342号　至文堂 pp.123-136
小林一三	1961	『小林一三全集』ダイヤモンド社
小林輝行	1982	『近代日本の家庭と教育』杉山書店
駒松仁子　津曲裕次	1997	「三田谷啓　著作目録(1)—1908(M. 41)年〜1921(T. 10)年)」『障害者問題史研究紀要』第38号 pp.79-88
駒松仁子	1998	「昭和初期の一虚弱児施設、三田谷治療教育院の"治療教育"について」『子どもの心とからだ』第6巻第2号 pp.95-102
小森陽一　紅野謙介　髙橋修編	1997	『メディア・表象・イデオロギー—明治30年代の文化研究』小沢書店
小山仁示　芝村篤樹	1991	『大阪府の百年』山川出版社
斎藤光	1993	「〈二〇年代・日本・優生学〉の一局面」『現代思想特集日本の1920年代』第21巻第7号 pp.128-139
財団法人矢野健太郎記念会編	1991	『日本国勢図会　長期統計版　数字で見る日本の百年』国勢社
桜井庄太郎	1957	『日本児童生活史』岩崎書店

佐藤正彦	1974	『日本の母子衛生―統計・調査・文献解題』メディカル出版
佐藤学	1995	「『個性化』幻想の成立　国民国家の教育言説」森田尚人藤田英典ほか編『教育学年報4　個性という幻想』世織書房　pp.25-84
佐藤進	1976	「わが国における児童の権利の生成」『児童問題講座　第3巻　児童の権利』ミネルヴァ書房　pp.39-65
佐藤達哉　溝口元	1997	『日本の心理学』北大路書房
佐藤達哉	1997	『知能指数』講談社現代選書
坂本佳鶴恵	2000	「女性雑誌の歴史分析」『お茶の水女子大学人文科学紀要』第53号　pp.225-264
佐野茂	1992	「明治後半、大正、昭和初年の庶民階層における家庭の教育に関する一考察」『論集』第26号　梅光女学院大学　pp.65-81
澤田啓司	1983	「育児書の歴史」『愛育』第48巻　pp.4-30「特集　育児書をめぐって」
沢山美果子	1979	「近代日本における『母性』の強調とその意味」人間文化研究会『女性と文化―社会・母性・歴史』白馬出版　pp.164-180
―――	1984	「近代家族の成立と母子関係―第一次世界大戦前後の新中間層」人間文化研究会『女性と文化Ⅱ―家・家族・家庭』JCA出版　pp.117-144
―――	1987a	「近代的母親像の形成についての一考察」『歴史評論』第433号
―――	1987b	「〈童心〉主義子ども観の展開」木下龍太郎編『保育幼児教育体系第5巻　保育の思想　―日本』労働旬報社　pp.60-81
―――	1990a	「子育てにおける男と女」女性史総合研究会編『日本女性生活史』第4巻　東京大学出版会　pp.125-162
―――	1990b	「教育家族の成立」中内敏夫ほか『叢書　産む・育てる・教える1〈教育〉―誕生と終焉』藤原書店　pp.108-131
―――	1998	『出産と身体の近世』勁草書房
宍戸健夫	1968	「幼児観の展開」古川原ほか編『全書国民教育9　日本の幼児』明治図書
児童教養研究所	1918	『児童教養講習録　第1号』（三田谷文庫所蔵）

	1919	『児童教養講習録　第2号』（三田谷文庫所蔵）
柴崎正行	1979	「わが国近代における障害幼児の処遇に関する研究―三田谷啓における児童保護思想の展開　(1)」『精神薄弱者施設史研究』創刊号　pp.130-143
―――	1988	「『愛育の書』解題」『現代日本児童問題文献選集29　愛育の書』日本図書センター　pp.184-188
柴野昌山	1989	「しつけ思想の展開」『しつけの社会学』世界思想社
柴田喜守	1981	「山口正と志賀志邦人」『社会福祉古典叢書8　山口正・志賀志邦人集』解説　鳳書院　pp.395-419
清水諭	1998	『甲子園野球のアルケオロジー―スポーツの「物語」・メディア・身体』新評論
芝村篤樹	1989	『関一―都市思想のパイオニア』松籟社
社会福祉調査研究会編	1922	『戦前期社会事業調査資料集成』第6巻　勁草書房
庄治完	1989	「三田谷啓の治療教育の研究」東京学芸大学教育学研究科障害児教育専攻修士論文
―――	1991	「三田谷啓の治療教育の研究(1)―『治療教育』の検討」『障害者問題史研究紀要』第34号　pp.1-19
	1995	「三田谷啓の『治療教育』に関する一考察―『教育的処遇』の検討」大井先生退官記念論文集刊行委員会『障害児教育学の探求』pp.60-73
ジョーンズ・マーク	1998	「『子宝』としての子ども像　20世紀の初頭における三越と近代的な子ども観をめぐって」レジュメ　大人と子どもの関係史研究会　7/15発表　東京大学教育学部
新修大阪市史編纂委員会	1994	『新修　大阪市史　第十六巻』大阪市役所
新修大阪市史編纂委員会	1996	『新修　大阪市史　第十巻　歴史地図・解説』大阪市役所
神野由紀	1994	『趣味の誕生―百貨店がつくったテイスト』勁草書房
杉浦守邦　田中克彦	1977	「大正期の特殊教育の勃興と学校衛生思想」『精神薄弱問題史研究紀要』第20号　pp.3-31
杉原薫　玉井金五編	1986	『大正・大阪・スラム―もうひとつの日本近代史』新評論
珠玖捨男	1997	『復刻版日本小児科医史』上笙一郎編　日本〈子どもの歴史〉叢書11　久山社
鈴木善次	1983	『日本の優生学―その思想と運動の軌跡』三共出版

鈴木善次　松原洋子　坂野徹	1995	「展望　優生学史研究の動向(Ⅲ)」『科学史研究』第194号 pp.97-106
鈴木治太郎	1900→1979	「小学校後期における男女心性の比較研究」『児童研究』第3巻第2、4号 pp.9-11、7-9　日本児童研究会→『復刻版　児童研究』第一書房
鈴木智道	1997	「戦間期日本における家族秩序の問題化と『家庭』の論理」『教育社会学研究』第60巻 pp.5-22
鈴木博之	1999	「『阪神間』という土地―大阪（近代における三都論3）」『日本の近代10　都市へ』中央公論社 pp.216-256
首藤美香子	1998	「20世紀米国の育児書の変遷にみる子ども観・育児観・母性観の社会史的考察」『家庭教育研究所紀要』第20号 pp.28-37
精神薄弱児問題史研究会編	1980	『人物で綴る障害者教育史　日本編』日本文化科学社
関一研究会編	1986	『関一日記―大正・昭和初期の大阪市政』東京大学出版会
高木雅文	1989	「『大正デモクラシー』期における『優性論』の展開と教育―教育雑誌の内容分析の視角から」『名古屋大学教育学部紀要（教育学科）』第36巻 pp.167-177
―――――	1990	「1900年代―1920年代の日本における『低能児・優秀児』教育の思想―乙竹岩造の教育観・能力観の分析を通して」『名古屋大学教育学部紀要（教育学科）』第37巻 pp.115-125
―――――	1991	「1920-30年代における優生学的能力観―永井潜および日本民族衛生学会（協会）の見解を中心に」『名古屋大学教育学部紀要（教育学科）』第38巻 pp.161-171
―――――	1992	「『大正デモクラシー』と優生学『自由教育』論者の能力観の一側面」森田尚人　藤田英典ほか編『教育学年報1　教育研究の現在』世織書房 pp.303―330
高島平三郎	1900→1979	「精神進化論」『児童研究』第2巻第9号 p.5 日本児童研究会→『復刻版　児童研究』第一書房
―――――	1921→1979	「児童保護問題に就て」『児童研究』第25巻第4号 pp.94-95　日本児童学会→『復刻版　児童研究』第一書房
高橋智	1998	「戦前における「精神薄弱」心理学の形成―「知能」から「生活能力」へのパースペクティブ」心理科学研究会歴史研究部会編『日本心理学史の研究』法制出版 pp.

		177-216
高橋準	1993	「新中間層の再生産戦略―1910年代―1920年代日本における「自己との関係」」『社会学評論』第43巻第4号 pp.376-389
高沼秀正	1990	「エレン・ケイの教育思想―その思想的系譜の考察」『愛知県立大学文学部論集（児童教育学科）』第39号 pp.47-65
滝沢利行	1977	「養生思想の展開とその公衆衛生的機能―健康文化形成のための理論的基礎」『日本公衆衛生雑誌』第44巻第12号 pp.910-927
――――	1993	「近代日本健康思想の成立」『近代日本養生論　衛生論集成　別巻』第2部文献解題
竹内洋	1997	『立身出世主義―近代日本のロマンと欲望』NHKライブラリー
田代美江子	1993	「近代日本における産児制限運動と性教育―1920-30年代を中心に」『日本の教育史学』第36集 pp.109-123
田中勝文	1975	「児童研究の方法論の前提」『愛知県立大学児童教育学論集』第8号 pp.7-10
田中聡	1994	『衛生展覧会の欲望』青弓社 pp.198-220
玉井金吾	1986	「日本資本主義と〈都市〉社会政策―大阪社会事業を中心に」杉原薫・玉井金吾編著『大正・大阪・スラム　もうひとつの近代史』新評論　第6章 pp.249-298
千本暁子	1990	「日本における性別役割分業の形成」荻野美穂他『制度としての〈女〉』平凡社 pp.187-228
中央社会事業協会	不明	「全国乳幼児保護デー　育児パムフレット第2号　妊産婦の心得及乳幼児保育の一般標準」（三田谷文庫所蔵）
塚原政次	1899→1979	「児童研究の困難を論ず」『児童研究』第2巻第2号 p.21　日本児童研究会→『復刻版　児童研究』第一書房
津金澤聰廣	1991	『宝塚戦略―小林一三の生活文化論』講談社現代新書
津金澤聰廣編著	1996	『近代日本のメディアイベント』同文館
筒井清忠	1995	『日本型「教養」の運命』岩波書店
恒次寿	1934	『大阪財界変遷史』国政協会
恒吉僚子	1992	『人間形成の日米比較―かくれたカリキュラム』中公新書
――――	1994	「育児出版物から見たアメリカの育児観の変遷」『家庭教育研究所紀要』第16 pp.82-90

恒吉僚子　S．ブーコック		1993	「日米倫理観と子育ての研究―育児書内容の比較分析」『上廣倫理財団第4回研究助成報告論文集』pp.116-148
		1998	『育児の国際比較―子どもと社会と親たち』NHKブックス
津曲裕次		1980	『人物で綴る精神薄弱教育史』日本文化科学社 pp.198-199
―――		1987	伝記叢書12『復刻版　三田谷啓　山路超えて』解説　大空社 pp.1-2
津曲裕司　清水寛他		1985	『障害者教育史』川島書店
暉峻義等		1978	「乳幼児死亡の社会的原因に関する考察」『婦人問題資料集成　第6巻　保健・福祉編』ドメス出版 p.142
戸崎敬子		1992	「大阪市立児童相談所と付設『学園』の成立と展開」『特殊教育学研究』第30巻　第1号 pp.37-46
富田博之　中野光　関口安義編		1993	『大正自由主義教育の光芒』久山社
内務省編纂		1921	『児童の衛生』同文館
中内敏夫		1972	「能力についての考え方の歴史　上」『教育』第6号　国土社 pp.32-39
―――		1984	対談「生活の時間・空間と学校の時間・空間」(村田栄一・佐藤秀夫)叢書〈産育と教育の社会史〉第3巻『生活の時間・空間　学校の時間・空間』新評論
―――		1985	「新学校の社会史」産育と教育の社会史編集委員会編 叢書〈産育と教育の社会史〉第5巻『国家の教師　民衆の教師』新評論 pp.73-139
―――		1987	「家族と家族のおこなう教育」『一橋論叢』第97巻第4号 pp.497-522
中嶌邦		1974	「大正期における『生活改善運動』」『史艸』第15巻 pp.54-83
―――		1984	「女子教育の体制化―良妻賢母主義教育の成立とその評価」『講座　日本史』第一法規
中山児童教養研究所		不明	『中山児童教養研究所紀要　第一巻～第四巻』(三田谷文庫所蔵)
―――		1924	『児童愛護モットー集』(三田谷文庫所蔵)
中野光		1968	『大正自由主義教育の研究』黎明書房
―――		1985	「1930年代における私立学校の崩壊と変質」『立教大学

		教育学科研究年報』第28号 pp.17-31
中野光　高橋源治　川口幸弘	1980	『児童の村小学校』
中川米造　丸山博編	1965	『日本科学技術史体系』第24巻　第一法規
永嶺重敏	1997	『雑誌と読者の近代』日本エディタースクール出版部
生江孝之	1923→1983	「第5章児童保護事業」『社会事業綱要』→『社会福祉古典叢書4　生江孝之集』鳳書院　pp.204-373
成田龍一	1990	「衛生環境の変化のなかの女性と女性観」女性史総合研究会編『日本女性生活史4 近代』東京大学出版会 pp.89-124
―――	1993	「衛生意識の定着と美のくさり―1920年代女性の身体をめぐる一局面」『日本史研究』366号 pp.64-89
―――	1995	「身体と公衆衛生―日本の文明化と国民化」『講座世界史4　資本主義は人をどう変えてきたか』東京大学出版会 pp.375-401
日本学校保健会編	1973	『学校保健百年史』第一法規
日本児童協会	1924	「児童教養叢書　第21編　懸賞応募集　児童を歌へる文学」
橋爪紳也	1990	『博覧会見物』学芸出版社
波多野勤子ほか	1969	『日本児童研究所モノグラフ「育児書の内容分析」』第14号
バダンテール・エリザベート　鈴木晶訳	1981→1991	『母性という神話』サンリオ出版→筑摩書房
早川麻里	1998	「歯磨きと清潔な子ども」本田和子編著『ものと子どもの文化史』勁草書房 pp.42-68
原ひろ子　我妻洋	1974	『しつけ』弘文堂
ハリスン・モリー　藤森和子訳	1996	『子どもの歴史』法政大学出版会
原武史	1998	『「民都」大阪対「帝都」東京　思想としての関西私鉄』講談社選書メチエ
ハワード・エヴネザー　長素連訳	1973	『明日の田園都市』鹿島研究出版会　SD選書28
阪急沿線都市研究会編	1994	『ライフスタイルと都市文化』東方出版

阪急電鉄株式会社編	1991	『小林一三日記』
阪神間モダニズム展実行委員会編	1997	『阪神間モダニズム　六甲山麓に花開いた文化　明治末期―昭和15年の軌跡』淡交社
阪神電気鉄道株式会社	1908	「市外居住のすゝめ」
阪神電鉄株式会社臨時社史編纂室編	1955	『輸送奉仕の50年』
兵庫県史編集委員会	1967	『兵庫県百年史』兵庫県
平塚真樹	1992	「日本における子どもの『保護』の制度化と『子どもの権利』」法政大学社会学部学会『社会労働研究』39 pp.395-419
───	1993	「日本における子どもの『保護』の制度化と『子どもの権利』」法政大学社会学部学会『社会労働研究』40 pp.395-417
平野雅人	1997	「三田谷啓の「治療教育」思想形成に関する歴史的研究―統一的児童保護機関としての三田谷治療教育院」『障害者問題史研究紀要』第38号 pp.57-64
広田照幸	1992	「戦前期の教育と〈教育的なるもの〉―「教育的概念の検討から」」『思想』812号 pp.253-272
───	1999	『日本人のしつけは衰退したか―「教育する家族」のゆくえ』講談社現代選書
ピンケ・イレーネ ピンケ・ハルダッハ　木村育世・姫岡とし子ほか訳	1992	『ドイツ／子どもの社会史　1700-1900年の自伝による証言』勁草書房
藤澤房俊	1993	『『クオーレ』とその時代』ちくまライブラリー
藤浪剛一	1942	『日本衛生史』日新書院
富士川游	1907→1979	「児童研究」『児童研究』第10巻第7号 pp.1-4日本児童研究会→『復刻版　児童研究』第一書房
───	1922→1979	「少年裁判所」『児童研究』第26巻第1号 pp.1-3　日本児童研究会→『復刻版　児童研究』第一書房
───	1941	『日本医学史』
古川孝順	1982	『子どもの権利』第一法規
───	1986	「復刻版『〈伊藤清〉児童保護事業』解説」児童問題史

		研究会監修『現代日本児童問題文献選集11』所収　日本図書センター　pp.1-12
───	1986	「復刻版『〈内務省社会局〉欧米各国児童保護に関する法規』解説」児童問題史研究会監修『現代日本児童問題文献選集9』所収　日本図書センター　pp.3-10
細辻恵子	1983	「育児書による比較社会化論の試み—スポックと松田道雄」『ソシオロジ』28　pp.97-117
堀尾輝久	1987	『天皇制国家と教育—近代日本教育思想研究1』青木書店
本田和子	1999	『変貌する子ども世界—子どものパワーの光と影』中公新書
───	2000	『子ども100年のエポック「児童の世紀」から「子どもの権利条約」まで』フレーベル館
ポロク・A・リンダ 中地克子訳	1988	『忘れられた子どもたち』勁草書房
毎日新聞社会事業団	1961	「毎日新聞大阪社会事業　五十年史」毎日新聞社
牧野虎次編纂	1931	『昭和6年大阪社会事業年鑑　児童保護事業』pp.51-77　大阪社会事業連盟
松岡信義	1981	「『アメリカの児童研究運動』研究の課題と方法」東京大学教育学部『教育哲学・教育史研究紀要』第7号　pp.68-76
───	1982	「アメリカの児童研究運動（Child Study Movement）—その思想と性格」『教育学研究』第49巻第4号　pp.11-20
───	1983a	「アメリカの児童研究運動（Child Study Movement）の生成条件」『神奈川大学心理・教育学論集』第1号　pp.65-82
───	1983b	「G.S.ホールの教育思想・予備的考察—児童研究運動とホール・素描」東京大学教育学部『教育哲学・教育史研究紀要』第9号　pp.12-28
───	1984	「児童研究運動と進歩主義教育—アメリカの新教育の一系譜・試論」『神奈川大学心理・教育学論集』第2号　pp.87-100
───	1985	「児童研究運動における『科学』観の検討(1)」『美作女子大学・美作女子短期大学紀要』第30巻　pp.1-11

松島豊	1982	「日本における児童研究運動の成立とその問題性―日本児童学会を中心とする児童研究運動の概観（1944年まで）」東京大学教育学専門講座　教育史専攻修士論文
松本園子	1985	「『児童教養講習録』の背景と性格」『日本児童問題文献選集36児童教養講習録』日本図書センター　pp.1-8
三島通良	1907→1979	「学童生徒精神情態検査の必要」『児童研究』第10巻第11号 pp.10-11　日本児童研究会→『復刻版　児童研究』第一書房
三浦雅士	1994	『身体の零度―何が近代を成立させたか』講談社選書メチエ
水野宏	1990	「教育と健康」60年の折ふし2　三田谷啓の先駆的業績」『学校保健研究』第32巻　第12号 pp.600-602
南博　社会心理研究所編	1965	『大正文化1905-1927』勁草書房
南博ほか編	1987	『近代庶民生活誌　第6巻　食・住』三一書房
宮坂靖子	1990	「お産の社会史」中内敏夫ほか『叢書〈産む・育てる・教える―匿名の社会史〉1〈教育〉誕生と終焉』藤原書店　pp.82-107
宮坂広作	1980	「天皇制教育体制の確立と社会教育」碓井正久編『近代日本社会教育発達史』亜紀書房
宮澤康人	1998	『大人と子どもの関係史序説』柏書房
宮本常一	1948	『日本の子供達』日光書院
―――――	1967	「家郷の訓　愛情は子どもと共に」『宮本常一著作集6』未来社
無記名	1898→1979	「巻頭」『児童研究』第1巻第1号　日本児童研究会→『復刻版　児童研究』第一書房
無記名	1898→1979	「発刊の辞」『児童研究』第1巻第1号　日本児童研究会→『復刻版　児童研究』第一書房
無記名	1898→1979	「児童研究の必要」『児童研究』第1巻第1号 pp.2-3　日本児童研究会→『復刻版　児童研究』第一書房
無記名	1942→1980	「日本児童学会沿革（一）（二）」『児童研究』第41巻第1号 pp.17-18、第42巻第2号 pp.36-38　日本児童学会→『復刻版　児童研究』第一書房
牟田和恵	1996	『戦略としての家族』新曜社
村上陽一郎	2000	『科学の現在を問う』講談社現代新書
村田惠子	1996	「三田谷啓執筆論稿について―雑誌『児童研究』『育児

		雑誌』の分析」『広島大学教育学部紀要』第45号 pp.213-224
──────	1997a	「三田谷啓における母親教育の構想」教育史学会紀要『日本の教育史学』第40集 pp.182-205
──────	1997b	「北垣児童教養研究所について―機関誌『児童』『子寶』を中心として」『広島大学教育学部紀要』第46号 pp.205-212
──────	1999	「日本児童協会による母親教育事業の展開」教育史学会自由研究発表レジュメ　於北海道大学10月3日
村島帰之	1918	『どん底生活』文雅堂
毛利子来	1972	『現代日本小児保健史』ドメス出版
茂木俊彦　高橋智　平田勝次	1992	「我が国における「精神薄弱」概念の歴史的研究」多賀出版
本保恭子	1992a	「治療教育学にみられる児童学的アプローチ」『ノートルダム清心女子大学紀要（生活科学・児童学・食品栄養学編）』第16巻第1号 pp.25-32
	1992b	「三田谷啓と治療教育学」『ノートルダム清心女子大学紀要（生活科学・児童学・食品栄養学編）』第17巻第1号 pp.117-122
服藤早苗	1991	『平安朝の母と子』中公新書
安田生命社会事業団	1969	『日本の児童相談』川島書店
安田孝	1992	『郊外住宅の形成　大阪―田園都市の夢と現実』INAX出版
柳田國男	1935	『産育習俗語彙』恩賜財団愛育会
──────	1963	「誕生式と成年式」「小児生存権の歴史」『定本柳田國男集15』筑摩書房
柳田真輔	1976	『居留外国人による神戸スポーツ草創史』道和書院
山口昌男	1995	「近代におけるカルチャーセンターの祖型―文化装置としての百貨店の発生(二)　三越の児童文化あるいは子供の発見」『「敗者」の精神史』岩波書店 pp.78-86
山住正己・中江和恵	1976	『子育ての書』全3巻　平凡社　東洋文庫
山本俊一	1981	『日本食品衛生史（大正・昭和前期編）第15章　牛乳』中央法規出版 pp.132-165
山住正己	1979	「近世における子ども観と子育て」『岩波講座　子ども

		の発達と教育2』pp.35-70
山本敏子	1987	「明治期・大正前期の心理学と教育（学）―子どもと教育の心理学的な研究の動向を手掛かりに」東京大学教育学部『教育哲学・教育史研究紀要』第13号 pp.92-105
―――	1991	「日本における〈近代家族〉の誕生―明治期ジャーナリズムにおける「一家団欒」像の形成を手掛かりに」日本の教育史学『教育史学会紀要』第34号 pp.82-96
―――	1996	復刻版『両親再教育とこども研究』解説　上笙一郎編　日本〈子どもの権利〉叢書12　久山社 pp.1-8
山本武利・西沢保編	1999	『百貨店の文化史―日本の消費革命』世界思想社
横須賀薫	1969	『児童観の展開』国土社
横山浩司	1986	『子育ての社会史』勁草書房
吉見俊哉	1990	「大正期におけるメディア・イベントの形成と中産階級のユートピアとしての郊外」杉山光信編「近代日本におけるユートピア運動とジャーナリズム」所収『東京大学新聞研究所紀要』第41号　東京大学新聞研究所 pp.141-152
―――	1992	『博覧会の政治学』中公新書
吉見俊哉・入江克巳他	1999	『運動会と日本近代』青弓社
吉田久一	1990	「児童保護の成立」『吉田久一著作集3　改訂増補版　現代社会事業史研究』川島書店 pp.59-74
吉長真子	1999	「1910―1920年代の児童保護事業における母親教育―岡山県鳥取上村小児保護協会の事例から」『日本の教育史学』第42集 pp.61-79
米田佐代子	1992	「母性主義の歴史的意義」女性史総合研究会編『日本女性史　第5巻』東京大学出版会
米田康子	1982	「『主婦の友』にみる産児調節―1920年代前後の時代意識」お茶の水女子大学心理・発達・教育研究会『人間発達研究』第17号 pp.12-20
米本昌平・松原洋子他	2000	『優生学と人間社会―生命科学の世紀はどこへ向かうのか』講談社現代新書
若林幹夫・内田隆三他	2000	『郊外と現代社会』青弓社
脇田晴子	1985	『母性を問う　歴史的変遷(下)』人文書院

渡辺俊一	1996	『「都市計画」の誕生』柏書房
	1989	『教育人名辞典　上・下巻』日本図書センター
	1990	『コンサイス日本人名辞典　改訂版』三省堂
	1972	『児童学辞典』光生館
	1997	『障害児教育大辞典』旬報社
	1977	『新教育心理学辞典』金子書房
	1996	『人物レファランス事典』日外アソシエーツ社
	1984	『図説　教育人物辞典』ぎょうせい
	1992	『新版　精神医学辞典』弘文堂
	1964	『世界大百科辞典』平凡社
	1979	『日本人名大事典』平凡社
	1995	『日本会社史総覧　上・下巻』東洋経済新報社
	1992	『日本史大事典』平凡社

4　欧文文献

Alwin, Duane F.	1990	"Historical Changes in Parental Orientations to Children" *Sociological Studies of Child Development*, vol. 3 pp. 65-86
Apple, Rima D.	1987	*Mothers & Medicine: A Social History of Infant Feeding 1890-1950*, The University of Wisconsin Press
Bach, William G.	1974	"The Influence of Psychoanalytic Thought on Benjamin Spock's Baby and Child Care" *Journal of the History of the Behavioral Sciences,* vol.10 no. 1 pp. 91-94
Beekman, Daniel	1977	*The Mechanical Baby: A Popular History of the Theory and Practice of Child Raising,* Westport Connecticut, Lawrence Hill & Company
Bloom, Lynn Z.	1972	*Doctor Spock: Biography of a Conservative Radical,* Indianapolis, Bobbs-Merril
Boocock, Sarane S.	1991	"Childhood and Childcare in Japan and the United States: A Comparative Analysis" *Sociological Studies of Child Development* vol. 4 pp. 51-88
Bronfenbrenner, Urie	1992	"Child Care in the Anglo Saxon Mode" Eds. Michael E. Lamb and others, *Child Care in Context,* Hillsdale, N. J.

		Ealbaum
Cable, Mary	1972	*The Little Darlings: A History of Child Rearing in America*, New York, Charles Scribner's Sons
Cleverley, John and Phillips, D.C.	(1976) 1986	*Visions of Childhood: Influential Models from Locke to Spock,* New York, Teachers College, Columbia University
Davis, Glenn	1976	*Childhood and History in America,* New York, The Psychohistory Press
Duby, Georges and Perrot, Michelle	1993	*A History of Women IV: Emerging Feminism from Revolution to World War,* Cambridge, London, The Belknap Press of Harvard University Press (杉村和子 志賀亮一監訳『女の歴史 IV 19世紀 2』1996 年　藤原書店)
Ehrenreich, Barbara and English Deirdre	1978	*For Her Own Good: 150 years of the experts' Advice to Women,* NewYork, London, Tront, Sydony, Auckland, Anchor Books Doubleday
Greven, Phillip	1991	*Spare the Child: The Religious Roots of Punishment and Psychological Impact of Physical Abuse,* New York, Alfred. A. Knopf
———	1973	*Child-Rearing Concepts,* 1628-1861, Historical Sources Itasca, Illinois, F.E. Peacock Publishers, inc.
Hardyment, Christina	1983	*Dream babies: Three Centuries of Good Advice on Child Care,* New York, Harper & Row Publishers
Hays, Sharon	1996	*The Cultural Contradictions of Motherhood,* New Haven and London, Yale University Press
Hiner, N. Ray and Hawes, M. Joseph	1985	*Growing Up in America: Children in Historical Perspective* , Urbana and Chicago, University of Illinois Press
Lomax, Elizabeth Kagan, Jerome and Rosenkrantz, Barbara, G.	1978	*Science and Patterns of Child Care,* San Francisco, W. H. Freeman and Company
Marshall, Harriette	1991	"The Social Construction of Motherhood: An Analysis of Child Care and Parenting Manuals" Eds. Ann Phoenix. Anne & Lloyd, Eva Woollett *Motherhood: Meanings, Practices and Ideologies*, Sage publications Inc. pp. 66-85

Marshall, Peter	1995	*Sex, Nursery Rhymes & Other Evill: A Look at the Bizzarre Amusing, Sometimes. Shocking Advice of Victorian Childcare Experts*, Vancouver, Toront, Whitecap Books
Maier, Thomas	1998	*Dr. Spock: An American Life*, New York, San Diego, London, Harcout Brace & Company
Mints, Steven and Kellogg, Susan	1988	*Domestic Revolutions: A Social History of American Family Life*, New York, London, Tront, Sydony, Singapore, The Free Press
Reiner, Jacqueline, S.	1996	*From Virture to Character: American Childhood 1775-1850*, New York, Twayne Publishers, An Imprint of Simon & Schuster Macmillan
Richardson, Diane	1993	*Women, Motherhood and Childrearing*, New York, St. Martin's Press
Sommerville, C. John	1982	*The Rise and Fall of Childhood*, New York, Vintage Books A Division of Random House, Inc.,
Spock, Benjamin	1989	*Spock on Spock: A Memoir of Growing Up with the Century*, New York: Pantheon
———	1946	*The Common Sense Book of Baby and Child Care*, New York, Duell, Sloan and Pearce
Steere, Geoffrey H.	1968	"Freudianism and Child-rearing in Twenties" *American Quarterly,* vol. 20 pp. 759-767
Sulman, A. Michael	1973	"The Humanization of the American Child: Benjamin Spock as a Popularizer of Psychoanalytic Thought". *Journal of the History of the Behavioral Sciences* vol.9, no. 3 (July) pp. 258-265
———	1988	"The Utopia of Human Relations: The Conflict-Free-Family in American Social Thought 1930-1960" *Journal of the History of the Behavioral Sciences* vol. 24 no. 4 pp. 343-362
Thurer L. Shari	1994	*The Myths of Motherhood: How Culture Reinvents the Good Mother,* Houghton Mifflin Company（安次嶺佳子訳『「良い母親」という幻想』草思社 1998 年）
Uno, S. Kathaleen	1999	*Passages to Modernity: Motherhood, Childhood, and Social Reform in Early Twentieth Century Japan,* Honolulu, Universty of Hawaii Press

Weiss, Nancy Pottishman	1978	"The mother-child dyad revisited: perceptions of mothers and children in twentieth century childrearing manuals", *Journal of Social issues* vol. 34 no. 2 pp. 29-45
Zuckerman, Michael	1974	"Dr. Sppck: The Confidence Man" Eds. Charles Rosenberg, *The Family in History,* Philadelphia: Univ. of Pennsylvania Press, pp. 179-207
Wolfenstein, Marth	1955	"Fun morality: An analysis of recent American child-training literature" Eds. Mead Margaret and Wolfenstein Martha *Childhood in Contemporary Cultures*, Chicago, University of Chicago Press, pp. 168-178

あとがき

　子育ての歴史を改めて考えてみたいと思ったきっかけのひとつには、私自身の挫折体験がある。学部から博士課程まで一貫して児童学を専攻し、子ども観の社会史研究者として自立しようとしていた矢先の私の苦悩は、今から10年前にはじまった。米国ワシントン郊外のベイビーファクトリーと悪評高い病院で、芸術的な速さと技巧の帝王切開で出産し、慣習に従い三日で退院させられた日からである。子どもとは何か専門的に学び、子どもに対する理想的な関わり方の訓練も多少は受けたはずだったが、泣き叫ぶ赤ちゃんの訴えを何一つ解することもできず、来る日も来る日も飢えと眠りを満たし、排泄の世話だけに明け暮れる、まさしく24時間小さな生命を守り続けるためだけに奉仕する日々に圧倒されてしまった。

　母が手助けに来てくれてはいたものの、病院で粉ミルクの調剤方法をしっかり学んだ世代で、体重増加を示す折れ線グラフの曲がり具合に一喜一憂し、赤ちゃんが泣きはじめると何もかも放り出して飛んでいって抱き続ける献身的なその姿勢に対して、私は素直に感謝し見習おうとするどころか、背後から授乳量と時間間隔を監視されていると思っただけで母乳は出なくなり、母が抱くと機嫌が良くなる赤ちゃんも、私が相手だといつまでもぐずって眠らないことに対して癇癪を起こし、次第に無力感と自信喪失に苛まれていった。

　頼みの母が帰国して、日中一人で赤ちゃんと向き合わざるを得なくなった時、心の支えとなったのは、近所の母親たちだった。彼女たちは、それぞれに子どもによいと判断したことは実践してみなくては気がすまないらしく、どうしてこんなに育児に対する考えや方法が違う人たちが集まって、午後のひとときを中庭で子どもを一緒に遊ばせることができるのか不思議なほどだった。私は、滑稽なほど大真面目に先輩たちの助言に耳を傾け、その方向性の極端な違いに混乱しながらも、まるで実験をするようにひとつひとつ試してみて、育児に関する価値観の多様性とその背後にある子ども観の相違を具

体的な場面を通して実感していった。さらに、そうした異国で年子を産み育ててみた２年余りの体験によって、私は「近代」の「日本的」な育児とは何かを否応なく意識させられ、そのよって立つ固有の歴史的文化的地平を解明したいと次第に思うようになっていったのである。

　一番親しくしていた右隣のスーザンは、彼女の打ち明け話によれば、高校時代の成績はひどく短大も中退、そして夫もペンキ塗り、コンピューターの補修工、保険のセールスマンと定職がなく決して教養が高いカップルとはいえないが、大統領選挙のときに毅然と示した政治に対する期待や聖書に対する独特の解釈と同様に、我が子の育て方に対しては一貫した明確な理念を持っていた。スーザンは、子どもが望む時に望むだけ母乳を与え、キングサイズのベッドで親子４人共寝をするなど、子ども自身の要求や親子の愛着関係を比較的重視していた。また、環境に配慮して布オムツを使い、木や紙の手作り玩具を探し求め、離乳食に市販されている一般的な瓶詰めフードやスナックを与えず、なるべく菜食で通そうとするなど自然志向の強い女性だった。さらに、地域の公立小学校の教育水準が低いことを知ると、学齢期になった子どもたちの通学を拒否し、一念発起して「ホームスクール」という親が家庭で子どもに学習指導し単位を取得させる協会（政府公認の教育団体、州によってはホームスクール出身者の方が大学進学率は高い）に入会し、毎日恐ろしいほどの我慢強さで感情をコントロールしながら子どもたちの勉強をみてやっていた。

　そのスーザンの家によく遊びに来ていた義姉のキャシーは、金髪で青い目をしたアングロサクソン系の男の子二人を養子にとり育てていた。彼女が私に貸してくれた育児書は、月齢ごとに授乳・排泄・睡眠・入浴・遊びの時間割が決められたもので、「最初はうまくいかないけれども、次第に赤ちゃんの生活は親の都合に合わせられるものだ」というのが彼女の自論だった。結局私の忍耐が足りずに彼女の好意をふいにしてしまった例のひとつに、抱き癖をつけず赤ちゃんが自分の部屋で一人で寝るための訓練というのがあった。詳しいことは忘れてしまったが、要は催眠の儀式を遵守することだったように思う。就寝時間が来ると、たっぷり抱擁しキスしてから赤ちゃんをベッドに置き、暗がりが恐くないように小さなランプを灯し、眠りを誘うよう

な音楽をかけ、背中をとんとんとたたいてやる。浅く眠りについたら、親はそっとベッドを離れる。泣き始めてもすぐには部屋に戻らないで様子を見て、10分たっても泣き止まないようなら、もう一度上の儀式を繰り返す。本当に眠りにつくまで根気よく何回もそれを試し、泣いても部屋に戻る時間を少しずつ長くし、あきらめさせるのがポイントらしい。私の場合は、泣いても誰も来ないために怒りで狂ったように叫ぶ赤ちゃんをいつまでも放っておく勇気がなく、結局、熟睡するまで夫婦で交代に赤ちゃんを抱いて歩き回るか、揺り椅子で一緒に寝たりしてしまい、うっかり腰痛や寝不足の愚痴をこぼして、キャシーからはあきれられた。

　一方、左隣に住んでいたリサは、東海岸の由緒ある家系出身を自称するカソリック教徒で、幼稚園教師の経験を持っていたが、ユダヤ人と結婚し、パラグアイから養子をもらいうけていた。当初は浅黒く痩せて目玉がギョロギョロしていたその子を、ふっくらした笑顔の愛くるしい陽気な男の子に育て上げていた。リサは、体罰を一切容認せず、どんなに小さくても子どもが納得いくまで理詰めでこんこんと言い含める主義で、悪戯盛りの男の子たちのケンカが一向に収まらないときには、他の母親なら遊びを中断させていったん家に連れて帰り、お仕置きとして部屋の隅に立たせたり、お尻をぴしゃりと叩くところを、リサはなぜ悪いのか、本来ならどう振る舞うべきか20分でも30分でも延々とお説教をはじめるのだった。リサの子どもを威嚇するような低い声が中庭じゅうに響き始めると、周囲はうんざりして白けてしまい、片付けて引きあげるのが常だった。

　その他にも、不法滞在のために可哀相なほどの低賃金で毎日10時間、キャリアアップとダイエットにしか興味のない母親に代わって子守りをさせられていたフィリピン人の家政婦アイリーンや、日本で最初の子どもを突然死で失ったあと米国人と再婚して可愛い女の子に恵まれたＴさん、公立小学校の充実した特殊教育カリキュラムを利用して障害児を育てているＨさん、夫は医師として単身日本で病院経営をし、その資産で10人もいる子どもたちに米国で最高の教育を受けさせようと野心満々のＭさんなど、実に様々な人たちとのふれあいがあった。そのユニークな人間関係に鍛えられながら、日本人である私はどんな育児が理想だと無意識に思いこんでいるのか、家族や友

人の助けがあっても、なぜ実際の育児は「楽しく」も、女性の人生にとって「有意義」な体験でもなく、時に母親であることを逃げ出したいほど辛くて苦しいのか、悩みを深めていった。一体何に囚われ、束縛されていると私は感じているのか、絶えず内面から湧き起こる些細な疑問や困惑、ネガティブな感情や違和感の正体を突き止めたいという衝動に駆られていった。
　その思いは、米国内で発表された論文（未刊行の博士論文も含む）や著作であれば、全土を網羅するネットによって検索・入手できる地域の公立図書館のサービスを通し、育児史に関する米国の先行研究にふれることによって実現した。苦手な英語を文字通り一字一字指でなぞるようにしてたどった未知の世界には、驚くような史実と眩いばかりの斬新な解釈があふれ、読み進めるうちに胸のつかえがとれ、何より私自身が救われ新しく蘇るような不思議な体験を繰り返した。その幸せな体験を今まさしく育児に悩む女性たちに伝え、少しでも共有してもらいたいという願いが、この研究の出発点となったわけである。日本の育児の歴史的再考という作業を通じて、育児という狭い領域を強く支配しているイデオロギーの実体を暴き、その功罪を世に問うこと、それが米国の先駆者たちによって救われた、私のささやかな使命だと考えている。
　その試みは未だ緒についたばかりであるが、最終的には「日本的な」育児の特定と「日本的な」子ども観の究明が必須であることは自明である。米国の例は序章で示した通りで、「自動人形」のような子ども観に基づき、大人の意志のままに生理的欲求や感情表現を制御しようとする立場から180度転換して、「人間」としての赤ん坊を再発見してその発達の固有のプロセスと個性を尊重し、大人－子どもの愛着関係により情緒的な安定を得ることを最優先させる立場へと極端に揺れるのに対して、日本では簡単に図式化できるような変化の波を読み取りにくいといえる。外的な刺激に対して一応は反応し変化の兆しは見せるものの、根本的なところでは子どもに対する「甘やかな心性」というのが継承されてきたというのが、日本の子ども観に対する私の仮説である。
　この「日本らしさ」の解明は、再び迂回路を取って、日本思想・文化のルーツといえる中国を反射板にしてできないか、目下のところ模索中である。

中国の伝統的な子ども像といえば、今も春節（旧正月）になると長寿富貴・家運隆盛・学業成就を願って飾られる「年画」の中の、丸々とふくよかで愛くるしい童子や、宋代に描かれた「嬰戯図」「貨郎図」等の中で、凧上げやこま回し、蹴鞠に興じ、小鳥や虫、小動物と戯れ、果物を貪り食い、画面いっぱいにエネルギーを発散させて遊び回る、小太りで目の細い子どもたちの姿が真っ先に浮かぶであろう。現代の北京でも、街角で日常的に見られる子育ての風景は、過保護・過干渉とも感じられるほど大人と子どもとの関係は濃密である。例えば、ふざけて遊びまわる子どもをスプーンを持って追い駆けて食事を与えようとする、生後数ヶ月から股の割れたパンツをはかせ公衆の場（天安門の下！！）でもこまめに排泄訓練を行う、真冬ともなれば下半身を毛糸のパンツ、タイツ、股引の上に靴下・ウールのズボンで何重にも防備させ、薄着でいる外国人の子どもの親に見習えと注意する、子どもが泣くと周囲に人だかりができ心配そうに覗き込み、抱っこやおんぶで子どもの機嫌をとろうとする、などなどである。こうした大人と子どもの「べたべたした泥臭い関係」を目の当たりにすると、日本の子ども観の形成にある影響を与えたのではないか、直感的にそんな推察をしてみたくなる。

　が、ことはそう単純ではない。映画『覇王別姫』のなかで見られる京劇役者を志す子どもたちに師匠が与える激しい訓練と容赦ない体罰、それは今なお、オリンピックを目指し全寮制の体育施設で毎日10時間近い特訓に追われる候補生や、遊ぶ暇もない詰め込み教育で早くから大学受験を意識させられる小学生の痛々しい現実に重なる姿でもある。そして、それは遠く近世中国の知識人家庭で有能と見こんだ子弟に、奨励・誘導などの心理的圧力をかけて、科挙合格すなわち高級官吏になるという単一的な人生観を植え付けさせ、体力を養う戸外の活動、一切の文芸嗜好・興趣の追求、技能発展の可能性を禁止して、偏狭な知識習熟に自主的に専念させようとした伝統につながる。中国の子ども観の歴史研究の第一人者・熊秉真が『童年憶往』で描写してみせたように、中国の子ども観は、豊富な蓄積のある欧米のそれとは異なり、特有のスケールできわめて複雑な展開を見せる。その意味で、中国との比較は日本の子ども観の固有の歴史を知る大きな手がかりとなろう。

　このように多くの興味深い課題が山積しているが、今現在は、私自身が選

択したこととはいえ、国内外へと数年で生活の場を変えざるを得ない状況にある。固定した研究課題に一貫して集中的に取り組み、一定の成果を上げることができないのは、無責任で研究者として失格であろう。が、できることなら、米国・中国との比較という大きな視野から、時空間を自在に往還しトリックスターのように、「日本の子ども」の実像と虚像を追い求めていきたいと願う次第である。

　本研究は、博士学位論文　大西（首藤）美香子『育児啓蒙活動家　三田谷啓の研究〜一九二〇年代の育児観・子ども観〜』（平成十三年三月　お茶の水女子大学にて取得）を加筆・修正したものである。論文作成にあたっては、社会福祉法人　三田谷治療教育院常務理事　堺孰氏からは、三田谷文庫の希少な資料を閲覧複写させていただき、また三田谷文庫の管理責任者として三田谷の自伝的研究と目録作成を精力的に試みられている国立療養所東京病院附属看護学校　副学校長駒松仁子氏からは、三田谷に関する貴重なご意見を伺うことができた。このお二方のご理解とご協力なくしては、本研究は実現し得なかったといっても過言ではない。

　さらに、学部時代からの指導教官本田和子先生、原ひろ子先生をはじめ、論文審査委員であった大口勇次郎先生、無藤隆先生、山本秀行先生、黒田淑子先生、上野浩道先生に、厳格かつ適切なご指導を受けることができた。諸先生方との濃密な議論の機会を持てたことで自らの脆弱な問題意識をどのような方向に飛翔・深化させていくとよいか、自らの主張について理解を得るためにアカデミズムの世界ではどのように論理を構築し修辞法を完成させていくとよいか、その技術的指導を一から手ほどきしていただいた。心よりの感謝の意を表したい。なお、本研究は、平成十年度は松下国際財団から、平成十一年度は上廣倫理財団の研究助成を受けた。両財団法人のご支援にあわせて感謝したい。

　そして最後に、出版に際してお骨折りいただいた勁草書房の伊藤真由美さんに心からのお礼を申し上げたい。

　　　　　　　　　　　　　　　　　　　　　　北京にて　首藤美香子

著者略歴
1964年　松山市生まれ
1987年　お茶の水女子大学家政学部児童学科卒業
　　　　お茶の水女子大学大学院人間文化研究科人間発達学専攻
　　　　博士課程修了　人文科学博士（児童学・子ども観の社会史）
論　文　「『産む』身体の近代―江戸中期における産科術の革新」
　　　　（『現代思想』第19巻第3号　1991年）
　　　　「母子の関係性の誕生」（原ひろ子・舘かおる編『母性から
　　　　次世代育成力へ―産み育てる社会のために』新曜社　1991
　　　　年）
　　　　「育児の現象学　『もの』化する授乳」（本田和子編著『も
　　　　のと子どもの文化史』勁草書房 1998年）
　　　　「〈子ども〉の視座の復権―熊秉真『童年憶往―中國孩子的
　　　　歴史』考」（『比較家族史研究』第19号　2004年3月）

近代的育児観への転換
　　　　啓蒙家　三田谷啓と1920年代

2004年3月20日　第1版第1刷発行

　　　　　　　著　者　首 藤 美 香 子

　　　　　　　発行者　井　村　寿　人

　　　　　発行所　株式会社　勁　草　書　房
112-0005　東京都文京区水道 2-1-1　振替　00150-2-175253
　　　　　電話（編集）03-3815-5277／FAX 03-3814-6968
　　　　　電話（営業）03-3814-6861／FAX 03-3814-6854
　　　　　　　　　　　　　　港北出版印刷・青木製本

Ⓒ SUTO Mikako 2004

ISBN4-326-25048-8　　Printed in Japan

＜㈱日本著作出版権管理システム委託出版物＞
本書の無断複写は著作権法上での例外を除き禁じられています。
複写される場合は、そのつど事前に㈱日本著作出版権管理システム
（電話03-3817-5670、FAX03-3815-8199）の許諾を得てください。

＊落丁本・乱丁本はお取替いたします。
　　　　　　　　　　http://www.keisoshobo.co.jp

近代的育児観への転換

啓蒙家 三田谷啓と1920年代

2015年1月20日　　オンデマンド版発行

著　者　　首藤美香子

発行者　　井　村　寿　人

発行所　　株式会社　勁 け い 草 そ う 書房

112-0005 東京都文京区水道 2-1-1　振替　00150-2-175253
（編集）電話 03-3815-5277／FAX 03-3814-6968
（営業）電話 03-3814-6861／FAX 03-3814-6854
印刷・製本　（株）デジタルパブリッシングサービス http://www.d-pub.co.jp

Ⓒ SUTO Mikako 2004　　　　　　　　　　　　　　AI946

ISBN978-4-326-98189-2　Printed in Japan

|JCOPY| ＜(社)出版者著作権管理機構　委託出版物＞
本書の無断複写は著作権法上での例外を除き禁じられています。
複写される場合は、そのつど事前に、(社)出版者著作権管理機構
(電話 03-3513-6969、FAX 03-3513-6979、e-mail: info@jcopy.or.jp)
の許諾を得てください。

※落丁本・乱丁本はお取替いたします。
http://www.keisoshobo.co.jp